CÁLCULO FINANCEIRO APLICADO

CÁLCULO FINANCEIRO APLICADO

Carlos Francisco Ferreira Alves
Professor de Finanças na Faculdade de Economia da Universidade do Porto

Cláudia Alexandra Gonçalves Correia Ribeiro
Professora de Finanças na Faculdade de Economia da Universidade do Porto

Jorge Bento Ribeiro Barbosa Farinha
Professor de Finanças na Faculdade de Economia da Universidade do Porto

Rui Alberto Ferreira dos Santos Alves
Professor de Gestão na Faculdade de Economia da Universidade do Porto

ALMEDINA

CÁLCULO FINANCEIRO APLICADO
AUTORES
Carlos Alves, Cláudia Ribeiro, Jorge Farinha, Rui Alves
EDITOR
EDIÇÕES ALMEDINA, S.A.
Rua Fernandes Tomás, nos 76, 78 e 79
3000-167 Coimbra
Tel.: 239 851 904 · Fax: 239 851 901
www.almedina.net · editora@almedina.net
PAGINAÇÃO
EDIÇÕES ALMEDINA, S.A.
DESIGN DE CAPA
FBA./Ana Simões
PRÉ-IMPRESSÃO, IMPRESSÃO E ACABAMENTO

Agosto, 2019
DEPÓSITO LEGAL

ALMEDINA | GRUPOALMEDINA

BIBLIOTECA NACIONAL DE PORTUGAL – CATALOGAÇÃO NA PUBLICAÇÃO

ALVES, Rui A. F. S., 1952-

Cálculo financeiro aplicado
ISBN 978-972-40-7553-2

CDU 336

SUMÁRIO

CAPÍTULO 1

—

VALOR E EQUIVALÊNCIA TEMPORAL DO DINHEIRO

Objetivos do Capítulo

Após a leitura deste capítulo o leitor deverá estar apto a:

i) Explicar os conceitos de juro, taxa de juro, capitalização, atualização, taxa de capitalização, taxa de atualização e fator de capitalização;

ii) Explicar e distinguir os regimes de capitalização simples e de juros compostos;

iii) Explicar o conceito e calcular juros de juros;

iv) Explicar o conceito e calcular o valor futuro de um capital unitário;

v) Explicar o conceito e calcular o valor atual de um capital unitário;

vi) Identificar as variáveis chave usadas para calcular o valor temporal do dinheiro;

vii) Explicar o conceito de equivalência entre dois capitais referidos a momentos distintos do tempo e enunciar a equação que exprime essa equivalência;

viii) Calcular a taxa de juro implícita no confronto entre um valor atual e o seu valor futuro equivalente e explicitar o conceito de taxa interna de rentabilidade;

ix) Calcular o número de períodos necessários para que, com uma data taxa de juro, um dado valor atual atinja um dado valor futuro;

x) Comparar dois capitais reportados a momentos distintos num terceiro momento do tempo;

xi) Determinar o tempo necessário para que dois capitais atinjam o mesmo valor futuro vencendo juros a taxas distintas;

xii) Aplicar os conceitos de cálculo financeiro aprendidos no capítulo na resolução de problemas práticos em outros contextos.

1.1 Juro, Taxa de Juro e Capitalização

A *capitalização* é a transformação, provocada pelo tempo, do capital em capital e juro. Por outras palavras, a capitalização de um dado capital consiste na sua adição com um determinado rendimento a que usualmente se dá a designação de juro. Significa isto que a capitalização envolve três variáveis: *capital*, *juro* e *tempo*. Não há juro sem um capital e um tempo. Porém, havendo um capital e um tempo haverá, necessariamente, um juro.[1] Esse *juro*, em cada período de tempo, corresponde ao produto do montante do capital no início do período pela taxa de juro aplicável a esse período.

Admita, por exemplo, que acabou de efetuar um depósito bancário de € 100 (capital), a prazo de um ano (tempo), à taxa de juro anual de 10% (taxa de juro). De que soma monetária poderá dispor dentro de um ano?

As contas são fáceis de efetuar. No final do ano (tempo) terá € 100 (capital inicial) acrescidos de € 10 (juro), ou seja, € 110 (capital final). Assim, o valor capitalizado, por um ano, à taxa de juro anual de 10%, de um capital inicial de € 100, é € 110. Se em vez de 10% tivesse contratado uma taxa de juro de 5% ao ano, o valor capitalizado dos € 100 ascenderia apenas a € 105, uma vez que o juro seria de apenas € 5. Do mesmo modo, se a taxa de juro fosse de 15%, o capital final do depósito seria de € 115.

Generalizando, para um prazo de capitalização de *n* períodos, a capitalização pode resumir-se pela expressão que se segue:

$$C_{t+n} = C_t + J_{t,t+n} \qquad [1.1]$$

[1] A hipótese de haver um capital e um tempo e não haver um juro é afastada do cálculo financeiro por razões de natureza económica. A ciência económica demonstra que sob certas condições, que se julgam adequadas à representação da espécie humana, o juro é condição necessária para que os agentes económicos estejam disponíveis para poupar. Donde, o juro é uma compensação indispensável para que os agentes económicos aforradores adiem o consumo dos rendimentos a que acedem e procedam a sua oferta nos mercados financeiros. Para testar a razoabilidade desta assunção, bastará o leitor interrogar-se a si próprio sobre se estará disposto a fazer um depósito num banco sem nenhuma compensação ou, pior ainda, se estará disposto a contratar com esse banco uma taxa de juro negativa (isto é, a aceitar que lhe devolvam menos dinheiro do que o que lá depositou). Porém, em circunstâncias muito excecionais, poderão registar-se juros nulos ou negativos. Assim acontecerá em circunstâncias de elevado risco e incerteza, caso em que os investidores poderão confiar as suas poupanças a um emitente tido como muito seguro (em regra um Estado de um país com uma economia muito competitiva) aceitando juros nulos ou negativos, em troca da segurança obtida ao nível da preservação do seu capital.

Onde:

n = prazo, expresso numa unidade de tempo (meses, trimestres, anos, ...);

C_{t+n} = capital no momento $t+n$;

C_t = capital no momento t;

$J_{t,t+n}$ = juro acumulado entre os momentos t e $t+n$.

O juro em cada período de capitalização é, por sua vez, igual ao capital do início do período (momento t) multiplicado pela taxa de juro do período (R_t). A *taxa de juro* consiste na remuneração, percebida por alguém em razão da cedência a outrem de uma unidade de capital, medida por unidade de tempo. Assim, o investimento de um euro — por hipótese a *unidade* de capital investido —, ao longo de um horizonte temporal de um ano — a *unidade de tempo* — permite ao investidor auferir um dado rendimento, que equivale ao juro — e, neste caso, à própria *taxa* de juro, uma vez que a unidade de capital e a unidade de tempo se encontram expressas na própria *unidade* de medida: *um euro, um ano.*

A remuneração periódica — isto é, o juro — ($J_{t,t+1}$) é, pois, igual ao capital inicial (C_t) multiplicado pela taxa de juro (R_t), ou seja:

$$J_{t,t+1} = C_t \times R_t. \qquad [1.2]$$

Assim, por exemplo, uma remuneração de € 0,1, se incidente sobre um capital inicial de € 1,00, cedido pelo período de *um ano*, corresponde a uma *taxa de juro anual* de 10%. Donde, a um capital de € 100 investido por um ano corresponde um juro de € 10.

Na fórmula [1.2] admite-se que a taxa de juro varie de período para período. Porém, doravante, assumir-se-á, para simplificar, que a taxa de juro periódica é constante, pelo que o subscrito t desaparecerá da notação. Esta situação é, aliás, consentânea com muitas das situações da vida prática, na medida que frequentemente as partes contratantes acordam uma única taxa de juro para vários períodos de tempo. Porém, no ponto 1.8 explicitar-se-ão as implicações do uso no processo de cálculo de taxas de juro distintas para os diferentes períodos de tempo.

1.2 Regimes de Capitalização de Juros

Imagine que se encontra numa agência bancária para fazer uma *aplicação financeira*, o mesmo é dizer, investir um determinado *capital* por um certo *período de tempo*, com vista a obter um determinado *rendimento*. Suponha, ainda, que o funcionário do banco lhe propõe duas alternativas: *i*) um depósito a prazo em que os *juros* (isto é, os rendimentos que se vencem em cada período de tempo) não são acrescidos ao capital em dívida, pelo que lhe serão pagos quando vencidos; *ii*) um depósito a prazo em que os juros acrescem ao capital investido.

Em ambos os casos, ao *capital inicial* acrescentar-se-á um *juro*, circunstância a que se dá a designação de *capitalização*. Porém, o *regime* é distinto em um e outro caso. Enquanto na última situação os juros vencidos são integrados no processo de capitalização e passam eles próprios a produzir juros (ditos de *juros de juros*), no primeiro caso não há lugar a juros de juros.

O cálculo financeiro distingue dois regimes de capitalização: o *regime de capitalização de juros compostos* e o *regime de capitalização de juros simples*.[2] O primeiro regime pressupõe a capitalização dos juros da aplicação, pelo que o capital sobre o qual incide a taxa de juro aumenta de período para período, gerando *juros de juros*. Assim, os juros vencidos passam a ser incorporados no capital para efeito do cálculo dos juros do período seguinte. Por sua vez, o regime de capitalização de juros simples pressupõe a não adição dos juros ao capital em dívida no final de cada período de contagem de juros. Neste regime, o montante do capital mantém-se, de período para período, pelo que o juro periódico só se altera se houver modificação da taxa de juro. Não há, pois, juros de juros num regime de capitalização de juros simples.

Donde, na terminologia do cálculo financeiro, o funcionário do banco está a propor-lhe que opte entre um *regime de capitalização de juros simples* (primeira alternativa) e um *regime de capitalização de juros compostos* (segunda alternativa).

Imagine que o montante a aplicar é de € 100, que o prazo do investimento é de 4 anos e que os juros se vencem anualmente à taxa de 10% ao ano. Se optar pelo regime de capitalização de juros simples receberá no final do primeiro ano um juro de € 10 (resultante da multiplicação do capital em dívida de € 100 por 10%). O capital em dívida no segundo ano continuará, por isso, a ser de € 100. Donde, no segundo ano voltará a vencer-se um juro de € 10 e assim sucessivamente. Na data de vencimento da aplicação financeira ser-lhe igualmente restituído o capital em dívida, que coin-

[2] Além destes dois regimes extremos, outros regimes híbridos existem (vide, com efeito, Cadilhe, 1994). É esse o caso do regime de capitalização dito simples, que se caracteriza por juntar os juros periódicos ao capital em dívida, mas sobre estes não incidirem juros. Em outros casos faz-se a capitalização parcial dos juros, o seu reembolso parcial ou ainda o reforço do capital investido.

cide com o capital inicial (€ 100) dado não se terem incorporado os juros no processo de capitalização. A Tabela 1.1 sintetiza os fluxos financeiros do exemplo.

TABELA 1.1 – REGIME DE CAPITALIZAÇÃO DE JUROS SIMPLES

Ano	Capital em Dívida no Início do Ano	Juro Anual	Montante Pago ao Depositante	Capital em Dívida no Final do Ano Após Pagamento
1	100	10	10	100
2	100	10	10	100
3	100	10	10	100
4	100	10	110	0

No caso de optar pelo regime de capitalização de juros compostos, no final do primeiro ano vencer-se-á de igual modo um juro de € 10. Porém, este juro não lhe será pago, pelo que o banco ficará a dever-lhe € 110. O juro do segundo ano será de € 11, uma vez que desta vez a taxa de juro de 10% incide sobre um capital de € 110. Repare que este juro pode ser decomposto em duas partes: um juro de € 10, decorrente da aplicação da taxa de 10% ao capital inicial; e um juro de juro de € 1, resultante da incidência da taxa de 10% sobre o juro do primeiro ano. Na realidade, pode escrever-se: € 11 = 10% × € 110 = 10% × € 100 + 10% × € 10 = 10% × € 100 + 10% × 10% × € 100.

O juro de € 11 acrescerá ao capital em dívida no início do ano dois (final do ano um), pelo que no início do ano três (final do ano dois) o banco dever-lhe-á € 121. Este valor foi obtido somando o capital em dívida no ano dois (€ 110) ao juro deste ano (€ 11). Donde, o juro do terceiro ano será € 12,1. Uma vez mais, este valor, que foi obtido multiplicando o capital em dívida (€ 121) pela taxa de juro (10%), pode ser decomposto em várias parcelas. Em concreto: € 12,1 = 10% × 121 = 10% × 100 + 10% × € 21 = € 10 + € 2,1. Quer isto dizer que o juro do terceiro ano resulta da soma de um juro de € 10, resultante da incidência da taxa de juro sobre o capital inicial, e de um juro de juro de € 2,1, decorrente da aplicação da taxa de juro aos juros acumulados até ao início do terceiro ano (10% × € 21). Assim, no início do ano 4 será credor de € 133,1, resultantes da soma dos juros do ano três (€ 12,1) ao capital em dívida ao longo desse ano (€ 121). Consequentemente, os juros deste ano serão de € 13,31 e o capital acumulado no final desse ano será de € 146,41. A Tabela 1.2 sintetiza os fluxos financeiros do exemplo relativo ao regime de capitalização de juros compostos.

TABELA 1.2 – REGIME DE CAPITALIZAÇÃO DE JUROS COMPOSTOS

Ano	Capital em Dívida no Início do Ano	Juro Anual	Montante Pago ao Depositante	Capital em Dívida no Final do Ano Após Pagamento
1	100	10	0	110
2	121	11	0	121
3	121	12,1	0	133,1
4	133,1	13,31	146,41	0

Alguns instrumentos financeiros encontram-se estruturados numa lógica de capitalização de juros simples, na medida em que os seus emitentes (devedores) pagam juros aos seus detentores (credores) periodicamente. Assim acontece, por exemplo, com alguns depósitos bancários a prazo. Assim acontece também com muitas obrigações que pagam juros periodicamente. Outros instrumentos financeiros, pelo contrário, estruturam-se numa lógica de regime de capitalização de juros compostos. Assim acontece, por exemplo, com certos depósitos bancários e com as chamadas obrigações sem cupão, que se caracterizam por não pagarem juros periódicos.[3] Porém, independentemente do regime de capitalização que esteja subjacente à estrutura de cada instrumento financeiro, a tomada de decisões sempre se estrutura com base no racional subjacente ao regime de capitalização de juros compostos, na medida em que não se podem ignorar os juros de juros, mesmo que estes sejam originados em processo de capitalização autónomo.

De facto, uma questão que, porventura, o leitor já terá colocado a si próprio é a de saber por qual dos regimes optar na resposta que tem de dar ao funcionário do banco. Olhando para as duas tabelas apresentadas poderia apressadamente concluir que faria melhor optando pelo regime de juros compostos, dado que no final dos 4 anos teria € 146,41 em vez de € 140,0. Esta conclusão seria, porém, precipitada, dado que não se conhece o destino a dar aos juros que recebe anualmente caso opte pelo regime de capitalização de juros simples. O valor que terá acumulado no seu património ao fim dos 4 anos caso opte por este regime depende, pois, da taxa de juro a que venha a reinvestir os juros periódicos recebidos de € 10 cada. Se conseguir reinvestir esses juros à taxa de 10% ao ano chegará ao final dos 4 anos exatamente com os mesmos € 146,41, que obtém com o regime de capitalização de juros compostos. Se conseguir fazer esse reinvestimento a taxa superior (por exemplo, 12%) obterá um

[3] No Capítulo 6 explicitam-se os conceitos de «obrigação» e «obrigação sem cupão».

valor acumulado superior (€ 147,79, como o leitor se encarregará de verificar, quando tiver adquirido o traquejo necessário para a realização destes cálculos). Se apenas tiver possibilidade de aplicar os juros a uma taxa inferior (por exemplo, 8%) o valor acumulado, embora superior a € 140, não atingirá € 146,41 (a seu tempo verificará que será atingido o montante de € 145,06).

Assim, embora o conhecimento do conceito de regime de capitalização de juros simples seja útil para entender a estrutura de funcionamento de alguns instrumentos financeiros, é com base no regime de capitalização de juros compostos que se estrutura o cálculo financeiro e a sua aplicação à tomada de decisões. Donde, doravante, exceto quando expressamente referido o contrário, quaisquer referências a um regime de capitalização devem ser entendidas como respeitantes ao regime de capitalização de juros compostos, pressupondo assim que em todos os processos de capitalização há lugar ao vencimento de juros de juros.

1.3 Valor Atual, Valor Futuro e Equivalência entre Dois Capitais

A capitalização de um capital inicial, a uma dada taxa de juro, conduz à determinação do seu *valor futuro*, ou, em terminologia alternativa, do seu *valor capitalizado*.

Qual o *valor futuro*, no termo de um ano, de um depósito de € 10 000, com uma taxa de juro de 10% ao ano? A resposta é € 11 000. Tratando-se de *um investimento por um só período*, basta somar o valor dos juros ao valor de reembolso. Em geral:

$$C_{t+1} = C_t(1 + R). \qquad [1.3]$$

C_{t+1} corresponde ao valor futuro reportado à data (ulterior) $t+1$, de um capital C_t reportado a uma data (anterior) t e R representa a taxa de juro periódica. O valor futuro corresponde, pois, ao valor capitalizado para uma data ulterior de um outro capital reportado a uma data antecedente.

Mas, se o depósito bancário tiver o prazo de dois anos, o cálculo do valor capitalizado para a data de vencimento é afetado pela consideração de juros de juros inerentes à capitalização dos juros gerados no primeiro ano. Assim, o valor futuro do depósito no termo de dois anos resulta da soma do valor de reembolso (€ 10 000) com o valor dos pagamentos de juros (duas vezes € 1000) e o valor dos juros de juros (€ 100). O valor futuro ao fim de dois anos seria igual a € 12 100. Na realidade: C_{t+2} = € 12 100 = $C_t + J_{t,\,t+1} + J_{t+1,\,t+2}$ = € 10 000 + € 10 000 × 10% + (€ 10 000 + € 10 000 × 10%) × 10%.

Em geral, pode calcular-se o valor futuro de um investimento financeiro por dois períodos (C_{t+2}) como se segue:

$$C_{t+2} = C_t(1 + R)^2. \quad [1.4]$$

Note-se que desdobrando a equação [1.4] se pode escrever de modo equivalente: $C_{t+2} = C_t(1 + R)^2 = C_{t+1}(1 + R) = C_t(1 + R)(1 + R) = C_t + 2C_tR + C_tR^2$.

A expressão final obtida permite-nos ver que o valor acumulado é a soma de três parcelas: o capital inicial (C_t), os juros do período um e do período dois produzidos pelo capital inicialmente investido ($2C_tR$); e os juros de juros (C_tR^2, que mais não é que o juro do primeiro período — C_tR – multiplicado pela taxa de juro).

Ainda com maior generalidade, podemos determinar o *valor futuro* em $t+n$ de um capital inicial reportado à data t, usando a equação que se segue:

$$C_{t+n} = C_t(1 + R)^n. \quad [1.5]$$

Donde, se considerarmos que o depósito bancário tem um prazo de 5 anos, o seu valor futuro seria de € 16 105,10 [= € 10 000 (1 + 10%)^5].

O fator $(1+R)^n$ é, muito frequentemente, designado *fator de capitalização*. Esta expressão dá o valor capitalizado de um capital unitário, a uma taxa R, por n períodos.

A esta altura já o leitor, provavelmente, terá concluído que o valor futuro não é mais do que um valor reportado a uma data ulterior que é *equivalente* a um valor reportado a uma data anterior. Com efeito, se a taxa de juro for de 10% ao ano, ter hoje € 10 000 vale exatamente o mesmo que ter € 16 105,10 dentro de 5 anos. Quem tem esses € 10 000 pode aplicá-los por aquele período àquela taxa e chegará ao mesmo valor acumulado.

A equação [1.5], com efeito, permite calcular o valor futuro reportado à data (ulterior) $t+n$, que é equivalente a um capital C_t reportado à data (anterior) t. Estes capitais são equivalentes na medida em que para a taxa R e n períodos de capitalização de C_t chega-se a C_{t+n}.

Da mesma forma que C_{t+n} corresponde, nos termos da expressão [1.5], ao valor futuro reportado à data (ulterior) $t+n$ de um capital C_t reportado a uma data (anterior) t, este outro corresponde ao *valor atual* (reportado à data t) de um capital C_{t+n} reportado à data $t+n$. Assim, enquanto o valor futuro corresponde ao valor capitalizado para uma data ulterior de um outro capital reportado a uma data antecedente, o *valor atual* corresponde ao *valor atualizado* para o momento anterior de um capital reportado a um momento ulterior.

O sentido destas expressões torna-se, porventura, mais fácil de entender se considerarmos que t corresponde ao momento de tempo em que estamos situados. Assim, por exemplo, se € 11 000 é o *valor futuro* (isto é, o valor reportado a de hoje a um ano) de um depósito de € 10 000 efetuado hoje por um ano à taxa de juro de 10%, os € 10 000 são o valor atual (isto é, o valor reportado à data de hoje) de um capital de € 11 000 reportado à data de hoje a um ano.

Da mesma forma que calculamos um valor futuro partindo de um valor atual, também podemos calcular um valor atual partindo de um valor futuro. De facto:

$$C_t = C_{t+n}(1 + R)^{-n}. \qquad [1.6]$$

EXEMPLO 1.1 – COMPARAÇÃO DE VALORES REPORTADOS A MOMENTOS TEMPORAIS DISTINTOS

Aquando do falecimento do avô, o Netinho recebeu uma herança de € 100 000 que o seu pai e tutor aplicou à taxa de juro de 10% ao ano. Passados três anos, faleceu a avó deixando uma herança de € 130 000. Sabendo que quando o avô faleceu o Netinho tinha 8 anos e que as taxas de juro não sofreram alterações, quem deixou maior herança, o avô ou a avó?

Os valores das heranças não são diretamente comparáveis dado que foram recebidos em momentos distintos. Donde, ou calculamos o valor atual da herança da avó reportado ao momento do falecimento do avô para comparar com o valor da herança deste outro (hipótese 1), ou capitalizamos o valor da herança do avô para a data de falecimento da avó e procedemos aí à sua comparação (hipótese 2).

Na hipótese 1, usamos a fórmula [1.6] para concluir que o valor da herança da avó reportada ao momento de falecimento do avô é de € 97 671 [= € 130 000 $(1 + 10\%)^{-3}$], pelo que é inferior à herança do avô (€ 100 000).

Na hipótese 2, usamos a fórmula [1.5] para capitalizar o valor da herança do avô para a data de falecimento da avó. O valor obtido é € 133 100 [= € 100 000 $(1 + 10\%)^{3}$]. Donde, também por esta via se conclui que o valor da herança do avô excede o valor da herança deixada pela avó.

A esta expressão chega-se resolvendo a equação [1.5] em ordem a C_t. A Figura 1.1 apresenta a chamada reta do tempo, ilustrando a relação entre um valor atual e o seu valor futuro.

FIGURA 1.1 – RELAÇÃO ENTRE UM VALOR ATUAL E O RESPETIVO VALOR FUTURO

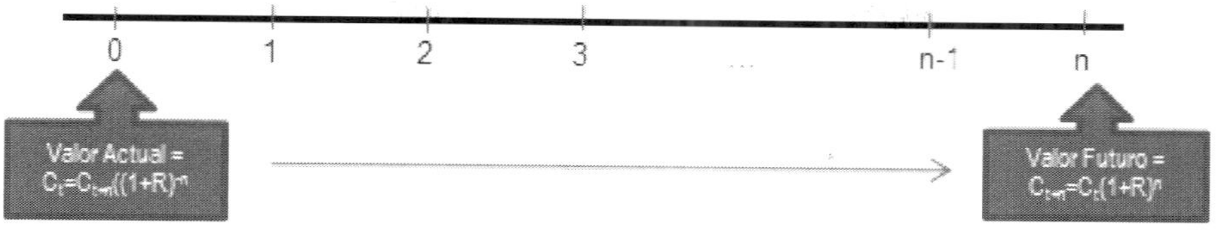

No exemplo do depósito realizado por 5 anos, verifica-se que, de facto, € 10 000 = € 16 105,10 $(1+10\%)^{-5}$.

Ao passo que o valor de € 16 105,10 resulta da *capitalização* por 5 anos de um capital de € 10 000, este último valor resulta da *atualização* para 5 anos antes de um capital de € 16 105,10 reportado a 5 anos depois. A atualização é, pois, um movimento em sentido inverso ao da capitalização, correspondendo ao cálculo do valor atual de um dado capital reportado a um momento futuro. Trata-se, naquele outro caso, de determinar o capital inicial que equivale a um outro capital que resulta da soma de juros a esse capital inicial. É hoje em dia frequente usar-se o termo *descontar* para significar o mesmo que *atualizar*.[4]

Em consonância com estas expressões, designaremos por *taxa de capitalização* ou *taxa de atualização* (ou *taxa de desconto*), consoante as circunstâncias de cada caso, a taxa de juro *R* que torna equivalentes dois capitais referidos a diferentes instantes do tempo.

De igual modo, o fator $(1+R)^{-n}$ é, muito frequentemente, designado *fator de atualização* ou *fator de desconto*. Esta expressão dá o valor atualizado de um capital unitário, a uma taxa *R*, reportado a *n* períodos de distância.

1.4 Determinação dos Juros Totais, Periódicos e Juros de Juros

A partir da fórmula [1.5] é muito fácil determinar o juro total vencido durante um determinado período de tempo. Para isso, bastará subtrair o capital inicial ao capital final, na medida em que a diferença entre ambos corresponde ao montante total de juros gerados. Assim, pode escrever-se: *Juro Total* $= C_n - C_0 = C_0(1+R)^n - C_0$. Ou, colocando em evidência o termo comum:

---

[4] Esta prática deve-se a uma tradução do termo anglo-saxónico «*discount*». Não deve, porém, confundir o uso do termo no contexto da atualização de capitais, com outros sentidos com que é usado, designadamente na prática comercial, onde muitas vezes significa abatimento ao preço.

$$Juro\ Total = C_0[(1+R)^n - 1]. \qquad [1.7]$$

A determinação do juro periódico é igualmente um exercício de fácil concretização a partir da fórmula [1.5]. Com efeito, o juro do k-ésimo período (isto é, aquele que medeia entre as datas *t+k-1* e *t+k*) será igual ao produto do capital em dívida no início desse período (o mesmo é dizer, no final do período imediatamente anterior) pela taxa de juro. Donde:

$$Juro\ do\ Período\ k = C_t(1+R)^{t+k-1} \times R. \qquad [1.8]$$

Assim, no exemplo do depósito de € 10 000, realizado por 5 anos, à taxa de juro de 10%, para se calcular o juro do 4º ano, bastará multiplicar o capital acumulado no final do ano três (o mesmo é dizer, no início do ano 4) por 10%. Assim: Juro do ano 4 = € 1331 = € 10 000 $(1+10\%)^3 \times 10\%$ = € 13 310 × 10%.

Finalmente, em determinadas situações poderemos estar interessados não no juro total, mas no juro de juro gerado num dado período. Desta vez bastará multiplicar o juro total acumulado até ao início desse período — apurado usando a fórmula [1.7] — pela taxa de juro. Assim, o juro de juro do k-ésimo período (que, recorde-se, medeia entre as datas *t+k-1* e *t+k*) obtém-se como se segue:

$$Juro\ de\ Juro\ do\ Período\ k = C_t[(1+R)^{t+k-1} - 1] \times R. \qquad [1.9]$$

Donde, no exemplo, se quisermos determinar o juro de juro do quarto ano bastará multiplicar € 3310 por 10%. Na realidade, os juros acumulados até ao final do ano três foram € 3310 [= € 13 310 - € 10 000 = € 10 000$(1+10\%)^3$ - € 10 000]. O montante de juros de juros gerados no quarto ano é, por isso, de € 331. Aplicando diretamente a fórmula [1.9] tem-se: Juro de juro do ano 4 = € 10 000 $[(1+10\%)^3 - 1] \times 10\%$ = € 331.

1.5 A Taxa de Equivalência

A resolução da equação [1.5] em ordem a C_t, permitiu-nos chegar à equação [1.6], tendo-se por isso concluído que aquela relação de equivalência entre dois capitais referidos a momentos distintos do tempo tanto podia ser usada para determinar um valor atual como o seu (equivalente) valor futuro.

Nada nos impede, porém, de resolver a mesma equação em ordem a R. Se o fizermos obtemos:

$$R = \left(\frac{C_{t+n}}{C_t} \right)^{\frac{1}{n}} - 1. \qquad [1.10]$$

Para exemplificar o processo de cálculo imagine-se que o banco lhe propõe que compre hoje um ativo financeiro por € 10 000, em contrapartida do qual receberá € 11 000 dentro de um ano. Neste caso é muito fácil saber qual a taxa de juro que está implícita na proposta que lhe é feita. Trata-se de 10%. De facto, aplicando a fórmula [1.10], como neste caso n=1, obtém-se: R = (11 000/10 000) – 1 = 10% ao ano.

Imagine agora que a mesma proposta lhe era feita, mas com a diferença de que o prazo da aplicação era de dois anos. Quer isto dizer que teria de esperar dois anos em vez de um para chegar dos € 10 000 (capital inicial) aos € 11 000 (capital final). Desta vez, n = 2, pelo que: $R = (11\ 000/10\ 000)^{1/2} - 1$ = 4,88% ao ano.

Exemplo 1.2 – Cálculo da Taxa de Equivalência

Um investidor depositou € 100 em 31 de dezembro do ano X. Os juros vencidos foram acumulados ao capital em dívida. O saldo da conta prazo deste investidor em 31 de dezembro de X+3 era de € 115. Qual a taxa de juro desta aplicação financeira?

É sabido que de um capital inicial de € 100 se chegou a um capital equivalente três anos mais tarde de € 115. Donde, pela equação de equivalência [1.5], sabe-se que: € 100 $(1+R)^3$ = € 115. Temos, pois, uma equação e uma única incógnita, pelo que resolvendo a expressão em ordem a esta última (ou seja, aplicando a fórmula [1.10]) se obtém:

$R = (€\ 115/€\ 100)^{1/3} - 1$. Donde, R = 4,769% ao ano.

Resolver a equação de equivalência em ordem à taxa R permite-lhe pois saber qual a taxa de juro que torna equivalentes o capital C_t, reportado à data t, e o capital C_{t+n}, reportado à data $t+n$. Neste sentido esta é uma *taxa de equivalência*. Donde, dirá o leitor, há já vários nomes que, em contextos diferentes, se vão chamando à taxa R. Na verdade, já lhe chamamos taxa de juro, taxa de capitalização, taxa de atualização e taxa de desconto. Porém, ainda lhe atribuiremos, em diferentes circunstâncias as seguintes designações: *taxa interna de rentabilidade* (TIR), *taxa de rentabilidade implícita* ou, mais simplesmente, *taxa de rentabilidade*.

Com estas novas expressões, em qualquer dos casos, se quer significar uma taxa de rentabilidade que está implícita no confronto entre um valor inicial e um valor final. Donde, nos exemplos anteriores, as taxas de equivalência calculadas também poderiam ser chamadas de taxas internas de rentabilidade, taxas de rentabilidade implícitas ou taxas de rentabilidade. Porém, como se verá em devido tempo a expressão *taxa interna de rentabilidade*, que é muito usada na análise de projetos de investimento, normalmente é designada, no âmbito da avaliação de instrumentos financeiros, por taxa de rentabilidade implícita ou, simplesmente, por taxa de rentabilidade. Neste último caso é, aliás, habitual usar-se a expressão anglo-saxónica *yield*, em detrimento da designação portuguesa.[5]

1.6 O Prazo de Equivalência

A esta altura o leitor já terá concluído que a equação de equivalência também pode ser resolvida em ordem a *n*. Isto é, conhecendo o valor do capital inicial, conhecendo o valor do capital final e conhecendo a taxa de equivalência pode determinar-se o número de períodos (*n*) necessários para que aqueles capitais se tornem equivalentes. A fórmula que permite fazer o cálculo em causa é a que se segue:

$$n = \frac{\ln\left(\frac{C_{t+n}}{C_t}\right)}{\ln(1+R)}, \qquad [1.11]$$

onde *ln* representa o logaritmo natural.

O facto de ter de se recorrer ao cálculo de logaritmos faz com que esta expressão possa ter um aspeto (ainda) menos amigável que as anteriores para os leitores menos familiarizados com o cálculo matemático. Se for esse o seu caso não se deixe impressionar, dado que a seu tempo veremos como recorrer a uma simples folha de cálculo (Excel) para efetuar estas operações com grande simplicidade.

---

[5] Note-se que também na língua inglesa é usual atribuir distintas designações à taxa implícita de rentabilidade, sendo normalmente usada a expressão *internal rate of return* (IRR) em situações similares aquelas em que entre nós se usa a expressão taxa interna de rentabilidade.

Para auxiliar os cálculos, no passado, era frequente construírem-se e usarem-se tabelas financeiras. Estas tabelas, basicamente, reportavam os fatores de capitalização e os fatores de atualização para diferentes prazos (n) e diferentes taxas de juro (R). Com o desenvolvimento e disseminação dos meios tecnológicos auxiliares de cálculo, designadamente máquinas de calcular e computadores pessoais, o seu uso foi desaparecendo. Não faz hoje sentido gastar papel a imprimir uma tabela financeira, nem assumir o incómodo do seu transporte e manuseamento, quando com acesso a um programa como o Excel poderemos não só, se assim o quisermos, construir e armazenar eletronicamente as tabelas financeiras, como recorrer a funções financeiras pré-definidas que nos dispensam dessa construção.

1.7 Equivalência num Terceiro Momento Temporal

Quando se aplica a equação de equivalência na formulação [1.5] está-se a capitalizar o capital inicial para a data $t+n$. Quando se aplica a formulação [1.6] está-se a atualizar o capital final do momento $t+n$ para a data t. E se estivermos interessados numa terceira data em vez de t ou de $t+n$?

Essa situação não encerra nenhuma dificuldade especial. Regressemos ao exemplo de um depósito a prazo de € 10 000 feito por dois anos. Admita-se que taxa de juro é de 5% ao ano. O valor futuro ao fim de dois anos é de € 11 025 (basta aplicar a fórmula [1.5] para chegar a este valor). Se quisermos saber qual é o saldo bancário ao fim do primeiro ano de capitalização temos duas vias para lá chegar. A partir do valor inicial, capitalizando-o por um ano (desde hoje até à data pretendida). A partir do valor final, atualizando-o um ano (desde o final do ano dois para o final do ano um). Em qualquer dos casos chega-se a € 10 500 [= € 10 000 (1+5%) = € 11 025 $(1+5\%)^{-1}$].

Neste exemplo, escolheu-se um momento intermédio. Porém, nada obstaculiza a que a terceira data seja ulterior a $t+n$ ou anterior a t. Assim, por exemplo, admitindo que o depósito continua a render juros à taxa de 5% ao ano, pode chegar-se ao valor acumulado ao fim de 5 anos partindo do valor inicial (€ 10 000) ou do valor acumulado no final do ano dois (€ 11 025). Terá, porém, de se ter em consideração que no primeiro caso $n = 5$, enquanto no segundo caso $n = 3$. O resultado é, por qualquer das vias, € 12 762,82 [= € 10 000 $(1+5\%)^5$ = € 11 025 $(1+5\%)^3$]. Em bom rigor também poderíamos usar o capital reportado ao final do ano um, neste caso usando $n = 4$.

Em termos genéricos podemos escrever:

$$C_t(1+R)^{n+k} = C_{t+n}(1+R)^k. \qquad [1.12]$$

Qualquer um dos membros da equação [1.12] conduz a C_{t+n+k}. Note-se que se *k* for negativo, o momento *t+n+k* é, evidentemente, anterior à data t+*n*, podendo ser inferior à data *t* se em módulo *k* for maior do que *n* (isto é, $n+k < 0$).

Exemplo 1.3 – Comparação num Terceiro Momento de Valores Reportados a Dois Momentos Temporais Distintos

Regressemos ao caso apresentado no Exemplo 1.1. Aí se viu que, aquando do falecimento do avô, o Netinho recebeu uma herança de € 100 000 que o seu pai e tutor aplicou à taxa de juro de 10% ao ano. Ficou-se também a saber que, passados três anos, faleceu a avó deixando uma herança de € 130 000. O que se quer agora verificar é se, mantendo-se as taxas de juro em 10% ao ano, o pecúlio acumulado quando o Netinho perfizer 18 anos chegará aos € 500 000 tidos como necessários para fazer face às suas despesas de formação numa prestigiada universidade.

Entre o momento do falecimento do avô e a entrada para a universidade do Netinho decorrem 10 anos. Donde, o valor futuro desta herança reportado à data de entrada do Netinho na universidade é de € 259 374,50 [= € 100 000 $(1 + 10\%)^{10}$].

Por outro lado, entre a data de falecimento da avó e a data de entrada na universidade decorrem 7 anos. Donde, o valor futuro da herança da avó é € 253 333,22 [= € 130 000$(1+10\%)^{7}$].

Agora já podemos somar as duas heranças pois estão ambas reportadas à data em que o Netinho fará 18 anos. Donde, conclui-se que o valor que nesta altura estará acumulado é de € 512 707,47 [= € 259 374,25 + € 253 333,22].

A equação [1.12] tem subjacente um princípio fundamental do cálculo financeiro que é o de que dois capitais podem ser comparados em qualquer momento do tempo, desde que sejam ambos calculados ou atualizados para esse momento do tempo. Desde que respeitado este princípio podem usar-se variantes dessa equação para resolver outro tipo de problemas. Assim, por exemplo, imagine-se que dois irmãos têm poupanças acumuladas de magnitude distinta. O pecúlio do mais novo é de apenas € 5000, ao passo que o pecúlio do mais velho já vai em € 10 000. Porém, o mais novo tem mais habilidade para fazer aplicações financeiras, pelo que consegue aplicar o seu dinheiro à taxa de juro 10% ao ano, enquanto o mais velho só foi capaz de aplicar as suas poupanças a uma taxa de juro 5% ao ano. A poupança do mais novo é menor, mas cresce a um ritmo mais elevado. Donde, haverá algures no futuro uma data em que os valores de ambas as poupanças terão a mesma magnitude. Qual é essa data?

A equação que permitirá resolver este problema é, evidentemente, a seguinte: € 5000 $(1+10\%)^n$ = € 10000 $(1+5\%)^n$. O mesmo é dizer: $(1+10\%)^n = 2(1+5\%)^n$. Aplicando logaritmos a ambos os membros tem-se: $n \times \ln(1+10\%) = \ln 2 + n \times \ln(1+5\%)$. Rearranjando a expressão em ordem a n chega-se a $n = \ln 2 / [\ln(1+10\%) - \ln(1+5\%)]$, o que é o mesmo que dizer n=14,89998 anos. O leitor fará o favor de verificar que com este valor de n ambas as poupanças terão um valor acumulado de € 20 688. Quer isto dizer que ao fim de 15 anos a poupança do mais novo já terá um valor superior à poupança do mais velho. É assim, não é?

A fórmula genérica dos cálculos realizados pode escrever-se como se segue:

$$C1_t(1+R_1)^n = C2_t(1+R_2)^n. \qquad [1.13]$$

Evidentemente que a igualdade entre ambos os membros desta equação apenas se atinge se ao capital inicial de menor magnitude estiver associada a taxa de capitalização mais alta. Assim, se $C1_t<C2_t$, terá de verificar-se $R_1>R_2$. Se, pelo contrário, $C1_t>C2_t$, terá de verificar-se $R_1<R_2$. De outro modo, o valor capitalizado do capital inicial mais baixo nunca alcançará o valor capitalizado do capital inicial de valor mais alto.

Se o leitor reparar bem, em cada um dos membros, quer da equação [1.12], quer da equação [1.13], mais não temos do que expressões idênticas à constante do segundo membro da equação [1.5]. Na realidade, o que se está a fazer em qualquer um dos membros das equações [1.12] e [1.13] é a capitalizar um capital durante um determinado número de períodos a uma data taxa de juro. A restrição que tem de ser imposta para não atropelar as regras do cálculo financeiro é que a data em que se concluem os processos de capitalização de cada um dos lados das equações seja a mesma. De outra forma, teríamos valores reportados a momentos distintos do tempo e, consequentemente, não poderíamos colocar o sinal de igualdade entre ambos os membros daquelas equações.

1.8 Equivalência com Variação das Taxas de Juro

Nas secções anteriores assumiu-se que a taxa de juro periódica é constante. Este pressuposto visou simplificar a explicitação das noções e das fórmulas aí apresentadas. Porém, em muitas situações este pressuposto pode não se adequar à realidade da vida prática. Imagine, por exemplo, que contratou a realização de uma aplicação financeira por 5 anos, sendo que nos primeiros três anos a taxa de juro é de 5% ao ano e nos dois anos seguintes a taxa de juro é acrescida de um prémio elevando-se para 6% ao ano.[6] Como calcular o valor futuro de uma aplicação de € 10 000?

A fórmula [1.5] continua a ser útil. Acontece que agora não pode ser aplicada de uma vez só, para $n = 5$. Teremos de começar por calcular o valor capitalizado para o final do ano três à taxa de juro de 5% ao ano e, ulteriormente, capitalizar este valor por mais dois anos, agora à taxa de juro de 6% ao ano. Ao fim de três anos o valor capitalizado dos € 10 000 seria € 11 576,25 [= € 10 000 $(1+5\%)^3$]. Este valor capitalizado por mais dois anos à taxa de 6% ao ano conduz a € 13 007,07 [= € 11 576,25 $(1+6\%)^2$]. A figura 1.2 ilustra esta situação.

Em termos genéricos, se entre t e $t+k$ vigorar a taxa $R_{t,t+k}$ e entre $t+k+1$ e $t+n$ vigorar a taxa $R_{t+k+1,t+n}$, o valor futuro é obtido como se segue:

$$C_{t+n} = C_t(1+R_{t,t+k})^k(1+R_{t+k+1,t+n})^{n-k}. \quad [1.14]$$

FIGURA 1.2 – CÁLCULO DO VALOR FUTURO EM DOIS PERÍODOS

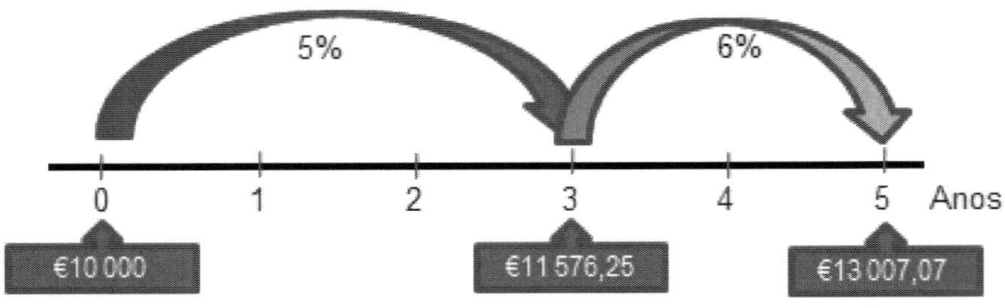

Evidentemente que, em vez de dois períodos, poderemos ter três, quatro, cinco ou, no limite, n. Se se aplicar uma taxa distinta a cada período de capitalização a fórmula a aplicar é a que se segue:

[6] Para perceber as razões pelas quais as taxas de juro correspondentes a um determinado prazo variam ao longo do tempo ver, entre outros, Mishkin & Eakins (2016). Para perceber porque é que a diferentes prazos poderão corresponder diferentes taxas de juro, isto é, para perceber porque é que existem diferentes estruturas temporais das taxas de juro e as suas teorias explicativas ver, entre outros, Alves (1998).

$$\prod_{i=0}^{n-1} C_t(1+R_{t+i,t+i+1}). \qquad [1.15]$$

Assim, voltando ao exemplo, se a aplicação de € 10 000 começar por vencer juros à taxa de 5% e se a esta taxa se forem adicionando 0,5 pontos percentuais em cada ano, o valor capitalizado ao fim de 5 anos será:

€ 13 380,77 [= € 10000 (1+5%) (1+5,5%) (1+6%) (1+6,5%) (1+7%)].

Se em vez de se pretender calcular um valor futuro a partir de um dado valor atual, for conhecido o valor futuro e for pretendido calcular o valor atual, haverá que proceder à operação inversa. Assim, neste último exemplo, em vez de multiplicar € 10000 pelo fator de capitalização — que neste caso é (1+5%) (1+5,5%) (1+6%) (1+6,5%) (1+7%) —, teríamos de dividir o valor futuro por esse fator (agora, como já é sabido, chamado de fator de atualização ou de desconto). Donde: € 10 000 = € 13 380,77 / [(1+5%) (1+5,5%) (1+6%) (1+6,5%) (1+7%)].

1.9 Outras Aplicações da Equação de Equivalência

A equação que nos dá a equivalência entre um capital inicial e um capital futuro, para uma dada taxa de juro e um dado número de períodos, pode ser usada em múltiplos contextos que não apenas o cálculo financeiro. Trata-se, pois, de um instrumento de cálculo de enorme utilidade, que pode ajudar o leitor a resolver vários problemas de índole prática. Alguns exemplos muito simples encarregar-se-ão, seguramente, de provar esta afirmação.

Imagine, com efeito, que é gerente de uma empresa industrial que vende um dado produto. Imagine, ainda, que o ano passado as vendas desse produto se fixaram em € 125 000. Considere adicionalmente que pretende crescer ao ritmo de 5% ao ano durante os três anos seguintes. Qual o valor das vendas desejado para o final desse período?

A aplicação da fórmula [1.5] permite responder a esta pergunta sem qualquer dificuldade. O resultado é € 144 703,1 [= € 125 000 $(1+5\%)^3$].

Evidentemente, que se pretendesse calcular o valor atual conhecendo o valor futuro das vendas teria de recorrer à fórmula [1.6].

Também as fórmulas [1.10] e [1.11] serão úteis em muitas situações da sua vida, sem que esteja em causa o cálculo financeiro. Imagine, por exemplo, que a população ativa de um dado país passou de 10 milhões para 12 milhões de pessoas em 8 anos. Se quiser saber qual a taxa média anual de crescimento da população ativa registada nesses 8 anos só tem de recorrer à fórmula [1.10]. Procedendo à sua aplicação constatará que para passar de um valor atual de 10 milhões para um valor futuro de 12 milhões com n igual a 8, R tem de ser (usando duas casas decimais) 2,31% por ano.

Exemplo 1.4 – Aplicações da Fórmula de Equivalência Fora do Cálculo Financeiro

1. A República dos Checos é um país que acaba de aderir à União dos Cheques. Analistas independentes estimam que o PIB dos demais países da União dos Cheques venha a crescer, em média, a um ritmo de 3% ao ano. Sabe-se ainda que, atualmente, o PIB per capita da República dos Checos é de 70% do PIB per capita verificado para os demais países da União dos Cheques. Perante este cenário, nas vésperas da campanha eleitoral, o Governo liderado por Antonov Kostiaev acaba de anunciar que, em face das medidas em curso, e das que espera vir a implementar nos próximos 4 anos, se para tal for eleito, conseguirá atingir o PIB per capita dos outros países da União dos Cheques em 15 anos.

Qual a taxa média de crescimento anual prometida pelo líder do governo para os próximos 15 anos?

Essa taxa é, evidentemente, 5,48%, dado que $100(1+3\%)^{15} = 70(1+R)^{15}$ leva a R=5,48%.

2. Os economistas independentes da República dos Checos consideram que a promessa do Governo é megalómana, admitindo que no máximo a taxa de crescimento de longo prazo da sua economia é de 4% ano. Neste outro cenário, quantos anos demoraria este país a atingir um PIB per capita igual ao dos demais países da União?

A resposta é: quase 37 anos. De facto, $100(1+3\%)^n = 70(1+4\%)^n$, dividindo ambos os membros por 100 e aplicando logaritmos a ambos os membros da equação se tem $n \times \ln(1+3\%) = \ln(70/100) + n \times \ln(1+4\%)$, o que equivale a $n = 36{,}92$ anos.

3. O líder da oposição, Roy Riu, adaptando Keynes, afirmou que *"no longo prazo estaremos todos mortos"*, pelo que faz apenas promessas para o próximo ciclo eleitoral de 4 anos. O seu compromisso é crescer 4,5% ao ano. Qual será, no final

do próximo ciclo eleitoral, a percentagem do PIB per capita da República dos Checos, comparativamente à média dos outros países da União, caso este cenário se concretize?

A RESPOSTA É: 74,17%. De facto, $PIB_{RC}/PIB_{UC} = [70 \times (1+4,5\%)^4] / [100 \times (1+3\%)^4]$. Donde: 74,17%.

Este primeiro capítulo do livro terá servido, assim se espera, para não só apresentar ao leitor alguns conceitos básicos do cálculo financeiro, como para lhe mostrar que se trata de uma matéria acessível, além de que se trata de conhecimento que é suscetível de ser aplicado em várias situações da vida quotidiana. Se assim aconteceu, o leitor deve sentir-se convidado a rever a matéria no sumário que se segue e a resolver os exercícios que subsequentemente lhe são propostos. Se não foi esse o caso, o convite mantém-se, ainda que neste caso talvez valha a pena reler o capítulo na sua totalidade. Note, porém, que é natural que tenha sentido um pouco mais de dificuldade em entender os exemplos constantes das caixas. Para estes espaços foram reservados alguns dos casos mais complexos, de modo a que possa ir acompanhando o corpo principal do texto sem dificuldades especiais, remetendo por vezes para estes exemplos — cuja leitura se recomenda que deixe para o final de cada secção — os casos que, provavelmente, lhe farão surgir novas perspetivas quanto à utilização dos conceitos.

Sumário

- A *capitalização* é a transformação, provocada pelo tempo, do capital em capital e juro. Para um prazo de capitalização de *n* períodos, a capitalização pode resumir-se pela expressão que se segue: $C_{t+n} = C_t + J_{t,t+n}$.
- A remuneração periódica — isto é, o *juro* — ($J_{t,t+1}$) é igual ao Capital Inicial (C_t) multiplicado pela taxa de juro (R_t), ou seja: $J_{t,t+1} = C_t \times R_t$.
- A taxa de juro é a remuneração proporcionada por um capital unitário durante um período de tempo expressa em termos percentuais.
- O *regime de capitalização de juros simples* caracteriza-se pelo pagamento periódico de juros, pelo que não há adição de juros ao capital em dívida no final de cada período de contagem de juros, mantendo-se inalterado o montante do capital em dívida.
- O *regime de capitalização de juros compostos* caracteriza-se pela capitalização dos juros periódicos, pelo que o capital sobre o qual incide a taxa de juro aumenta de período para período, gerando *juros de juros*.
- Os *juros de juros* são, pois, os juros gerados pelos juros vencidos em períodos anteriores.
- Assim, os juros vencidos passam a ser incorporados no capital para efeito do cálculo dos juros do período seguinte. Por sua vez, o regime de capitalização de juros simples pressupõe a não adição dos juros ao capital em dívida no final de cada período de contagem de juros. Neste regime, o montante do capital mantém-se, de período para período, pelo que o juro periódico só se altera se houver modificação da taxa de juro. Não há, pois, juros de juros num regime de capitalizaão de juros simples.
- O valor futuro é um valor reportado a uma data ulterior que é *equivalente* a um outro valor reportado a uma data anterior. O *valor futuro* em *t+n*, de um capital inicial reportado à data *t*, é calculado usando a equação que se segue: $C_{t+n} = C_t(1 + R)^n$.
- O *valor atual* é o *valor atualizado* ou *descontado* para o momento anterior de um capital reportado a um momento ulterior. O *valor atual* em *t*, de um capital reportado à data futura *t+n*, é calculado usando a equação que se segue: $C_t = C_{t+n}(1 + R)^{-n}$.
- As expressões constantes dos dois itens anteriores constituem representações distintas da *equação de equivalência* entre dois capitais reportados a momentos distintos do tempo.

- A *taxa de capitalização* é a taxa de juro R usada num processo de capitalização (isto é, no cálculo de um valor futuro a partir de um valor atual).
- A *taxa de atualização* (ou *taxa de desconto*) é taxa de juro R usada num processo inverso ao processo de capitalização (dito de atualização ou desconto).
- O fator $(1+R)^n$ é designado *fator de capitalização*. Esta expressão dá-nos o valor capitalizado de um capital unitário, a uma taxa R, ao fim de n períodos.
- A expressão $(1+R)^{-n}$ é designada *fator de atualização* ou *fator de desconto*. Este fator dá-nos o valor atualizado de um capital unitário, a uma taxa R, reportado a n períodos de distância.
- A *taxa de equivalência* é a taxa de juro que torna equivalentes dois capitais reportados a dois momentos distintos. Esta taxa é conhecida, em diferentes contextos, por: *taxa interna de rentabilidade* (TIR), *taxa de rentabilidade implícita, taxa de rentabilidade* e *yield*.
- A *taxa de equivalência* entre dois capitais reportados a momentos distintos do tempo, separados por n períodos, pode ser determinada usando a expressão: .
- Resolvendo a equação de equivalência em ordem a n obtém-se o número de períodos necessários para a partir de um dado valor atual, atingir um dado valor futuro. O resultado obtido é o seguinte (onde *ln* representa o logaritmo natural):

$$n = \frac{\ln\left(\frac{C_{t+n}}{C_t}\right)}{\ln(1+R)}.$$

- Respeitando a equação de equivalência podemos comparar dois capitais referidos a momentos distintos do tempo num terceiro momento, o qual pode ser anterior ao inicial, intermédio ou ulterior ao último dos dois primeiros.

Problemas

1. O juro total gerado por um capital de € 5000 aplicado à taxa de juro anual de 5%, em regime de capitalização simples, durante três anos é de:
   a) € 788,1.
   b) € 750.
   c) € 5788,1.
   d) Nenhuma das alíneas anteriores está certa.

2. Admita que pretende aconselhar um seu amigo a fazer um depósito bancário com uma taxa de juro de 3% ao ano. O seu amigo pretende saber quanto terá acumulado ao fim de 7 anos se investir um capital de € 250 000. O que lhe responde?
   a) € 312 235.
   b) € 307 468.
   c) € 250 000.
   d) € 302 500.

3. O Sr. A. da Silva fez um depósito num banco no valor de € 5000. Sabendo que a taxa de juro anual praticada pelo banco é de 2,25%, daqui a 5 anos o Sr. A. da Silva terá na sua conta:
   a) € 5000,0.
   b) € 5588,4.
   c) € 5542,5.
   d) € 5572,1.

4. Se a taxa de juro for de 6% ao ano, qual é aproximadamente o valor atual de € 1500 a pagar no final do ano 5?
   a) € 1121.
   b) € 2007.
   c) € 1894.
   d) Depende da frequência de capitalização.

5. Se a taxa de juro anual for de 5% ao ano, qual é aproximadamente o valor atual de € 2000 a pagar no início do ano 5?
   a) € 1121.

b) € 1567.
c) € 1894.
d) € 1645.

6. Suponha que acaba de fazer um depósito bancário de € 10 000. Sabendo que vence juros à taxa de 5% ao ano, quantos anos são necessários para que o saldo acumulado seja de € 15 000?
a) 8,31 anos.
b) 8,12 anos.
c) 4,16 anos.
d) 4,45 anos.

7. Imagine que contraiu uma dívida de € 40 000. Sabe que vai liquidar essa dívida pagando, de uma só vez, no final do empréstimo, € 50 729,67. Sabe ainda que contratou uma taxa de juro anual de 2%. Qual o prazo contratado?
a) 12 anos.
b) 13,25 anos.
c) 13 anos.
d) Nenhuma das alíneas anteriores está certa.

8. Um capital de € 25 000 foi aplicado durante 12 anos à taxa anual de 2%. Qual foi o montante dos juros de juros gerados ao longo do 4º ano?
a) 10,61.
b) 41,22.
c) 530,60.
d) Nenhuma das alíneas anteriores está certa.

9. Sabe-se que o PIB de um dado país cresceu a uma taxa de 4% ao ano durante 10 anos. Qual o crescimento acumulado atingido?
a) 43,50%.
b) 46,55%.
c) 47,20%.
d) 48,02%.

10. Há quatro anos atrás, um investidor aplicou € 20 000 num produto financeiro que rendeu juros anuais acumuláveis ao capital em dívida. Esse investidor acabou de

vender esse produto financeiro por € 32 036,13. Qual a taxa interna de rentabilidade (TIR) que foi obtida com este investimento?

a) 7,5%.
b) 10%.
c) 12,5%.
d) 15%.

11. O Senhor João é titular de uma poupança de € 100 000, mas planeia atingir um valor de € 250 000, aplicando o capital a uma taxa de juro de 20% ao ano.
    a) Quantos anos demora a atingir o seu objetivo?
    b) Se o Senhor João atingir o seu objetivo em 10 anos, a que taxa de juro aplicou as suas poupanças?

12. O Sr. Esteves efetuou há quatro anos um depósito a prazo de € 10 000. Na altura, a taxa de juro em vigor era de 1,4% ao ano, mas atualmente a taxa de juro diminuiu para 1,25% ao ano. Considerando que não se prevê que a taxa de juro venha a sofrer alterações, quanto dinheiro deverá receber o Sr. Esteves ao levantar o seu depósito daqui a 2 anos?

13. O Senhor Sortudo acaba de ganhar uma lotaria no valor de € 100 000. Depois de muito pensar decidiu proceder à sua aplicação num depósito bancário, com um prazo de 10 anos, vencendo juros à taxa de 10% ao ano. Na hipótese de os juros serem automaticamente capitalizados, responda:
    a) Qual o valor acumulado na data de vencimento?
    b) Qual o valor acumulado no início do oitavo ano?
    c) Qual o montante total dos juros de juros ao fim dos 10 anos?
    d) Qual o montante dos juros de juros gerados no quinto ano?

14. Há quatro anos atrás, um investidor aplicou € 1000 num produto financeiro que rendeu juros anuais acumuláveis ao capital investido. A TIR efetiva obtida com este investimento foi de 10% ao ano. Qual o valor atual desta aplicação?

15. Admita que fez uma aplicação financeira de € 1000 por 4 anos, à taxa de juro de 5% ao ano, em regime de capitalização simples. Qual o valor dos juros simples anuais, dos juros totais e dos juros de juros?

16. O senhor Antunes adquiriu, a crédito, um barco. Para proceder ao seu pagamento terá de desembolsar, de imediato, € 10 000, e pagar € 15 000 no final de cada um dos próximos 3 anos. Sabendo a taxa de juro do crédito é de 6,129% ao ano, quanto custou o barco?

17. Uma empresa está a pagar um empréstimo à taxa de juro trimestral de 2,5%, com prestações trimestrais no valor de € 10 000. Sabendo que faltam pagar duas prestações, que a próxima prestação se vence daqui a um trimestre e que a empresa pretende liquidar de imediato a totalidade do empréstimo, qual o montante a pagar?

18. A fim de constituir uma poupança para a sua reforma, daqui a 25 anos, um indivíduo decidiu investir de imediato € 100 000. Assuma que a taxa de rendimento da aplicação será de 4% ao ano. Qual o valor acumulado do investimento no momento da reforma?

19. Tomando em consideração os dados do exercício anterior, se o indivíduo em causa pretender viver dos rendimentos sem consumir o capital acumulado, quando poderá gastar por ano se as taxas de juro na data de reforma se mantiverem em 4% ao ano?

20. A empresa Crescentes, SA vende camas de criança. Atualmente, a empresa fatura € 100 000 por ano, mas planeia atingir vendas anuais € 250 000, crescendo ao ritmo de 20% ano.
    a) Quantos anos demora a empresa a atingir o seu objetivo?
    b) Se a empresa atingir o seu objetivo em três anos, a que taxa média anual cresceu?
    c) Sabendo que a empresa atingiu o seu objetivo em apenas três anos, mas que no primeiro ano o plano de crescimento foi rigorosamente cumprido e no segundo ano a taxa de crescimento foi de 40%, qual a taxa de crescimento do terceiro ano?

Soluções

1. A resposta certa é a alínea b). De facto: 3 × € 5000 × 5% = € 750.

2. Não se esqueça que salvo indicação em contrário assumimos o regime de capitalização composta. Assim, a resposta certa é a alínea b). De facto: € 250 000 $(1+3\%)^7$= € 307 468.

3. A resposta certa é a alínea b). De facto: € 5000 $(1 + 2{,}25\%)^5$ = € 5588,4.

4. A resposta certa é a alínea a). Na realidade: € 1500 $(1+6\%)^{-5}$ = € 1121.

5. A resposta certa é a alínea d). O início do ano 5 coincide com o fim do ano 4. Donde: € 2000 $(1+5\%)^{-4}$ = € 1645,4.

6. A resposta certa é a alínea a). Na realidade: € 10 000 $(1+5\%)^n$ = € 15 000, implica n = 8,31 anos.

7. A resposta certa é a alínea a). De facto: € 40 000 $(1+2\%)^n$ = € 50 729,67. Donde, n = 12 anos.

8. A resposta certa é a alínea d), uma vez que nenhuma das outras alíneas está certa. Os juros de juros gerados no 4° ano obtêm-se aplicando a taxa de juro de 2% ao montante total de juros gerados até ao início daquele ano (o mesmo é dizer, no final do 3° ano). O montante de juros acumulado no final do ano 3 é igual ao valor capitalizado no final desse ano (C_3) menos o montante do capital inicialmente aplicado (C_0). Assim:
Juros Totais no Final do 3° Ano = $C_3 - C_0$ = € 25 000 $(1+2\%)^3$ – € 25 0000 = € 1530,2.
Donde, o juro de juro gerado ao longo do 4° ano = $(C_3 - C_0)$ R = € 1530,2 × 2% = € 30,60.

9. A resposta certa é a alínea d), dado que: $(1+4\%)^{10} - 1$ = 48,02%.

10. A resposta certa é a alínea c). De facto: € 20 000 $(1+TIR)^4$ = € 32 036,13. Donde, resolvendo em ordem à incógnita, tem-se: TIR = $(€ 32\ 036{,}13/€ 20\ 000)^{1/4} - 1$ = 12,5%.

11.

a) € 250 000 = € 100 000 $(1+20\%)^n$. Donde, aplicando logaritmos e resolvendo em ordem a n obtém-se: n = ln(250 000/100 000) / ln(1+20%) = 5,026 anos.

b) € 250 000 = € 100 000$(1+R)^{10}$. Donde resolvendo em ordem a R obtém-se: R = 9,60% ao ano.

12. A resposta certa é € 10 837,82. De facto: € 10 000 $(1+1,4\%)^4$ $(1+1,25\%)^2$ = € 10 837,82.

13.

a) C_{10} = € 100 000 $(1+10\%)^{10}$ = € 259 374.

b) O início do 8º ano coincide com o fim do 7º ano. Donde: C_7 = € 100 000 $(1+10\%)^7$ = € 194 872.

Em alternativa poderia calcular-se: $C_8(1+10\%)^{-1}$ = € 100 000 $(1+10\%)^8$ $(1+10\%)^{-1}$ = € 194 872.

c) Juros de Juros = $C_{10} - C_0 - n\,C_0\,R$ = € 259 374 – € 100 000 – € 100 000 × 10% ×10 anos = € 59 374.

d) C_4 = € 100 000$(1+10\%)^4$ = € 146 410.

Juros acumulados até final do ano 4 = € 146 410 – € 100 000 = € 46 410.

Juros de juros gerados no 5º ano = € 46 410 × 10% = € 4641.

14. O valor atual da aplicação é de: € 1000 $(1+10\%)^4$ = € 1464,1.

15. No regime de capitalização de juros simples não há juros de juros. O juro simples periódico é € 50 [= 5% × € 1000]. O juro total é € 200 [= 4 anos × € 50].

16. € 50 000. Com efeito, € 10 000 + € 15 000$(1+6,129\%)^{-1}$ + € 15 000$(1+6,129\%)^{-2}$ + € 15 000$(1+6,129\%)^{-3}$ = € 50 000.

17. Montante a pagar = € 10 000 $(1+2,5\%)^{-1}$ + € 10 000 $(1+2,5\%)^{-2}$ = € 19 274,24.

18. € 100 000 × $(1+4\%)^{25}$ = € 266 583,6.

19. € 10 663,34. Com efeito: € 266 583,6 × 4% = € 10 663,34.

20.

a) € 250 000 = € 100 000$(1+20\%)^n$. Donde, aplicando logaritmos e resolvendo em ordem a n, obtém-se: $n = \ln(250\,000/100\,000) / \ln(1+20\%) = 5{,}026$ anos.

b) € 250 000 = € 100 000$(1+R)^3$. Donde, resolvendo em ordem a R, obtém-se: $R = 35{,}72\%$.

c) € 250 000 = € 100 000$(1+20\%)(1+40\%) \times (1+R_3)$. Donde: $R_3 = 48{,}8\%$.

CAPÍTULO 2

—

ASSINCRONIA ENTRE O PERÍODO DE CAPITALIZAÇÃO E O PERÍODO DA TAXA DE JURO

Objetivos do Capítulo

Após a leitura deste capítulo o leitor deverá estar apto a:

i) Explicar os conceitos de período de capitalização, frequência de capitalização, sincronia e assincronia do processo de capitalização, capitalização infra-anual e capitalização supra-anual;

ii) Explicar o impacto da frequência de capitalização no valor atual e no valor futuro;

iii) Explicar os conceitos capitalização discreta e capitalização contínua;

iv) Distinguir e calcular taxas proporcionais e taxas equivalentes;

v) Distinguir e calcular taxas nominais e taxas efetivas;

vi) Distinguir e calcular taxas nominais e taxas reais;

vii) Explicar os conceitos de taxas ativas, taxas passivas e margem financeira;

viii) Calcular valores atuais e valores futuros com processos de capitalização assincrónicos discretos;

ix) Calcular a taxa de juro implícita no confronto entre um valor atual e o seu valor futuro equivalente com processos de capitalização assincrónicos discretos;

x) Calcular o prazo implícito no confronto entre um valor atual e o seu valor futuro equivalente com processos de capitalização assincrónicos discretos;

xi) Calcular valores atuais e valores futuros com processos de capitalização contínuos;

xii) Calcular a taxa de juro implícita no confronto entre um valor atual e o seu valor futuro equivalente com processos de capitalização contínuos;

xiii) Calcular o prazo implícito no confronto entre um valor atual e o seu valor futuro equivalente com processos de capitalização contínuos;

xiv) Resolver problemas com um número não inteiro de períodos de capitalização.

2.1 Frequência de Capitalização

O *período de capitalização* é o período de tempo que medeia entre dois momentos consecutivos de vencimento de juros. A *frequência de capitalização* é a frequência com que se vencem juros. Se, por exemplo, o período de capitalização for o semestre, há dois períodos de capitalização num ano. Porém, se a frequência de capitalização for trimestral há 4 períodos de capitalização num ano. Há *sincronia* entre o período de capitalização e o período da taxa de juro quando o período de capitalização é igual ao período para que se encontra definida a taxa de juro (por exemplo, a taxa de juro é anual e o período de capitalização é o ano). Quando tal não acontece (por exemplo, a capitalização é trimestral e taxa de juro é anual) estamos perante uma situação de *assincronia*.

Ao longo do Capítulo *1*, o período de capitalização e o período de referência da taxa de juro sempre coincidiram. Nos exemplos aí apresentados sempre se assumiram taxas de juro anuais e sempre se pressupôs que o período de capitalização era o ano (isto é, que os juros se venciam anualmente). A prática corrente é, de facto, a enunciação das taxas de juro em termos anuais. Porém, em muitas situações da vida quotidiana fazem-se negócios estipulando o vencimento de juros com periodicidade distinta do ano. A capitalização infra-anual (por exemplo, semestral, trimestral ou mensal) é muito frequente.

Para ilustrar essa situação imagine-se um depósito bancário de € 10 000, realizado por um prazo de dois anos, que vence juros semestralmente a uma taxa de juro de 10% ao ano. Neste caso a frequência de capitalização é semestral (ou seja, o período de capitalização é o semestre), mas a taxa de juro encontra-se enunciada em termos anuais. Como calcular o capital acumulado por este depósito reportado ao final do prazo de vencimento? Desta vez, o leitor não pode aplicar sem mais a fórmula [1.5]. Se o fizer conclui que o capital acumulado é € 12 100 [= € 10 000 $(1+10\%)^2$]. Porém, este valor só estaria certo se houvesse vencimento de juros uma vez por ano, e não é esse o caso.

O leitor deverá começar por notar que a taxa de juro de 10% ao ano é *proporcional* à taxa de juro de 5% ao semestre. Com efeito, 10% (ao ano) a dividir por dois (semestres) dá 5% (ao semestre). E, de facto, na vida prática as taxas são normalmente enunciadas em termos anualizados, vencendo-se depois efetivamente juros periódicos à correspondente taxa de juro proporcional. É esse o caso retratado no exemplo.

Em termos genéricos, sendo *R* uma taxa anual e *m* o número de períodos de capitalização que cabem num ano, obtém-se uma taxa periódica proporcional *r* como se segue:

$$r = R/m \quad [2.1]$$

No exemplo, $m = 2$ (dado que há dois semestres num ano), *R* é 10% e *r* é 5%.

Quer isto dizer que aquele depósito de dois anos é, na realidade, um depósito por 4 semestres, a uma taxa de juro de 5% ao semestre. Se agora aplicar novamente a fórmula [1.5], considerando semestres em vez de anos, conclui que o capital acumulado é de € 12 155 [= € 10 000 $(1+5\%)^4$]. E este é, de facto, o valor correto, dado que se vencem juros semestrais à taxa de 5% ao semestre, e não € 12 100 que só estaria certo se se vencessem juros uma vez por ano à taxa de juro de 10% ao ano.

Note-se que igualmente se chegaria ao valor correto fazendo os cálculos seguintes: € 12 155 [= € 10 000 $(1+10\%/2)^{2\text{anos}\times 2\text{semestres}}$]. Neste caso, continuamos a usar uma taxa *R* definida em termos anuais, e a manter *n* expresso em termos de anos. Quer isto dizer que para situações em que a capitalização é infra-anual, para se usar taxas de juro (*R*) definidas em termos anuais, a fórmula [1.5] necessita de uma ligeira reformulação. A sua expressão passa a ser:

$$C_{t+n} = C_t(1 + R/m)^{n\times m}. \quad [2.2]$$

onde: C_{t+n} é o capital acumulado no final do ano *t+n*; C_t é o valor inicial (isto é, reportado ao final do ano *t*); *R* é a taxa de juro anual; *m* é o número de períodos de capitalização que cabem num ano; e *n* é o número de anos de capitalização.

Se em vez de capitalização infra-anual tivermos um período de capitalização supra-anual, a fórmula [2.2] mantém-se válida. Note-se que se, por exemplo, apenas se vencerem juros de dois em dois anos, *m* será igual a 0,5, pelo que uma taxa de juro de 10% ao ano será convertida numa taxa bienal proporcional de 20% e o número de períodos de capitalização passa de dois (anos) para um (biénio).

Evidentemente que se a capitalização for anual a fórmula igualmente se mantém válida, acontecendo que desta vez $m = 1$. Donde, a fórmula [1.5] mais não é do que um caso particular da fórmula [2.2].

EXEMPLO 2.1 – CÁLCULO DO VALOR FUTURO COM TAXAS SEMESTRAIS

Suponha que um banco lhe oferece a possibilidade de fazer um depósito vencendo juros à taxa de 10% ao ano capitalizável semestralmente. Admita que decidiu investir € 5000, durante 5 anos. Qual o valor do depósito no final do prazo da aplicação?

Os dados do exemplo são, em síntese, os seguintes:

$C_0 = € 5000$

$R = 10\%$

$m = 2$

$n = 5$

Donde, aplicando a fórmula [2.2] obtém-se:

$$C_5 = € 5000\ (1 + 10\%/2)^{5\times 2} = € 8144,47.$$

De igual modo, a fórmula [1.6] — que permite calcular o valor atual a partir de um dado valor futuro assumindo que o período de capitalização é idêntico ao período de referência da taxa de juro — mais não é do que um caso particular (novamente, o caso em que $m = 1$) da fórmula [2.3] que se segue.

$$C_t = C_{t+n}(1 + R/m)^{-n\times m}. \qquad [2.3]$$

EXEMPLO 2.2 – CÁLCULO DO VALOR ATUAL COM TAXAS TRIMESTRAIS

Suponha que um banco lhe ofereceu a possibilidade de fazer um depósito vencendo juros à taxa de 8% ao ano capitalizável trimestralmente. Admita que decidiu fazer um depósito durante três anos findos os quais o seu saldo é de € 19 023,63. Qual o valor do depósito inicial?

Os dados do exemplo são, em síntese, os seguintes:

$C_3 = € 19\,023,63$

$R = 8\%$

$m = 4$

$n = 3$

Donde, aplicando a fórmula [2.3] obtém-se:

$$C_0 = € 19\,023,63\ (1 + 8\%/4)^{-3\times 4} = € 15\,000.$$

2.2 Impacto da Frequência de Capitalização

A frequência de capitalização não é inócua, tendo consequências relevantes sobre o resultado final. Imagine que tem de optar entre, por hipótese, um depósito bancário que vence juros a uma taxa de 10% ao ano, mas que só vence juros uma vez por ano, e um outro depósito com uma taxa de juro de 10% ao ano, mas que vence juros duas vezes por ano. O mesmo é dizer, para usar a linguagem introduzida na secção anterior, que (tudo o demais igual) lhe é proposto que opte entre uma frequência de capitalização anual e uma frequência de capitalização semestral. Qual seria a sua opção?

A intuição do leitor, porventura, apontará para responder que é indiferente uma vez que as taxas de juro são proporcionais. Assim é: 10% ao ano é proporcional a 5% ao semestre. Porém, essas taxas não são equivalentes.[1]

Imagine-se um capital inicial de € 10 000 e um prazo de um ano. Se optar pela capitalização anual obterá um capital acumulado de € 11 000. Se optar pela capitalização semestral o capital acumulado será de € 11 025 [= € 10 000$(1+10\%/2)^{1\times2}$]. A segunda alternativa é, pois, preferível.

Imagine agora que lhe dão a hipótese de optar por um regime de capitalização trimestral. O capital acumulado com esta terceira hipótese é ainda maior. De facto, no final do ano (isto é, dos 4 trimestres) atingir-se-ia um montante de € 11 038 [= € 10 000$(1+10\%/4)^{1\times4}$].

Exemplo 2.3 – Opção entre Diferentes Períodos de Capitalização

Imagine que é diretor financeiro de uma empresa que vai contrair um empréstimo bancário, no montante de € 100 000, por um prazo de um ano. Tudo o resto igual, o banco dá-lhe duas alternativas: *i*) Alternativa A: taxa de juro de 10% ao ano capitalizável semestralmente: *ii*) Alternativa B: taxa de juro de 9,9% ao ano capitalizável mensalmente. Qual é a mais favorável para a sua empresa?

Se optar pela alternativa A, no final do prazo do empréstimo (um ano) deverá pagar (aplicando a fórmula [2.2]):

C_1 = € 100 000 $(1+10\%/2)^{1\times2}$= € 110 250.

[1] Na secção 2.4 explicitar-se-á mais detalhadamente o conceito de taxas equivalentes, por contraposição ao conceito de taxas proporcionais.

Se optar pela alternativa B, no final do prazo do empréstimo (um ano) deverá pagar (aplicando a fórmula [2.2]):

C_1 = € 100 000 $(1+9{,}9\%/12)^{1\times12}$= € 110 362.

Donde, a alternativa preferível é a alternativa A. Surpreendido?

O leitor já se terá apercebido que, tudo o resto constante, quanto mais frequente for a capitalização (isto é, mais curto for o período de capitalização), maior o capital acumulado final. A Tabela 2.1 ilustra esta realidade, ao sintetizar os diferentes capitais acumulados ao final de um ano, obtidos a partir de um mesmo capital inicial (€ 10 000), para uma taxa de juro de 10% ao ano, e distintos períodos de capitalização. Porque é que assim será?

TABELA 2.1 – EFEITO DA FREQUÊNCIA DE CAPITALIZAÇÃO

	Nº de Períodos [*m*]	Taxa Proporcional [R/m]	Valor Inicial [C_t]	Valor Final [C_{t+n}]
Bienal	0,5	20,00000%	10.000	10.954,4512
Ano	1	10,00000%	10.000	11.000,0000
Semestre	2	5,00000%	10.000	11.025,0000
Trimestre	4	2,50000%	10.000	11.038,1289
Mês	12	0,83333%	10.000	11.047,1307
Semana	52	0,19231%	10.000	11.050,6479
Dia	365	0,02740%	10.000	11.051,5578
Hora	8.760	0,00114%	10.000	11.051,7029
Minuto	525.600	0,00002%	10.000	11.051,7091
Segundo	31.536.000	0,00000%	10.000	11.051,7092

A formação de juros de juros é a razão pela qual, tudo o resto constante, quanto mais frequente for o período de capitalização maior é o capital acumulado. Quanto mais cedo se vencerem juros, mais cedo esses juros são integrados no processo de capitalização e mais cedo dão origem ao vencimento de juros de juros. Note-se, por exemplo, que se o período de capitalização for um ano, não há lugar a juros de juros. Porém, se a capitalização for semestral os juros do primeiro semestre (€ 500) juntam-se ao capital em dívida inicial (€ 10 000), elevando para € 10 500 o montante sobre o qual se vencerão juros durante o segundo semestre. Desta forma os juros do segundo semestre já serão € 525 (=5% × € 10 500 = 5% × € 10 000 + 5% × € 500 = € 500 + € 25) e não apenas € 500, como aconteceria sem o efeito dos juros de juros.

Se, alternativamente, os juros se vencerem trimestralmente passaremos a ter juros de juros logo no segundo trimestre. Se a capitalização for mensal, os juros de juros produzem-se desde o segundo mês. E assim sucessivamente.

Para os leitores que gostam de provas matemáticas sugere-se como exercício a demonstração de que, tudo o resto constante, quanto maior m maior C_{t+n}, sugerindo que para esse efeito verifiquem que a derivada do segundo termo da equação [2.2] em ordem a m é positiva.

A Tabela 2.1 deixa claro que quanto mais curto o período de capitalização maior o capital acumulado. Porém, dirá o leitor que a partir de determinada altura o efeito é pouco expressivo. Assim, por exemplo, a passagem da *hora* para o *minuto* só se nota na terceira casa decimal. Não se deixe, todavia, iludir por esta aparência. Se construir uma tabela idêntica assumindo um capital inicial de € 100 milhões, verá que aquilo que parecia (e, de facto, é) uma diferença desprezível (no exemplo com € 10 000) corresponde (agora, no exemplo com 100 milhões) a uma soma (que muitos considerarão) muito expressiva.

A Tabela 2.1 termina com um processo de capitalização ao *segundo*. Porém, o que acontecerá se admitir um período de capitalização ainda mais pequeno? Poderemos pensar num *décimo de segundo*. Ou num *centésimo de segundo*. Ou, no limite, no *vencimento ininterrupto de juros*. O que é que acontecerá se se vencerem juros continuamente?

2.3 Capitalização Contínua

Até este momento pensou-se sempre em *processos de capitalização discretos*. Ou seja, em processos de capitalização em que os juros se vencem num número finito e contável de momentos. Assim acontece mesmo quando se vencem juros de centésimo em centésimo de segundo. Porém, os *processos de capitalização* também podem ser *contínuos*. Isto é, vencerem-se juros de forma contínua e ininterrupta.

Para ilustrar a diferença entre a capitalização discreta e a capitalização contínua convido o leitor a imaginar o processo de vencimento de juros como uma torneira que é usada para juntar água a um recipiente. A água que existe à partida nesse recipiente pode ser vista como o capital inicial e a água que se lhe junta por força da abertura da torneira pode ser vista como o juro. Tanto podemos abrir a torneira para deixar passar a água (perdão, o juro) uma vez por ano, como uma vez por segundo. Porém, se abrimos e fechamos a torneira, apenas num número finito e contável de momentos passa água na torneira. Se abrirmos a torneira uma vez por mês esses momentos são 12 num ano. Esta é, por isso, uma situação de capitalização discreta. Só passam «juros» quando se abre a torneira. A alternativa é deixar a torneira sempre aberta, ficando a correr um fio de água. Neste caso, os «juros» vencem-se continuamente, sem interrupções, pelo que não poderemos contar os momentos (discretos) em que se venceram juros.

A esta altura perguntar-se-á sobre como calcular o valor capitalizado e o valor atualizado de capitais que vencem juros de forma contínua. O caso parece complexo, mas é relativamente simples. Partindo da fórmula [2.2], o capital acumulado por força da capitalização contínua não é mais do que o limite daquela expressão, quando $m \to \infty$. Esse limite corresponde à expressão que se segue:

$$C_{t+n} = C_t \, e^{R \times n}, \qquad [2.4]$$

onde, além da notação conhecida, *e* simboliza o número neperiano, que corresponde ao limite de $(1+1/n)^n$ quando $n \to \infty$, e é aproximadamente 2,718 281 828 459 045 235.[2]

EXEMPLO 2.4 – VALOR FUTURO COM CAPITALIZAÇÃO CONTÍNUA

Suponha que um banco lhe oferece a possibilidade de fazer um depósito vencendo juros à taxa anual de 10% capitalizável de forma contínua. Admita que decidiu investir € 5000, durante 5 anos. Qual o valor do depósito no final do prazo da aplicação?

Os dados do exemplo são, em síntese, os seguintes:

$C_0 = € 5000$
$R = 10\%$
$n = 5$

Donde, aplicando a fórmula [2.4] obtém-se:

$$C_5 = € 5000 \, e^{10\% \times 5} = € 8243{,}61.$$

Nas condições do exemplo da Tabela 2.1, o capital acumulado ao fim de um ano, partindo de um valor inicial de € 10 000, com uma taxa de juro de 10% ao ano e capitalização contínua é € 11 051,7092 [=€ 10 000 $e^{10\% \times 1}$].

[2] Este número é a base dos logaritmos naturais e é conhecido por vários nomes, onde se incluem *número de Euler, número de Napier, constante de Néper, constante matemática e número exponencial.*

Se o objetivo for calcular o valor inicial a partir do valor final terá de recorrer-se à fórmula [2.5]. Trata-se, desta vez, do limite quando n tende para infinito da expressão [2.3] ou, o que dá no mesmo, da resolução em ordem a C_t da equação [2.4]. Em qualquer dos casos o resultado obtido é:

$$C_t = C_{t+n}\, e^{-R\times n}. \qquad [2.5]$$

As fórmulas [2.4] e [2.5], tal como acontece com as fórmulas da capitalização discreta (*vide* Capítulo *1*), podem ser usadas para resolver outros problemas que não a determinação do capital inicial ou do seu valor futuro. De facto, pode determinar a taxa de juro (R) ou o prazo (n) em vez de C_t ou C_{t+n}. Assim, por exemplo, se estiver interessado em determinar a taxa R, terá de resolver a equação [2.4] ou [2.5] em ordem a R, aplicando logaritmos. O resultado a que acederá consta da equação [2.6].

$$R = \frac{\ln\left(\frac{C_{t+n}}{C_t}\right)}{n}. \qquad [2.6]$$

Exemplo 2.5 – Determinação do Prazo em Processo de Capitalização Contínua

Determinado produto financeiro rende juros de forma contínua ao ritmo de 5% ao ano até atingir um dado valor máximo (altura em que será obrigatoriamente resgatado). Imagine que, em determinado momento, o valor do produto financeiro tinha já atingido 40% da sua valorização máxima. Quantos anos faltam ainda para que o valor de resgate do produto seja atingido?

Sabe-se que o saldo do produto financeiro é de € 0,40 por cada € 1,00 euro de valor de reembolso. Donde, pode resolver-se o exercício usando: C_n = 1,00 e C_0 = 0,40. Além disso, sabe-se que R = 5%. Donde, aplicando a fórmula [2.4] tem-se: 1,00 = 0,40 $e^{5\%\times n}$. O mesmo é dizer: 2,5 = $e^{5\%\times n}$. Aplicando logaritmos a ambos os membros fica: ln(2,5) = 5% × n. Donde, resolvendo em ordem a n obtém-se: n = ln(2,5)/5%. O mesmo é dizer, n é igual a 18,33 anos.

Assim, no exemplo de aplicação de um capital inicial de € 10 000, cujo valor futuro no final de um ano é de € 11 051,7092, para descobrir a taxa de juro que lhe está subjacente bastará calcular:

$$R = \ln(11\ 051{,}7092/10\ 000)/1 = 10\%.$$

O Exemplo 2.5 ilustra de que forma se pode resolver a equação [2.4] em ordem a n. A fórmula daí resultante é a seguinte:

$$n = \frac{\ln\left(\frac{C_{t+n}}{C_t}\right)}{R}. \qquad [2.7]$$

2.4 Taxas de Juro Equivalentes versus Taxas de Juro Proporcionais

A esta altura o leitor já terá percebido que as taxas de juro proporcionais não são equivalentes entre si. As secções anteriores deixaram claro que uma taxa de juro de 10% ao ano com capitalização anual é proporcional a uma taxa de juro de 5% ao semestre com capitalização semestral, mas essas taxas não são equivalentes entre si, na medida em que quando aplicadas a um mesmo capital inicial conduzem a um capital acumulado diverso ao fim de um mesmo período de tempo. O leitor sabe inclusive que o capital acumulado com a segunda alternativa será superior ao capital acumulado com a primeira. Além disso, a fórmula [2.1] deixa claro como calcular uma taxa proporcional. Todavia, ainda não se explicitou o conceito nem a fórmula de cálculo de duas taxas equivalentes.

Duas *taxas* dizem-se *equivalentes* se, quando aplicadas a um mesmo capital inicial e a um mesmo período de tempo, conduzem à obtenção do mesmo capital final. Trata-se, pois, da aplicação a este contexto do conceito de equivalência que já havia sido introduzido no Capítulo *1*.

A partir deste conceito, as contas para a determinação de duas taxas equivalentes são fáceis. Por exemplo, para calcular a taxa anual equivalente à taxa de 5% ao semestre bastará fazer o raciocínio do parágrafo que se segue.

Partindo com um capital de € 10 000, com juros semestrais de 5%, chega-se ao fim de um ano com € 11 025. Donde, para obter o mesmo capital acumulado — situação em que as taxas se tornam equivalentes — é necessário que a taxa anual seja de 10,25% ao ano. De facto: € 10 000 $(1+5\%)^2$ = € 10 000 (1+10,25%). Donde, é indiferente receber juros à taxa de 5% ao semestre ou de 10,25% ao ano. As taxas são, por isso, equivalentes. Porém, já não são proporcionais. A taxa anual proporcional à taxa de 5% ao semestre é de 10% ao ano, e a taxa semestral proporcional à taxa de 10,25% ao ano é de 5,125% ao semestre.

2.5 Taxas de Juro Nominais e Taxas de Juro Efetivas

Uma outra dicotomia que se pode estabelecer entre taxas de juro respeita à distinção entre *taxas de juro nominais* e *taxas de juro efetivas*. As taxas de juro nominais são as taxas de juro declaradas e, normalmente, são expressas em uma unidade de tempo distinta do período de capitalização. Regra geral, trata-se de taxas de juro declaradas para o período de um ano. Quando se diz que a taxa de juro é de 10% ao ano, isso é suficiente para que se conclua que a *taxa de juro nominal* é de 10% ao ano. Porém, por si só, a expressão «10% ao ano» nada diz sobre o ritmo a que *efetivamente* se vencem juros. Por outras palavras, a uma taxa anual nominal de 10% ao ano podem corresponder distintas *taxas de juro efetivas*. Assim, por exemplo, se a capitalização for anual, os juros vencem-se efetivamente ao ritmo de 10% ao ano. Neste caso, a taxa de juro anual é, simultaneamente, nominal e efetiva de 10% ao ano. Porém, se o período de capitalização for o semestre, os juros vencem-se efetivamente a 5% ao semestre e não a 10% ao ano. Donde, neste caso, à taxa de juro anual nominal de 10% ao ano corresponde uma taxa de juro efetiva de 5% ao semestre.

Em suma, as taxas de juro efetivas são as taxas que correspondem ao ritmo a que efetivamente se vencem os juros. As taxas de juro periódicas efetivas são as taxas proporcionais às taxas de juro (anuais) nominais. Ou, dito de outro modo, as taxas de juro nominais são as taxas de juro (anuais) proporcionais às taxas de juro efetivas. Assim, por exemplo, se a taxa de juro efetiva é de 5% ao semestre, a taxa de juro anual nominal que lhe corresponde é de 10%. Se a taxa de juro efetiva é de 2% ao trimestre, a taxa de juro anual nominal que lhe corresponde é de 8%. Da mesma forma, a uma taxa de juro anual nominal de 12%, com capitalização semestral, corresponde uma taxa efetiva de 6% ao semestre. As taxas efetivas infra-anuais são, por isso, taxas proporcionais às correspondentes taxas nominais anuais.

Exemplo 2.6 – Opção entre Diferentes Taxas de Juro Nominais

Regresse à situação do Exemplo 2.3, e imagine novamente que é diretor financeiro de uma empresa que vai contrair um empréstimo bancário, no montante de € 100 000, por um prazo de um ano. Tudo o resto igual, o banco dá-lhe duas alternativas: *i*) Alternativa A: taxa de juro nominal de 10% ao ano capitalizável semestralmente: *ii*) Alternativa B: taxa de juro nominal de 9,9% ao ano capitalizável mensalmente. Qual é a taxa anual efetiva de cada uma das alternativas? Compare as diferentes taxas alternativas entre si.

i) Alternativa A

$R_S = 10\%$ ao ano

$m = 2$

$R_S/m = 10\%/2 = 5\%$ ao semestre.

Donde, a taxa efetiva semestral é de 5%. A taxa efetiva anual equivalente a esta taxa efetiva trimestral determina-se como se segue:

$(1+5\%)^2 = (1+R_E)$, uma vez que qualquer dos membros desta equação conduz ao mesmo capital acumulado ao final de um ano. No membro da esquerda vencem-se juros à taxa efetiva semestral de 5%. No membro da direita vencem-se juros à taxa efetiva anual R_E. Resolvendo a equação em ordem a R_E obtém-se: $R_E = (1+5\%)^2 - 1 = 10{,}25\%$. As taxas efetivas 5% ao semestre e 10,25% ao ano são equivalentes entre si.

ii) Alternativa B

$R_S = 9{,}9\%$ ao ano

$m = 12$

$R_S /m = 9\%/12 = 0{,}825\%$ ao mês.

Donde, a taxa efetiva é de 0,825% ao mês. A taxa efetiva anual equivalente a esta taxa efetiva mensal determina-se como se segue:

$(1+0{,}825\%)^{12} = (1+R_E)$, uma vez que, também aqui, qualquer dos membros desta equação conduz ao mesmo capital acumulado ao final de um ano a partir de um capital unitário. No membro da esquerda vencem-se juros à taxa efetiva mensal de 0,825%. No membro da direita vencem-se juros à taxa efetiva anual R_E. Resolvendo a equação em ordem a R_E obtém-se: $R_E = (1+0{,}825\%)^{12} - 1 = 10{,}3618\%$. As taxas efetivas 0,825% ao mês e 10,3618% ao ano são equivalentes entre si.

iii) Comparação das Alternativas A e B

Tal como se havia concluído no Exemplo 2.3, então do ponto de vista do credor, as alternativas A e B não são equivalentes. Agora do ponto de vista do devedor, a alternativa A é preferível dado que a taxa de juro a suportar é menor. A taxa anual efetiva deste empréstimo é 10,25%, ao passo que a taxa anual efetiva da Alternativa B é mais elevada (10,3618%), sendo por isso esta última menos desejável, apesar de a respetiva taxa de juro nominal ser menor.

A partir das taxas efetivas infra-anuais podemos calcular taxas efetivas anuais. Estas últimas não são mais do que as taxas anuais equivalentes às taxas efetivas infra-anuais. Os conceitos de taxas de juro nominais, efetivas, proporcionais e equivalentes são por isso muito próximos, mas não devem ser confundidos. As taxas efetivas correspondentes a uma mesma taxa nominal são equivalentes entre si, mas duas taxas efetivas respeitantes a duas taxas nominais distintas não são necessariamente equivalentes entre si. O Exemplo 2.6 deixa isso muito claro. Também a fórmula [2.8] que se segue ajuda a perceber os diferentes conceitos.

$$(1+R_S/m)^{n\times m}=(1+R_E)^n. \qquad [2.8]$$

Nesta fórmula, R_S designa a taxa anual nominal, m é o número de períodos de capitalização infra-anual que cabem num ano, n o número de anos e R_E a taxa anual efetiva.

Donde, R_S/m é, simultaneamente, a taxa infra-anual proporcional e a taxa infra-anual efetiva. Se, por exemplo R_S=10% ao ano e m igual a dois, conclui-se que 5% ao semestre [=10%/2] é, simultaneamente, a taxa semestral proporcional à taxa anual nominal e a taxa semestral efetiva. Assim, como o expoente ($m \times n$) corresponde ao número de períodos de capitalização que cabem em n anos, o lado esquerdo da equação [2.8] dá-nos o capital acumulado ao fim de n anos a partir de um capital inicial unitário. No exemplo, para n igual a dois, temos que por cada euro inicialmente aplicado se obtém, ao fim de dois anos (4 semestres), um capital acumulado de € 1,2155 [= $(1+10\%/2)^{2\times2}$].

Esse valor é igual ao que se obteria com capitalização anual a uma taxa anual efetiva R_E durante o mesmo período de n anos. Por outras palavras, R_E é a taxa a que se teriam de se vencer efetivamente juros com capitalização anual, para que se atingisse o mesmo valor a que se chega com capitalização infra-anual à taxa infra-anual efetiva de R_S/m. Note-se que a taxa anual efetiva R_E é equivalente à taxa infra-anual efetiva R_S/m. Estas taxas são equivalentes por, no mesmo espaço de tempo, partindo do mesmo capital inicial, conduzirem ao mesmo capital final.

No exemplo, se quisermos calcular essa taxa apenas teremos de resolver a equação de equivalência em ordem a R_E. No caso teríamos: $(1+10\%/2)^{2\times2} = (1+R_E)^2$. Assim: R_E= 10,25% ao ano.

Donde, a uma taxa anual nominal de 10%, com capitalização semestral, corresponde uma taxa proporcional de 5% ao semestre e uma taxa efetiva de 5% ao semestre. Esta taxa efetiva semestral é equivalente a uma taxa anual efetiva de 10,25%. Finalmente, tem-se também que a uma taxa anual nominal de 10%, com capitalização semestral, corresponde uma taxa anual efetiva de 10,25%.

Em termos genéricos, para calcular a taxa efetiva anual a partir de uma taxa efetiva infra-anual terá de se resolver a equação [2.8] em ordem a R_E. O resultado obtido é o que se segue:

$$R_E = \left(1+\frac{R_S}{m}\right)^m - 1. \qquad [2.9]$$

Para calcular a taxa efetiva infra-anual a partir da taxa efetiva anual que lhe é equivalente terá de se resolver a mesma equação em ordem a R_S/m. Desta vez tem-se:

$$\frac{R_S}{m} = (1+R_E)^{\frac{1}{m}} - 1. \qquad [2.10]$$

Se o valor pretendido for R_S, evidentemente, terá de se multiplicar R_S/m por m.

Exemplo 2.7 – Cálculo de Taxas Efetivas para Períodos Inferiores ao Período de Capitalização

Uma empresa solicitou um empréstimo a um banco para construção de uma nova fábrica, tendo acordado para a fase de construção as seguintes condições: *i*) taxa de juro anual nominal de 6,0%; *ii*) periodicidade de capitalização semestral. Qual a taxa de juro trimestral efetiva praticada pelo banco?

A taxa efetiva semestral obtém-se, de modo muito simples, calculando a taxa proporcional. Essa taxa é de 3% ao semestre [= 6%/2]. A taxa trimestral efetiva corresponde à taxa equivalente à taxa semestral efetiva de 3%, e calcula-se resolvendo em ordem à incógnita a equação que se segue:

$$(1+3\%) = (1+R_{ET})^2.$$

Donde, a taxa efetiva trimestral, obtém-se calculando (o mesmo é dizer, aplicando a equação [2.10]): $R_{ET} = (1+3\%)^{1/2} - 1 = 1{,}489\%$.

Note-se que ambos os membros daquela equação dão o mesmo capital acumulado ao fim de um semestre a partir de um capital inicial unitário. No membro da esquerda os juros produzem-se ao ritmo de 3% ao semestre e no membro da direita os juros produzem-se, equivalentemente, ao ritmo de 1,489% ao trimestre.

O conceito de taxa efetiva anual é extensível às situações de capitalização contínua. Suponha-se uma situação em que uma taxa de juro nominal de 10% ao ano é capitalizada continuamente. Se for investido € 1,0, por um ano, o valor futuro obtido é (aplicando a equação [2.4]): $C_1 = € 1\ e^{10\% \times 1} = € 1{,}105170918$. Quer isto dizer que ao final de um ano, a cada euro se somam € 0,105170918 de juros. Donde, este é o juro anual (efetivo) de um capital unitário, pelo que a taxa de juro anual efetiva é de 10,5170918%. A fórmula genérica que nos permite chegar a este resultado é a seguinte:

$$R_E = e^{R_S} - 1. \qquad [2.11]$$

A demonstração deste resultado é muito simples. Partindo da fórmula [2.4], subtraindo C_t a C_{t+n} obtém-se (para n = 1): $C_{t+1} - C_t = C_t\, e^{R \times 1} - C_t$. Dividindo ambos os membros por C_t fica: $(C_{t+1} - C_t)/C_t = e^{R \times 1} - 1$. Note-se que o primeiro membro não é mais do que a taxa de juro anual efetiva (R_E), na medida em que aí se divide o juro anual total pelo capital inicial. No segundo membro temos, como pretendido, a expressão da equação [2.11].

Note-se, para terminar esta secção, que com capitalização infra-anual as taxas anuais efetivas são sempre superiores às taxas anuais nominais. O leitor dispensar-nos-á, certamente, de lhe relembrar que os juros se vencem a um ritmo superior ao nomeado (isto é, a taxa anual efetiva supera a taxa anual nominal) por força do vencimento de juros de juros decorrentes da incorporação dos juros infra-anuais no processo de capitalização.

2.6 Taxas de Juro Nominais e Taxas de Juro Reais

A expressão taxa de juro nominal é muitas vezes usada com um significado distinto daquele com que foi usada na secção anterior. Em algumas ocasiões quer-se falar de *taxa de juro nominal* por contraposição a *taxa de juro real* e não por contraposição a taxa de juro efetiva.

A taxa de juro real é a taxa de juro que se encontra deduzida do efeito da inflação. Neste contexto, a taxa de juro nominal é uma taxa de juro que além da taxa de juro real incorpora uma componente relacionada com a subida generalizada dos preços.

Para tornar os conceitos mais claros, imagine que faz uma aplicação que vence juros anualmente à taxa de juro anual de 5%. Neste caso, como o período de capitalização e o período da taxa de juro coincidem, esta taxa é simultaneamente nominal e efetiva. Porém, ela é igualmente nominal no sentido de que a remuneração nominal obtida é de 5% ao ano, mas havendo inflação a remuneração real será inferior. Se a inflação tiver sido de 5% o poder de compra, de facto, não aumentou, pois não? Neste caso a remuneração real teria sido nula.

Num outro exemplo, se o leitor aplicar um capital inicial € 10 000 por 4 anos àquela taxa acederá a um capital final de € 12 155,06 [= € 10 000 $(1+5\%)^4$]. Porém, não pode dizer que a sua capacidade aquisitiva aumentou em € 2 155,06 (isto é, o valor dos juros totais). Apenas o poderia fazer se os preços se mantivessem constantes. Imagine que ao longo destes 4 anos os preços cresceram ao ritmo de 2% ao ano. Aquilo que antes custava € 10 000, custa agora € 10 824,32 [= € 10 000 $(1+2\%)^4$]. Donde, a sua capacidade aquisitiva aumentou bem menos do que o valor dos juros totais. Qual foi afinal a taxa de juro real que obteve?

A equação que se segue permite responder a esta questão.

$$(1+R_N)^n = (1+R_R)^n\,(1+p)^n, \qquad [2.12]$$

onde n representa o número de períodos, R_N a taxa de juro nominal, R_R a taxa de juro real e p a taxa de inflação.

No exemplo, tem-se: $(1+5\%)^4 = (1+R_R)^4\,(1+2\%)^4$. Donde: $R_R = [(1+5\%)^4/(1+2\%)^4]^{1/4} - 1 = 2{,}941\%$.

Provavelmente o leitor terá sido tentado a responder de imediato 3%, fazendo simplesmente a diferença entre os 5% da taxa nominal e os 2% da taxa de inflação. O valor obtido é aproximado, mas não é exatamente igual. A taxa de juro real é, de facto, ligeiramente inferior à diferença entre a taxa de juro nominal e à taxa de inflação pela razão de que a inflação também produz efeito sobre a capacidade aquisitiva dos juros periódicos e dos respetivos juros de juros e não somente sobre o capital inicial.

Exemplo 2.8 – Cálculo do Valor Futuro com Taxas de Juro Reais e Nominais

A fim de constituir uma poupança um indivíduo decidiu investir de imediato um determinado valor. Considere que a taxa de juro nominal será de 4% ao ano e que a taxa de inflação anual é de 2%. Se o indivíduo pretender que o valor futuro do investimento, daqui a 10 anos, ascenda, em termos reais, a € 100 000, qual o montante que deverá investir?

Aplicando a fórmula [2.11] aos dados do problema pode escrever-se:

$$C_0(1+4\%)^{10} = 100\ 000\ (1+2\%)^{10}.$$

Donde, resolvendo em ordem à incógnita obtém-se: C_0 = € 82 351. Note-se que no final dos 10 anos o capital acumulado é C_{10} = € 121 899, pelo que a riqueza do indivíduo aumentou nominalmente € 39 548 (= € 121 899-€ 82 351). Porém, em termos reais a sua riqueza apenas aumentou € 17 649 (= € 100 000 - € 82 351), dado que aos preços de daqui a 10 anos os € 121 899 só permitem comprar aquilo que aos preços de hoje se compra com € 100 000 (= € 121 899 / $(1+2\%)^{10}$).

Note-se que a equação pode ser reconduzida à versão mais simples que se segue, obtida elevando ambos os membros a $1/n$.

$$(1+R_N) = (1+R_R)\ (1+p), \qquad [2.13]$$

Esta equação que é conhecida como fórmula ou equação de Fisher, em homenagem ao seu autor, pode evidentemente ser usada para obter o valor de qualquer das três variáveis que a integram desde que conhecidas as outras duas. Em particular, para obter a taxa de juro real, conhecida a taxa de juro nominal e a taxa de inflação tem-se:

$$R_R = (1+R_N)/(1+p) - 1. \qquad [2.14]$$

2.7 Taxas de Juro Ativas e Taxas de Juro Passivas

Para completar o cardápio da nomenclatura relativa às taxas de juro importa distinguir *taxas de juro ativas* de *taxas de juro passivas*. As primeiras respeitam às taxas de juro cobradas pelas instituições financeiras aos clientes a quem concedem crédito. As segundas respeitam às taxas de juro pagas pelas instituições financeiras aos seus clientes nos depósitos. As expressões *ativas* e *passivas* estão, pois, referenciadas à perspetiva das instituições financeiras. De facto, quando um banco concede crédito aos seus clientes, esse banco fica titular de um crédito sobre esse cliente, que é para si um ativo. Pelo contrário, quando o banco recebe depósitos o valor desses depósitos é uma responsabilidade para o banco, pelo que o seu valor é registado no passivo.

A diferença entre os valores destas duas taxas é designada por *margem financeira* e essa diferença é normalmente positiva na medida em que nela radicam grande parte dos ganhos das instituições com os quais têm de fazer face, designadamente, aos seus encargos administrativos e ainda proporcionar rentabilidade aos seus acionistas.

2.8 Número não Inteiro de Períodos de Capitalização

Até agora sempre se supôs um número inteiro de períodos de capitalização. Porém, a vida prática não se compadece com tal limitação. Nada impede, por exemplo, que se contrate uma aplicação financeira por três anos e três meses, vencendo-se juros à taxa anual nominal e efetiva de 8% ao ano. Supondo um capital inicial de € 50 000, saberá o leitor calcular o valor futuro reportado à data do vencimento (isto é, de hoje a três anos e três meses) dessa aplicação?

O valor futuro reportado a de hoje a três anos é facilmente calculável. Basta capitalizar os € 50 000 por três anos à taxa de 8% ao ano. O valor é, evidentemente, € 62 985,60 [= € 50 000 $(1+8\%)^3$]. O problema está em saber que juros se vencerão nos últimos três meses.

O contrato entre as partes deverá encarregar-se de definir essa matéria. Muitas vezes, a taxa de juro aplicável é nula. O leitor certamente já fez depósitos bancários em que permitiam levantamentos antes do prazo, mas com perda dos juros desde a última data de vencimento. Outras vezes essa taxa não é nula, mas é sujeita a uma penalização. É, porém, de admitir que em outras situações não haja penalização de qualquer ordem, procedendo-se à capitalização à mesma taxa efetiva até à data de vencimento. Admitindo que é esse o nosso caso, o valor futuro ao fim de três anos e três meses (isto é, 3,25 anos) será: $C_{3,25}$ = € 50 000 $(1+8\%)^{3,25}$ = € 64 209,19.

Note-se que chegaria ao mesmo valor fazendo capitalizar por um trimestre o capital acumulado ao fim dos três anos, a uma taxa efetiva trimestral equivalente à taxa efetiva anual de 8%. Essa taxa é 1,94265% [= $(1+8\%)^{1/4} - 1$]. Donde: $C_{3,25}$ = € 62 985,60 (1+1,94265%) = € 64 209,19.

SUMÁRIO

- O *período de capitalização* é o período de tempo que medeia entre duas datas consecutivas de vencimento de juros.
- A *frequência de capitalização* é a frequência com que se vencem juros. Se, por exemplo, o período de capitalização for o semestre, há dois períodos de capitalização num ano. Porém, se a frequência de capitalização for trimestral há 4 períodos de capitalização num ano.
- Tudo o resto igual, quanto maior a frequência for a capitalização maior o valor acumulado final dado que mais cedo se começam a produzir juros de juros.
- A capitalização é infra-anual quando o período de capitalização é inferior a um ano.
- A capitalização é supra-anual quando o período de capitalização é superior a um ano.
- A assincronia entre o período de capitalização e o período da taxa de juro ocorre quando o período de capitalização é distinto do período para que se encontra definida a taxa de juro (por exemplo, capitalização trimestral e taxa de juro anual).
- Uma *taxa periódica proporcional* (r) é igual à taxa de juro anual (R) a dividir pelo número de períodos (m) que cabem num ano. isto é: $r = R/m$.
- Duas *taxas de juro* são *equivalentes* entre si se, quando aplicadas a um mesmo capital inicial, conduzem a um igual capital acumulado, ao fim de um mesmo período de tempo.
- As *taxas de juro nominais* (por contraposição às taxas de juro efetivas) são as taxas de juro declaradas e, normalmente, são expressas em uma unidade de tempo distinta do período de capitalização. Regra geral, trata-se de taxas de juro declaradas para o período de um ano.
- As *taxas de juro efetivas* são as taxas que correspondem ao ritmo a que efetivamente se vencem os juros.
- Havendo assincronia, a equação de equivalência entre dois capitais aferidos a momentos distintos do tempo é a seguinte: $C_{t+n} = C_t (1 + R_S/m)^{n \times m}$, onde C_t representa o capital inicial reportado ao momento t, C_{t+n} representa o capital final reportado ao momento $t+n$ (isto é, passados n anos), R_S representa a taxa anual nominal e m o número de períodos de capitalização que cabem num ano.
- Um *processo de capitalização discreta* caracteriza-se por os juros se vencerem num número finito e contável de momentos. Há, por isso, um número finito de períodos de capitalização.

- Um *processo de capitalização contínua* caracteriza-se por vencer juros de forma contínua e ininterrupta.
- O valor futuro de um capital inicial capitalizado continuamente por n anos à taxa R calcula-se como se segue: $C_{t+n} = C_t e^{R \times n}$, onde e simboliza o número neperiano, que é aproximadamente 2,718 281 828 459 045 235.
- O valor atual de um capital final atualizado continuamente por n anos à taxa R calcula-se como se segue: $C_t = C_{t+n} e^{-R \times n}$, onde e uma vez mais simboliza o número neperiano.
- A taxa R implícita no confronto de um valor atual e um valor futuro, distantes entre si n anos, com capitalização contínua, determina-se como se segue: $R = ln(C_{t+n} / C_t) / n$.
- O número de anos implícito no confronto de um valor atual e um valor futuro, com capitalização contínua, à taxa de juro anual nominal R, determina-se como se segue: $n = ln(C_{t+n} / C_t) / R$.
- A partir das taxas efetivas infra-anuais (R_S/m) podemos calcular taxas efetivas anuais (R_E). Estas últimas não são mais do que as taxas anuais equivalentes às taxas efetivas infra-anuais. Para esse efeito terá de respeitar-se a seguinte condição de equivalência: $(1+R_S/m)^{n \times m} = (1+R_E)^n$.
- Em concreto, para calcular a taxa efetiva anual a partir da taxa efetiva infra-anual tem-se: $R_E = (1+R_S/m)^m - 1$.
- Para calcular a taxa efetiva infra-anual a partir da taxa efetiva anual tem-se: $R_S/m = (1+R_E)^{1/m} - 1$.
- Para calcular a taxa anual efetiva (R_E) a partir da taxa anual nominal (R_S) num processo de capitalização contínua terá de calcular-se: $R_E = e^{Rs} - 1$.
- Com capitalização infra-anual as taxas anuais efetivas são sempre superiores às taxas anuais nominais, devido à existência de juros de juros.
- A taxa de juro real é a taxa de juro que se encontra deduzida do efeito da inflação.
- A taxa de juro nominal (por contraposição à taxa de juro real) é a taxa de juro que além da taxa de juro real incorpora uma componente relacionada com a subida generalizada dos preços.
- A equação de Fisher estabelece a equivalência entre a taxa de juro nominal (R_N), a taxa de juro real (R_R) e a taxa de inflação (p) nos termos que se seguem: $(1+R_N) = (1+R_R)(1+p)$.
- As *taxas de juro ativas* são as taxas de juro cobradas pelas instituições financeiras aos clientes a quem concedem crédito.

- As *taxas de juro passivas* são as taxas de juro pagas pelas instituições financeiras aos seus clientes nos depósitos.
- A diferença entre as taxas de juro ativas e passiva constitui a *margem financeira*.

PROBLEMAS

1. Uma taxa de juro anual nominal de 8%, capitalizável trimestralmente, equivale a:
   a) Uma taxa de juro trimestral efetiva de 2,02%.
   b) A uma taxa semestral efetiva de 4,04% ao semestre.
   c) A uma taxa anual efetiva de 8,381%.
   d) Todas as alíneas anteriores estão certas.

2. Uma taxa de juro trimestral efetiva de 1% corresponde a uma taxa:
   a) Semestral efetiva de 2%.
   b) Anual nominal de 4%.
   c) Bimestral efetiva de 0,5%.
   d) Anual efetiva de 4%.

3. Uma taxa de juro anual nominal de 8% capitalizável semestralmente equivale a:
   a) Uma taxa de juro anual efetiva de 8,16%.
   b) A uma taxa efetiva de 4,0% ao semestre.
   c) A uma taxa efetiva de 1,9804% ao trimestre.
   d) Todas as alíneas anteriores estão certas.

4. Uma taxa de juro anual nominal de 10% capitalizável continuamente equivale a:
   a) Uma taxa de juro semestral efetiva de 5,127%.
   b) A uma taxa efetiva de 5,000% ao semestre.
   c) A uma taxa anual efetiva de 10,250%.
   d) Todas as alíneas anteriores estão certas.

5. A taxa de juro anual nominal praticada por uma instituição de crédito é de 2,0%. Podemos afirmar que:
   a) Se a capitalização for mensal, a taxa de juro efetiva trimestral é de 0,5%.
   b) Se a capitalização for semestral, a taxa de juro efetiva trimestral é de 0,5%.
   c) Se a capitalização for trimestral, a taxa de juro efetiva trimestral é de 0,5%.
   d) Se a capitalização for anual, a taxa de juro efetiva trimestral é de 0,5%.

6. Se a taxa de juro anual nominal for de 8% ao ano, qual o valor atual (arredondado às unidades) de € 5000 a pagar no início do ano 5, sabendo que a capitalização é trimestral?

a) € 4529.
b) € 4619.
c) € 3642.
d) € 3675.

7. Um capital de € 25 000 foi aplicado durante três anos à taxa anual nominal de 8% com capitalização trimestral. Qual foi o montante dos juros de juros gerados ao longo do 4º trimestre?
a) € 10,61.
b) € 41,22.
c) € 530,60.
d) Nenhuma das alíneas anteriores está certa.

8. Qual o capital que terá de ser aplicado hoje à taxa de juro anual contínua de 5% de forma a produzir um capital acumulado de € 12 500 daqui a dois anos e meio?
a) € 11 111,11.
b) € 11 064,63.
c) € 11 031,21
d) Nenhuma das alíneas anteriores está certa.

9. Do ponto de vista do devedor, qual das seguintes situações é preferível?
a) Taxa de juro anual efetiva de 10%.
b) Taxa de juro semestral efetiva de 5%.
c) Taxa de juro trimestral efetiva de 2,5%.
d) É indiferente, dado que qualquer das situações referidas nas alíneas anteriores conduz ao pagamento do mesmo montante de juros.

10. Imagine que é um aforrador que vai fazer um depósito a prazo por um período longo. Tudo o resto igual, o banco dá-lhe duas alternativas: *i*) Alternativa A: taxa de juro anual nominal de 5% ao ano capitalizável semestralmente: *ii*) Alternativa B: taxa de juro anual nominal de 4,8% ao ano capitalizável continuamente. Qual das duas alternativas lhe é mais favorável?
a) A alternativa A.
b) A alternativa B.
c) As alternativas são indiferentes.
d) Não há dados suficientes para responder.

11. Imagine que fez um depósito bancário de € 1500 vencendo juros trimestralmente. A taxa de juro anual nominal é de 8%. Qual o saldo do depósito ao fim de 5 anos?

12. Se a taxa de juro anual nominal for de 6%, qual o valor futuro de € 15000 a pagar no final do ano 5, sabendo que a capitalização é trimestral?

13. Imagine que contraiu uma dívida de € 40 000. Sabe que vai reembolsar essa dívida pagando, de uma só vez, no final do empréstimo, € 50.729,67. Sabe ainda que contratou uma frequência de capitalização trimestral e uma taxa anual nominal de 8%. Qual o prazo contratado?

14. O Sr. Vieria da Costa fez um depósito num banco no valor de € 5000. Sabendo que a taxa de juro nominal anual praticada pelo banco é de 2% e que o depósito capitaliza semestralmente, qual o montante de juros totais que estarão acumulados na conta do Sr. Vieria da Costa daqui a três anos e meio ano?

15. Suponha que acaba de fazer um depósito bancário de € 10 000. Sabendo que vence juros à taxa anual nominal de 10% capitalizável semestralmente, quantos anos são necessários para que o saldo acumulado seja de € 15 000?

16. Suponha que acaba de fazer dois depósitos bancários, um de € 10 000 e outro de € 9000. O primeiro vence juros à taxa nominal de 10% ao ano capitalizável semestralmente. O segundo vence juros à taxa de 10% ao ano capitalizável continuamente. Quantos anos são necessários para que o saldo acumulado do segundo depósito iguale o saldo acumulado do primeiro depósito?

17. Qual o valor futuro correspondente a investir € 5000 por 14 meses a uma taxa de juro anual nominal de 6% capitalizável semestralmente?

18. Quando o Joãozinho nasceu o padrinho fez-lhe um depósito bancário de € 5000, vencendo juros à taxa de juro anual nominal de 10% capitalizável semestralmente. O objetivo do padrinho era que o saldo da conta bancária atingisse € 15 000 na data do 12º aniversário do seu afilhado, altura em que este poderia proceder ao levantamento do capital e dos juros acumulados não lhe sendo permitido fazer levantamentos antes desta data.

Sabendo que na data em que o Joãozinho fez 5 anos as taxas de juro baixaram para 8% ao ano, em termos nominais, e que assim se mantiveram até ao 12º aniversário, diga, justificando a sua resposta:

a) O objetivo do padrinho foi atingido? Qual o montante que teria sido atingido se não houvesse descida das taxas de juro?
b) Quando o Joãozinho fez 12 anos, esperando que as taxas de juro se mantivessem em 8% ao ano, o seu pai decidiu reforçar o depósito de modo a que o seu filho pudesse fazer um curso de inglês no Reino Unido quando fizesse 16 anos, gastando € 2500, e tivesse um saldo na conta de € 25 000, aos 18 anos. Quanto foi depositado pelo pai do Joãozinho?

19. Quando a Marianinha nasceu a madrinha fez-lhe um depósito bancário de € 10 000, vencendo juros à taxa de juro anual nominal capitalizável semestralmente de 8% ao ano. O objetivo da madrinha era que o saldo da conta bancária atingisse € 21 000 na data do 10º aniversário da sua afilhada.
Sabe-se que na data em que a Marianinha fez 6 anos as taxas de juro subiram para 10% ao ano, em termos anuais nominais, e que assim se mantiveram até ao 10º aniversário. Porém, a Marianinha quis comprar um presente para si própria quando fez 8 anos. O seu pai só a deixou gastar até um montante que não comprometesse o objetivo de saldo com que a madrinha tinha aberto a conta. Qual o montante máximo que a Marianinha pode gastar?

20. A fim de constituir uma poupança para a sua reforma um indivíduo decidiu investir, faz hoje 25 anos, € 50 000. Sabe-se que o saldo atual da conta do indivíduo é de € 133 291,82. Sabe-se também que a taxa de inflação média registada ao longo dos últimos 25 anos foi de 2% ao ano.
a) Qual a taxa de juro efetiva a que foi aplicada a poupança?
b) Qual a taxa de juro real que foi obtida.

Soluções

1. A resposta certa é a alínea b). De facto, a taxa semestral efetiva é 4,04% [= $(1+2\%)^2 - 1$]. Além disso, a taxa trimestral efetiva é 2% [= 8%/4] e não 2,02%. Por fim, a taxa anual efetiva é 8,243% [= $(1+2\%)^4 - 1$] e não 8,381%.

2. A resposta certa é a alínea b). De facto: 4 × 1% = 4%. Por outro lado, a taxa semestral efetiva é de 2,01% [= $(1+1\%)^2 - 1$] e não 2%. A taxa bimestral efetiva é 0,6(6)% [= $(1+1\%)^{2/3} - 1$]. Por fim, a taxa anual efetiva é 4,06% [= $(1+1\%)^4 - 1$].

3. A resposta certa é a alínea d). Com efeito: *i)* a taxa semestral efetiva é 4% [= 8%/2]; *ii)* a taxa anual equivalente é = 8,16% [= $(1+4\%)^2 - 1$]; e *iii)* a taxa trimestral equivalente é de 1,9804% [= $(1+4\%)^{0,5} - 1$].

4. A resposta certa é a alínea a). De facto: $e^{10\%} = (1+r)^2$, donde $r = 5,127\%$.

5. A resposta certa é a alínea c). De facto: 2% / 4 = 0,5%.

6. A resposta certa é a alínea c). De facto, o início do ano 5 equivale ao final do ano 4 pelo que: $5000\,(1+8\%/4)^{-16} = 3642,2$.

7. A resposta certa é a alínea d). De facto, o juro de juro gerado ao longo do 4º trimestre é: $(C_3 - C_0)\,R/4 = [25\,000\,(1+8\%/4)^3 - 25\,000] \times 8\%/4 = 30,60$.

8. A resposta certa é a alínea c). De facto: $C_0\, e^{5\%*2,5} = 12\,500$. Donde: $C_0 = 11\,031,21$.

9. A resposta certa é a alínea a). A taxa de juro semestral efetiva de 5% corresponde a uma taxa de juro anual efetiva superior a 10% (10,25%). De igual modo, a taxa de juro trimestral efetiva de 2,5% corresponde a uma taxa de juro anual efetiva superior a 10% (10,3813%).

10. A resposta certa é a alínea a). De facto, a taxa de juro anual efetiva da alternativa A é 5,0625% [= $(1+5\%/2)^2 - 1$]. A taxa de juro anual efetiva da alternativa B é 4,917% [= $e^{4,8\%} - 1$]. Donde, é preferível a alternativa A.

11. Aplicando a fórmula 2.2 tem-se: € $1500(1+8\%/4)^{5\times4}$ = € 2228,92.

12. Tendo em atenção que o início do ano 5 é o mesmo que o final do ano 4, aplicando a fórmula [2.3] tem-se: C_0 = € 15 000 $(1+6\%/4)^{5\times4}$ = € 20 202,83.

13. Aplicando a fórmula [2.2] tem-se: 40 000 $(1+8\%/4)^{n\times4}$ = 50 729,67. Resolvendo em ordem a n obtém-se $n = 3$ anos.

14. Aplicando a fórmula [2.2] tem-se: € 5000 $(1 + 2\% /2)^{3,5\times2}$ = € 5360,68. Donde, os juros totais são € 5360,68 – € 5000 = € 360,68.

15. Aplicando a fórmula [2.2] tem-se: € 15 000 = € 10 000 $(1+10\%/2)^{n\times2}$. Resolvendo agora em ordem a n obtém-se: $n = 4{,}16$ anos.

16. Para que o valor futuro dos dois depósitos seja igual temos: 10 000 $(1+10\%/2)^{n\times2}$ = 9000 $e^{10\%\times n}$. Resolvendo em ordem a n obtém-se: $n = 43{,}543$ anos.

17. A taxa anual efetiva calcula-se como se segue: $R_E = [1+6\%/2]^2 - 1 = 6{,}09\%$. O valor futuro reportado a de hoje a 14 meses é: € 5000 $(1+6{,}09\%)^{14/12}$ = € 5357,02.

18.
   a) O valor futuro é: € 5000 $(1+10\%/2)^{10}$ $(1+8\%/2)^{14}$ = 14 103,6. Como este valor é inferior a € 15 000, o objetivo do padrinho não foi atingido.
      Se não tivesse havido alteração da taxa de juro o valor futuro seria: € 5000 $(1+10\%/2)^{24}$ = € 16 125,5.
   b) Valor futuro reportado ao fim dos 12 anos é: € 5000 $(1+10\%/2)^{10}$ $(1+8\%/2)^{14}$ = € 14 103,6. Donde, notando por X o montante depositado pelo pai, tem-se: (€ 14 103,6 + X) $(1+8\%/2)^{12}$ – 2500 $(1+8\%/2)^{4}$ = 25 000. Pelo que, resolvendo em ordem à incógnita, se obtém: X = € 3338,05.

19. Notando por X o montante gasto pela Marianinha tem-se: [€ 10 000 $(1+8\%/2)^{12}$ $(1+10\%/2)^{4}$ – X] $(1+10\%/2)^{4}$ = € 21 000. Resolvendo em ordem à incógnita vem: X = € 2183,89.

20.
   a) Note-se que: € 50 000 $(1+R)^{25}$ = € 133.291,82. Resolvendo em ordem a R obtém-se: $R = 4\%$.

b) Note-se que a taxa de juro calculada na alínea a) é uma taxa efetiva no sentido de que traduz o ritmo a que efetivamente foram gerados os juros, mas é uma taxa de juro nominal no sentido de que engloba quer a remuneração real, quer a remuneração destinada a compensar o efeito da subida dos preços. Donde, aplicando a fórmula [2.13] pode escrever-se: $R_R = (1+4\%)/(1+2\%) - 1 = 1,96\%$.

CAPÍTULO 3

—

VALOR FUTURO E VALOR ATUAL DE MÚLTIPLOS CAPITAIS

Objetivos do Capítulo

Após a leitura deste capítulo o leitor deverá estar apto a:

i) Calcular o valor futuro de múltiplos capitais;

ii) Calcular o valor atual de múltiplos capitais;

iii) Conhecer o conceito de renda e as suas tipologias;

iv) Deduzir e aplicar a equação do valor futuro de uma renda de termos constantes, imediata e postecipada e reconhecer as suas condições de aplicabilidade, bem como extrapolar a aplicação desta equação ao valor futuro de rendas antecipadas e/ou diferidas;

v) Deduzir e aplicar a equação do valor atual de uma renda de termos contantes, imediata e postecipada e reconhecer as suas condições de aplicabilidade, bem como extrapolar a aplicação desta equação ao valor atual de rendas antecipadas e/ou diferidas;

vi) Deduzir e aplicar a equação do valor atual de uma perpetuidade de termos contantes, imediata e postecipada, e reconhecer as suas condições de aplicabilidade, bem como extrapolar a aplicação desta equação ao valor atual de perpetuidades antecipadas e/ou diferidas;

vii) Deduzir e aplicar a equação do valor atual de uma renda de termos crescentes a taxa constante, imediata e postecipada e reconhecer as suas condições de aplicabilidade, bem como extrapolar a aplicação desta equação ao valor atual de rendas antecipadas e/ou diferidas;

viii) Deduzir e aplicar a equação do valor futuro de uma renda de termos crescentes a taxa constante, imediata e postecipada e reconhecer as suas condições de aplicabilidade, bem como extrapolar a aplicação desta equação ao valor futuro de rendas de termos crescentes antecipadas e/ou diferidas;

ix) Deduzir e aplicar a equação do valor atual de uma perpetuidade de termos crescentes a taxa constante e reconhecer as suas condições de aplicabilidade, bem como extrapolar a aplicação desta equação ao valor atual de perpetuidades de termos crescentes antecipadas e/ou diferidas;

x) Conhecer o conceito de taxa interna de rendibilidade (TIR) e de taxa anual de encargos efetiva global (TAEG). Calcular as taxas com base em casos concretos.

xi) Determinar o termo ou o número de prestações de uma renda a partir da equação de equivalência de capitais com base em casos concretos.

3.1 Valor Atual, Valor Futuro e Equivalência entre Múltiplos Capitais

Neste capítulo abordamos processos de capitalização que incluem diversos capitais, o que exigirá uma generalização muito simples dos conceitos apresentados no Capítulo *1*, associados a processos de capitais únicos.

Um exemplo típico de um processo de capitalização com capitais múltiplos é o caso dos planos de poupança. Imagine o leitor que pretende comprar um automóvel dentro de três anos, e que para tal vai efetuar uma poupança que reforçará sempre que possível com o intuito de, no final dos três anos, ter acumulado um montante suficiente para comprar o automóvel. Quando perspetiva os montantes que poderá poupar ao longo dos próximos três anos para este efeito conclui que disporá de € 5000 daqui a 6 meses, € 4000 daqui a 1,5 anos, € 4500 daqui a dois anos e € 3500 daqui a 2,5 anos. Entretanto, decidiu efetuar a aplicação financeira das suas poupanças num instrumento que renderá juros a uma taxa de juro efetiva semestral de 2,5%. Nestas circunstâncias, qual é o montante de que poderá dispor dentro de três anos?

FIGURA 3.1 – VALOR FUTURO DE CAPITAIS MÚLTIPLOS: EXEMPLO

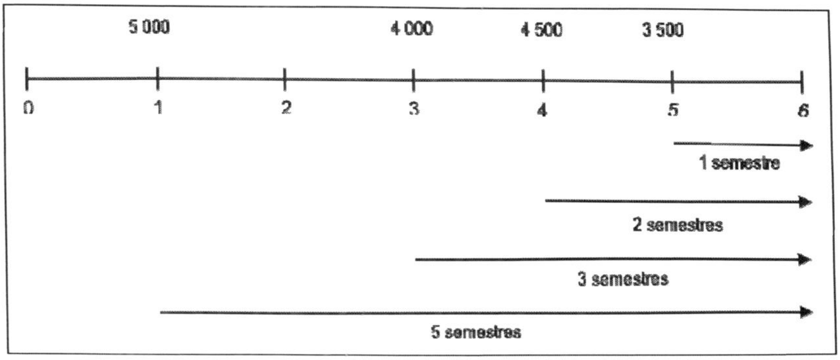

Como se pode ver na Figura 3.1, a primeira poupança será aplicada durante 5 semestres, a segunda durante três semestres, a terceira durante dois semestres e a última será aplicada durante um semestre apenas. Assim, o valor acumulado daqui a três anos (valor futuro) destas quatro poupanças, constituídas em diferentes momentos do tempo, será igual à soma do valor futuro daqui a três anos de cada uma delas:

$$C_6 = 5000(1 + 2{,}5\%)^5 + 4000(1 + 2{,}5\%)^3 + 4500(1 + 2{,}5\%)^2 + 3500(1 + 2{,}5\%)$$

Assim, daqui a três anos poderá dispor de € 18 279,90 (= C_6).

Generalizando, o valor futuro de um conjunto de capitais localizados em diferentes momentos do tempo é igual à soma dos valores futuros de cada um dos capitais considerados individualmente.

Imagine agora que a sua avó se propõe oferecer-lhe hoje um montante equivalente ao seu plano de poupança. O montante que teria de investir hoje na mesma aplicação financeira por forma a obter, daqui a três anos, um valor acumulado equivalente à aplicação das quatro poupanças descritas é igual à soma dos valores atuais dos quatro capitais atrás identificados (Figura 3.2) e dado por:

$$C_0 = 5000(1 + 2{,}5\%)^{-1} + 4000(1 + 2{,}5\%)^{-3} + 4500(1+2{,}5\%)^{-4} + 3500(1 + 2{,}5\%)^{-5}$$

Ou seja, o valor atual dos quatro capitais é de € 15 762,70 (C_0).

FIGURA 3.2 – VALOR ATUAL DE CAPITAIS MÚLTIPLOS: EXEMPLO

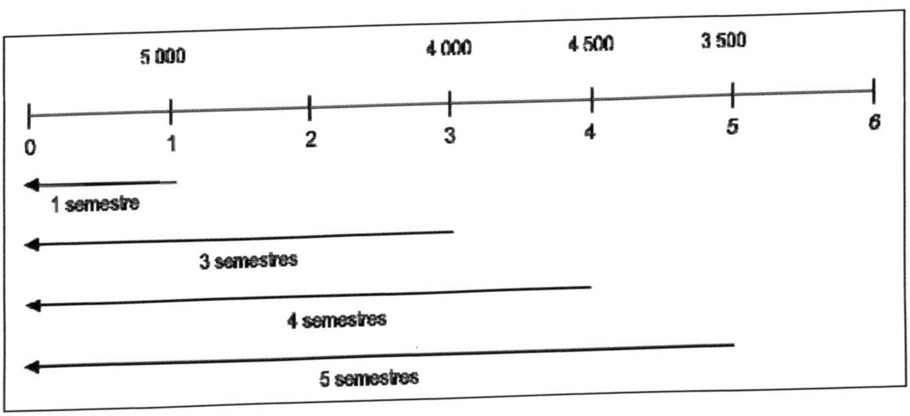

De igual forma é possível generalizar, pelo que o valor atual de um conjunto de capitais localizados em diferentes momentos do tempo é igual à soma dos valores atuais de cada um dos capitais considerados individualmente.

A uma taxa de juro efetiva semestral de 2,5% está assim garantida a equivalência entre os seguintes capitais:

- € 15 762,70 (valor atual) devidos hoje;
- € 18 279,90 (valor futuro) devidos daqui a três anos;
- e a série de capitais constituída por € 5000 devidos daqui a seis meses, € 4000 devidos daqui a 1,5 anos, € 4500 devidos daqui a dois anos e € 3500 devidos daqui a 2,5 anos.

3.2 Noção de Renda e Tipos de Renda

As rendas correspondem a casos particulares de processos de capitalização que incluem múltiplos capitais. De facto, as rendas são sucessões de capitais vencíveis periodicamente. Estes capitais constituem os termos ou prestações da renda e são devidos em momentos equidistantes no tempo.

Mesmo cumprindo este atributo geral, as rendas podem ter características muito diferenciadas, dando origem a distintos tipos de renda. Assim, as rendas podem ser classificadas em função de diferentes critérios.

O valor dos termos

Podemos ter rendas de termos *constantes* se os termos forem todos iguais entre si ou de termos *variáveis* se forem diferentes.

O número de termos

Existem rendas *temporárias*, que têm um número finito de termos, e rendas *perpétuas* ou *perpetuidades*, que têm um número infinito de termos.

A periodicidade dos termos

As rendas poderão ser classificadas em função da regularidade dos seus termos. Assim, por exemplo, se os termos das rendas forem anuais, semestrais ou mensais serão, nesses casos, designadas por *anuidades*, *semestralidades* ou *mensalidades*, respetivamente.

A finalidade

No que respeita ao seu propósito, as rendas podem ser de *acumulação* se têm por objetivo o estabelecimento de um plano de poupança que permita fazer face a uma despesa ou investimento futuro; podem ser de *amortização* se têm por objetivo o pagamento faseado de um crédito ou dívida; ou ainda de *remuneração* se são constituídas a título de rendimento de um ativo ao longo do tempo.

O momento de início

As rendas podem ser *imediatas* se o primeiro termo é devido no primeiro período da renda, ou *diferidas* se o primeiro termo é devido num período posterior ao primeiro. As rendas diferidas terão um ou mais períodos de diferimento até que ocorra o primeiro termo.

A localização

Se os termos da renda são devidos no início do período de contagem de juros correspondentes, trata-se de uma renda *antecipada*. Se forem devidos no final dos períodos de contagem de juros, trata-se de uma renda *postecipada*.

As secções seguintes revisitam os conceitos de valor atual e valor futuro de múltiplos capitais no caso específico das rendas que, pela recorrência dos seus termos, permitirão ganhos calculatórios significativos, em especial no caso de rendas com um número elevado de termos.

3.3 Valor Futuro de uma Renda de Termos Constantes: rendas imediatas e diferidas, rendas postecipadas e antecipadas

Imaine que, para a constituição de uma poupança, o leitor efetua periodicamente, com início no final do primeiro período, n depósitos de igual montante (P), os quais são remunerados à taxa efetiva R, sendo que a periodicidade da renda coincide com o período de capitalização desta taxa. Trata-se de uma renda imediata e postecipada com n termos constantes. Nestas circunstâncias qual será o valor acumulado ou valor futuro da renda no momento n (C_n)? Os fluxos financeiros associados a esta renda estão representados na Figura 3.3.

FIGURA 3.3 – VALOR FUTURO DE UMA RENDA IMEDIATA, POSTECIPADA E DE TERMOS CONSTANTES

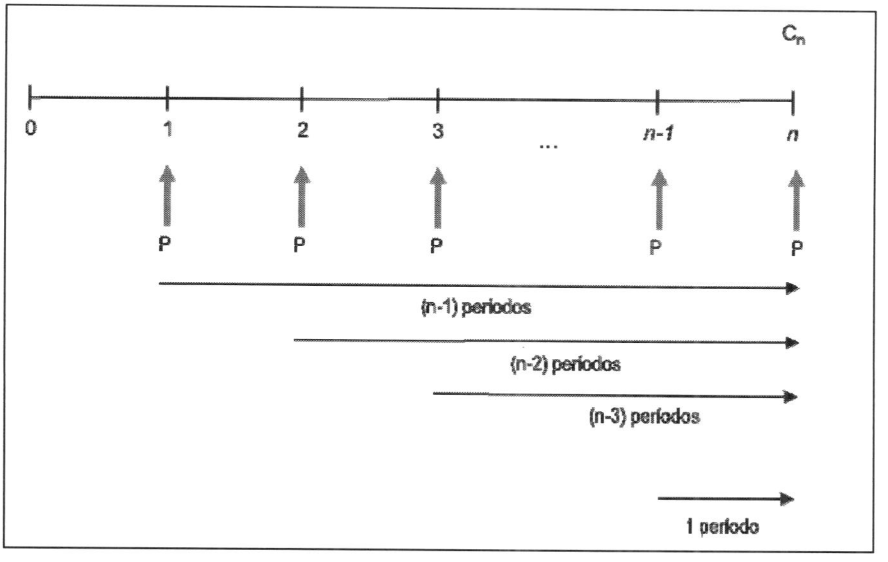

Como referido, o valor futuro da renda será igual à soma do valor futuro de cada um dos capitais que a compõem e assim,

$$C_n = P_1\,(1+R)^{n-1} + P_2\,(1+R)^{n-2} + P_3\,(1+R)^{n-3} + \ldots + P_{n-1}\,(1+R) + P_n.$$

Atendendo a que os termos são constantes e iguais a P, então,

$$C_n = P[(1+R)^{n-1} + (1+R)^{n-2} + (1+R)^{n-3}) + \ldots + (1+R) + 1].$$

Invertendo a ordem dos termos em evidência obtemos uma progressão geométrica de $(n-1)$ termos e de razão $(1+R)$:

$$C_n = P[1 + (1+R) + \ldots + (1+R)^{n-3} + (1+R)^{n-2} + (1+R)^{n-1}].$$

Dessa forma, recorrendo à soma dos n primeiros termos de uma progressão geométrica[1], obtemos o valor futuro em n da renda imediata, postecipada e de termos constantes:

$$C_n = P\frac{(1+R)^n-1}{R}. \quad [3.1]$$

sendo,

- P o valor de cada um dos termos da renda (constante),
- R a taxa de juro efetiva correspondente à periodicidade da renda,
- n o número de termos da renda e
- C_n o valor futuro da renda na data em que o último termo é devido.

Este processo de capitalização produzirá no seu final um montante de juros totais dados pela diferença entre o valor acumulado da renda e o somatório dos capitais que a compõem:

$$JT_n = C_n - nP. \quad [3.2]$$

A partir da Equação [3.1] podemos calcular o valor futuro que qualquer renda de termos constantes independentemente de ser imediata ou diferida, postecipada ou antecipada, mediante ligeiros ajustamentos calculatórios decorrentes da diferente localização dos capitais no tempo, como a seguir se ilustra com um exemplo.

---

[1] Seja a progressão geométrica de n termos dados por $\{a_1, a_2, ..., a_n\}$ e com razão r. A soma dos n primeiros termos é dada por:

$$S_n = a_1\frac{r^n - 1}{r - 1}.$$

Exemplo 3.1 – Valor futuro de um plano de poupança de termos constantes

A fim de constituir uma poupança para a sua reforma, que se iniciará dentro de 15 anos, um indivíduo decidiu investir todos os anos 5% do seu rendimento anual, que é atualmente de € 50 000. Assumindo que a taxa de rendimento do fundo gerado pelo investimento é de 4% ao ano e que este indivíduo não antecipa variações futuras no seu rendimento anual, calcule o valor acumulado na data de início da reforma em cada uma das seguintes circunstâncias:

a) O plano de poupança é imediato e postecipado (pelo que o primeiro capital será investido dentro de um ano, terminando 14 anos depois, num total de 15 prestações).

b) O plano de poupança é imediato e antecipado (pelo que o primeiro capital será investido hoje, terminando 14 anos depois, num total de 15 prestações).

c) O plano de poupança é diferido (com período de diferimento de dois anos) e postecipado (pelo que o primeiro capital será investido dentro de três anos, terminando 12 anos depois, num total de 13 prestações).

d) O plano de poupança é diferido (com período de diferimento de dois anos) e antecipado (pelo que o primeiro capital será investido dentro de dois anos, terminando 12 anos depois, num total de 13 prestações).

O valor da poupança anual será de € 50 000 × 5% = € 2500 e o valor acumulado do plano de poupança na data da entrada na reforma será:

a) Renda imediata e postecipada

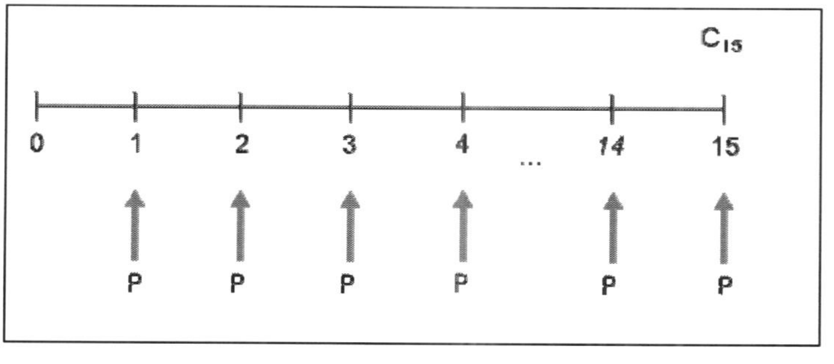

$$C_{15} = 2500\frac{(1+4\%)^{15}-1}{4\%} = 50\,058{,}97.$$

$$JT_{15} = C_{15} - 15P = 50\,058{,}97 - 15 \times 2500 = 12\,558{,}97.$$

Trata-se de uma aplicação direta das Equações [3.1] e [3.2].

b) Renda imediata e antecipada

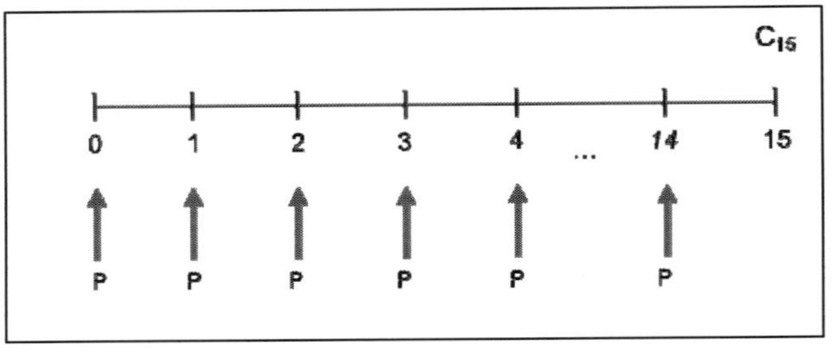

$$C_{15} = 2500\frac{(1+4\%)^{15}-1}{4\%}(1+4\%) = 52\,061{,}33.$$

$$JT_{15} = C_{15} - 15P = 52\,061{,}33 - 15 \times 2500 = 14\,561{,}33.$$

A Equação [3.1] dá-nos o valor futuro da renda na data em que o último capital é devido (final do 14º ano), pelo que esse resultado terá de ser capitalizado por mais um período (inicio da reforma, ou seja, final do 15º ano).

c) Renda diferida e postecipada (2 períodos de diferimento)

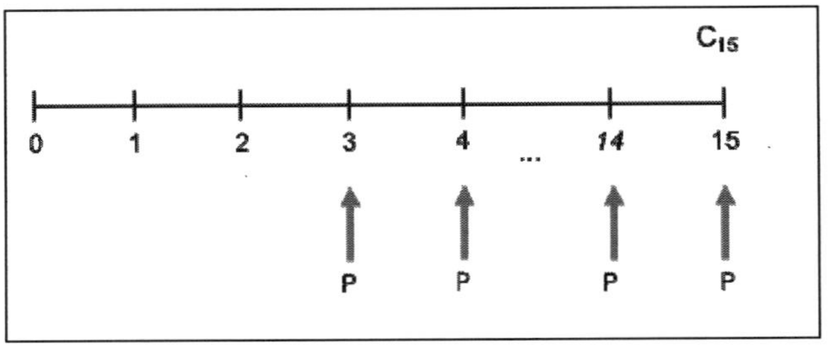

$$C_{15} = 2500\frac{(1+4\%)^{13}-1}{4\%} = 41\,567{,}09.$$

$$JT_{15} = C_{15} - 13P = 41\,567{,}09 - 13 \times 2500 = 9067{,}09.$$

A Equação [3.1] dá-nos o valor futuro da renda na data em que o último capital é devido (final do 15° ano, ou seja, início da reforma), mas agora como a renda sofreu um diferimento de dois anos tem menos dois termos ($n = 13$).

d) Renda diferida e antecipada (dois períodos de diferimento)

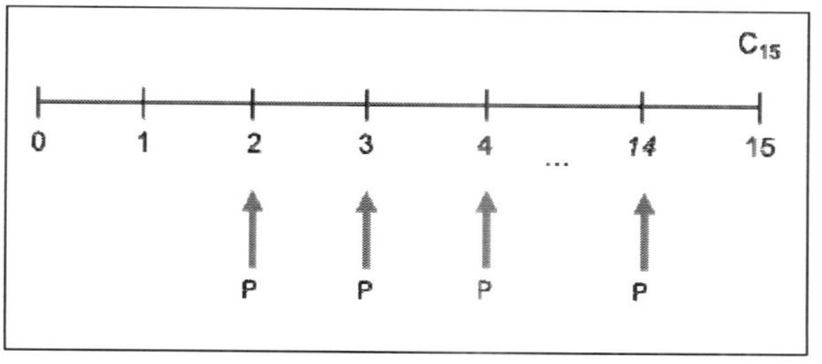

$$C_{15} = 2500\frac{(1+4\%)^{13}-1}{4\%}(1+4\%) = 43\,229{,}78.$$

$$JT_{15} = C_{15} - 13P = 43\,229{,}78 - 13 \times 2500 = 10\,729{,}78.$$

A Equação [3.1] dá-nos o valor futuro da renda na data em que o último capital é devido (final do 14° ano), pelo que esse resultado terá de ser capitalizado por mais um período. Como a renda sofreu um diferimento de dois anos tem menos dois termos ($n = 13$). Sendo uma renda antecipada o primeiro termo é devido no início do terceiro ano.

3.4 Valor Atual de uma Renda de Termos Constantes: rendas imediatas e diferidas, rendas postecipadas e antecipadas

Considere a mesma renda imediata e postecipada com n termos constantes e iguais a P, analisada na secção anterior. A renda é remunerada à taxa efetiva R, sendo a periodicidade da renda coincidente com o período de capitalização desta taxa. Nestas circunstâncias qual será o valor atual da renda (C_0)? Este valor atual representa o montante do depósito único realizado no momento atual e que, à taxa de juro efetiva R, permitirá atingir o valor acumulado em n deduzido na secção anterior. Os fluxos financeiros associados a esta renda estão representados na Figura 3.4.

FIGURA 3.4 – VALOR ATUAL DE UMA RENDA IMEDIATA, POSTECIPADA E DE TERMOS CONSTANTES

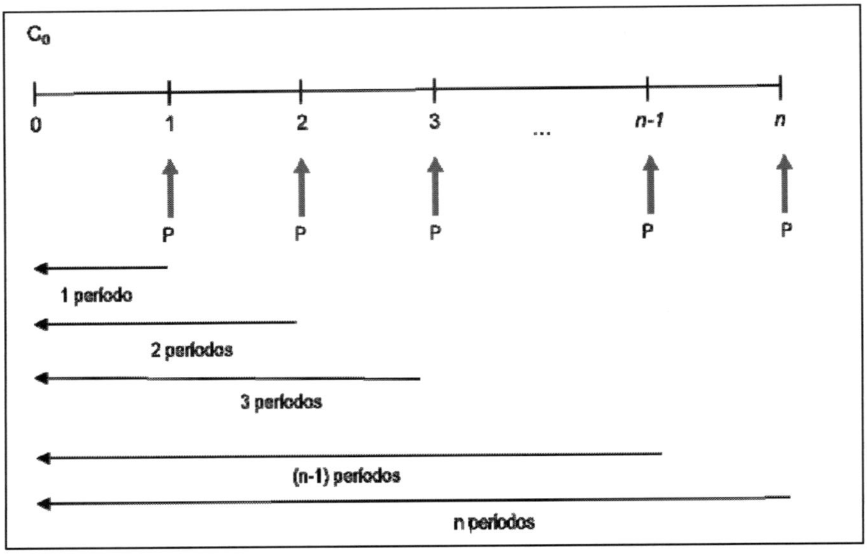

Como referido, também o valor atual da renda será igual à soma do valor atual de cada um dos capitais que a compõem e assim,

$$C_0 = P_1 (1 + R)^{-1} + P_2 (1 + R)^{-2} + P_3 (1 + R)^{-3} + \dots + P_{n-1} (1 + R)^{-(n-1)} + P_n (1 + R)^{-n}.$$

Atendendo a que os termos são constantes e iguais a P, então,

$$C_0 = P[(1 + R)^{-1} + (1 + R)^{-2} + (1 + R)^{-3} + \dots + (1 + R)^{-(n-1)} + (1 + R)^{-n}].$$

Em evidência obtemos a soma dos termos de uma progressão geométrica de n termos e de razão $(1 + R)^{-1}$. Recorrendo à soma dos n primeiros termos de uma progressão geométrica já referida, obtemos o valor atual da renda imediata, postecipada e de termos constantes iguais a P:

$$C_0 = P\frac{1-(1+R)^{-n}}{R}. \qquad [3.3]$$

sendo,

- P o valor de cada um dos termos da renda (constante),
- R a taxa de juro efetiva correspondente à periodicidade da renda,
- n o número de termos da renda e
- C_0 o valor atual da renda um período antes do momento em que o primeiro termo é devido.

De notar que entre as Equações [3.2] e [3.3] se estabelece a seguinte relação entre dois capitais, igualmente válida para o valor atual e futuro de uma renda:

$$Cn = C_0 (1 + R)^n.$$

Tal como se viu para a equação do valor futuro, a partir da Equação [3.3] pode-se calcular o valor atual de qualquer renda de termos constantes independentemente de ser imediata ou diferida, postecipada ou antecipada, mediante ligeiros ajustamentos calculatórios decorrentes da diferente localização dos capitais no tempo, como a seguir se ilustra com o mesmo exemplo.

Exemplo 3.2 – Valor atual de um plano de poupança de termos constantes

A fim de constituir uma poupança para a sua reforma, que se iniciará dentro de 15 anos, um indivíduo decidiu investir todos os anos 5% do seu rendimento anual, que é atualmente de € 50 000. Assumindo que a taxa de rendimento do fundo gerado pelo investimento é de 4% ao ano e que este indivíduo não antecipa variações futuras no seu rendimento anual, calcule o valor atual (momento 0) em cada uma das seguintes circunstâncias:

a) O plano de poupança é imediato e postecipado (pelo que o primeiro capital será investido dentro de um ano, terminando 14 anos depois, num total de 15 prestações).

b) O plano de poupança é imediato e antecipado (pelo que o primeiro capital será investido hoje, terminando 14 anos depois, num total de 15 prestações).

c) O plano de poupança é diferido (com período de diferimento de dois anos) e postecipado (pelo que o primeiro capital será investido dentro de três anos, terminando 12 anos depois, num total de 13 prestações).

d) O plano de poupança é diferido (com período de diferimento de dois anos) e antecipado (pelo que o primeiro capital será investido dentro de dois anos, terminando 12 anos depois, num total de 13 prestações).

O valor da poupança anual será de € 2500 e o valor atual do plano de poupança será:

a) Renda imediata e postecipada

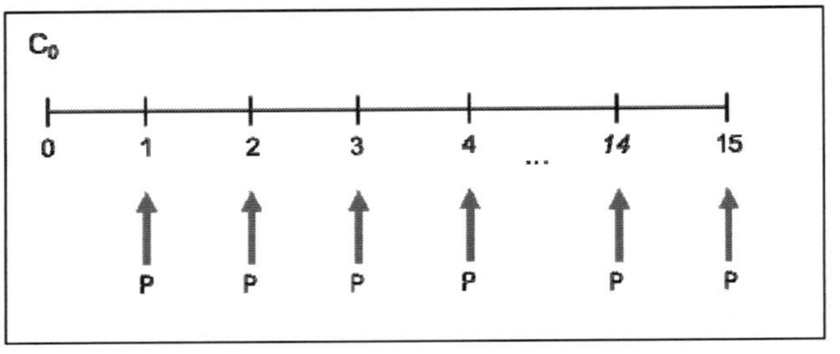

$$C_0 = 2500\frac{1-(1+4\%)^{-15}}{4\%} = 27\,795{,}97.$$

Trata-se de uma aplicação direta da Equação [3.3].

b) Renda imediata e antecipada

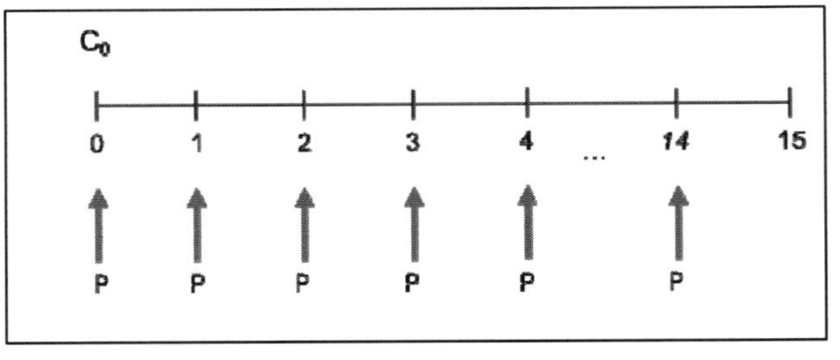

$$C_0 = 2500\frac{1-(1+4\%)^{-15}}{4\%}(1+4\%) = 28\,907{,}81.$$

A Equação [3.3] dá-nos o valor atualizado da renda um período antes do momento em que o primeiro capital é devido (momento –1), para termos o valor atual no momento 0 esse resultado terá de ser capitalizado por um período.

c) Renda diferida e postecipada (dois períodos de diferimento)

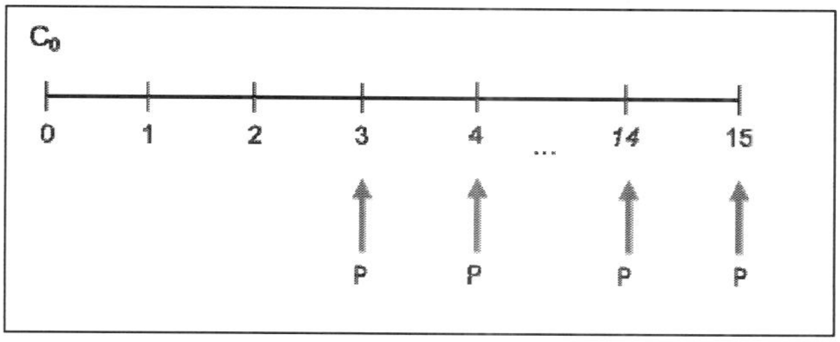

$$C_0 = 2500\frac{1-(1+4\%)^{-13}}{4\%}(1+4\%)^{-2} = 23\,080{,}73.$$

A Equação [3.3] dá-nos o valor atualizado da renda um período antes do momento em que o primeiro capital é devido (momento dois) pelo que terá de ser atualizado por dois períodos para termos o valor atual no momento 0. Como a renda sofreu um diferimento de dois anos tem menos dois termos ($n = 13$).

d) Renda diferida e antecipada (dois períodos de diferimento)

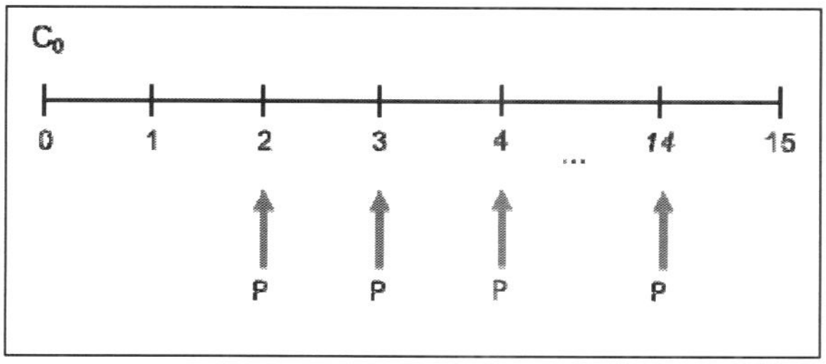

$$C_0 = 2500\frac{1-(1+4\%)^{-13}}{4\%}(1+4\%)^{-1} = 24\,003{,}96.$$

A Equação [3.3] dá-nos o valor atualizado da renda um período antes do momento em que o primeiro capital é devido (momento um) pelo que terá de ser atualizado por um período para termos o valor atual no momento 0. Como a renda sofreu um diferimento de dois anos tem menos dois termos ($n = 13$). Sendo uma renda antecipada o primeiro termo é devido no início do terceiro ano.

Valor Atual de uma Perpetuidade de Termos Constantes

Partindo da Equação [3.3] facilmente se deduz a equação do valor atual de uma perpetuidade de termos constantes, bastando para tal determinar o limite da Equação [3.3] quando $n \to \infty$:

$$C_0 = \lim_{n\to\infty}\left[P\frac{1-(1+R)^{-n}}{R}\right]. \qquad [3.4]$$

$$C_0 = \frac{P}{R}\cdot$$

sendo,

- P o valor de todos os termos da renda (constante),
- R a taxa de juro efetiva correspondente à periodicidade da renda,
- C_0 o valor atual da perpetuidade um período antes do momento em que o primeiro termo da perpetuidade é devido.

Relativamente a perpetuidades, apenas faz sentido calcular o valor atual na medida em que o valor futuro é sempre infinitamente grande.

Note-se, adicionalmente, que o valor atual de uma renda de n termos constantes dado pela Equação [3.3] pode também ser calculado pela diferença do valor atual de duas perpetuidades de termos constantes, a saber:

- a perpetuidade de termos constantes P cujo primeiro termo é devido em $t = 1$ e
- a perpetuidade de termos constantes P cujo primeiro termo é devido em $t = n+1$.

De facto,

$$C_0 = \frac{P}{R} - \frac{P}{R}(1+R)^{-n} = P\frac{1-(1+R)^{-n}}{R}.$$

3.5 Valor Atual e Valor Futuro de uma Renda de Termos Crescentes a Taxa Constante

Considere agora uma renda de n termos, em tudo semelhante à que temos vindo a analisar desde a secção 3.3, exceto no valor dos termos periódicos que agora vão estar a crescer a uma taxa constante g, sendo P o valor do primeiro termo devido no final do primeiro período. Continua a tratar-se de uma renda imediata e postecipada mas agora de termos crescentes a uma taxa constante. Dessa forma, o valor do i-ésimo termo da renda é dado por:

$$P_i = P(1 + g)^{i-1}.$$

Continuando a admitir que os capitais são remunerados à taxa efetiva R, em que a periodicidade da renda coincide com o período de capitalização desta taxa, qual será o valor atual da renda (C_0)? Os fluxos financeiros associados a esta renda estão representados na Figura 3.5.

FIGURA 3.5 – VALOR ATUAL DE UMA RENDA IMEDIATA, POSTECIPADA E DE TERMOS CRESCENTES A TAXA CONSTANTE

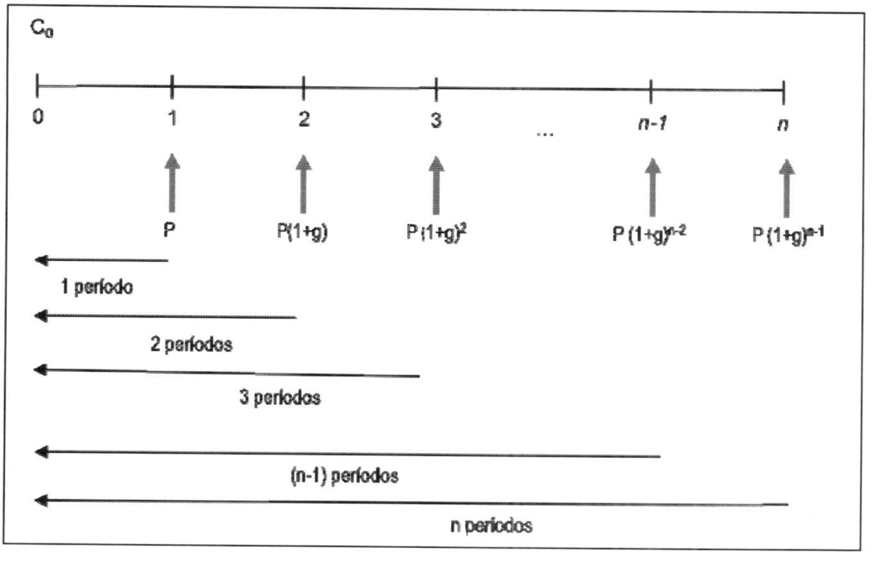

O valor atual da renda é igual à soma do valor atual de cada um dos capitais que a compõem e assim,

$$C_0 = P_1(1 + R)^{-1} + P_2(1 + R)^{-2} + P_3(1 + R)^{-3} + \dots + P_{n-1}(1 + R)^{-(n-1)} + P_n\,(1 + R)^{-n}$$

$$C_0 = P(1 + R)^{-1} + P(1 + g)\,(1 + R)^{-2} + P(1 + g)^2(1 + R)^{-3} + \dots + P(1 + g)^{n-2}\,(1 + R)^{-(n-1)} + P(1 + g)^{n-1}\,(1 + R)^{-n}.$$

Donde,

$$C_0 = P[(1+R)^{-1} + (1+g)\ (1+R)^{-2} + (1+g)^2 (1+R)^{-3} + \ldots + (1+g)^{n-2}\ (1+R)^{-(n-1)} + (1+g)^{n-1}\ (1+R)^{-n}].$$

Em evidência obtemos a soma dos termos de uma progressão geométrica de *n* termos e de razão *(1+g)/(1 + R)*. Recorrendo novamente à soma dos *n* primeiros termos de uma progressão geométrica, obtemos o valor atual da renda imediata, postecipada e de termos crescentes a taxa constante:

$$C_0 = \frac{P}{R-g}\left[1-\left(\frac{1+g}{1+R}\right)^n\right]. \qquad [3.5]$$

sendo,

- *P* o primeiro termo da renda,
- *g* a taxa de crescimento constante dos termos da renda,
- *R* a taxa de juro efetiva correspondente à periodicidade da renda,
- *n* o número de termos da renda e
- C_0 o valor atual da renda um período antes do momento em que o primeiro termo é devido.

Também a partir da Equação [3.5] se pode calcular o valor atual que qualquer renda de termos crescentes a taxa constantes, independentemente de se tratar de uma renda imediata ou diferida, postecipada ou antecipada. Basta, para tal, fazer os ajustamentos calculatórios decorrentes da diferente localização dos capitais no tempo já referidos e analisados no Exemplo 3.3.

EXEMPLO 3.3 – VALOR ATUAL DE UM PLANO DE POUPANÇA DE TERMOS CRESCENTES

A fim de constituir uma poupança para a sua reforma, que se iniciará dentro de 15 anos, um indivíduo decidiu investir todos os anos 5% do seu rendimento anual, que é atualmente de € 50 000. Estima-se, contudo, que este rendimento anual vá crescer 2% ao ano.

Assumindo que a taxa de rendimento do fundo gerado pelo investimento é de 4% ao ano, calcule o valor atual (momento 0) e o valor futuro na data de início da reforma em cada uma das seguintes circunstâncias:

a) O plano de poupança é imediato e postecipado (pelo que o primeiro capital será investido dentro de um ano, terminando 14 anos depois, num total de 15 prestações).
b) O plano de poupança é imediato e antecipado (pelo que o primeiro capital será investido hoje, terminando 14 anos depois, num total de 15 prestações).
c) O plano de poupança é diferido (com período de diferimento de dois anos) e postecipado (pelo que o primeiro capital será investido dentro de três anos, terminando 12 anos depois, num total de 13 prestações).
d) O plano de poupança é diferido (com período de diferimento de dois anos) e antecipado (pelo que o primeiro capital será investido dentro de dois anos, terminando 12 anos depois, num total de 13 prestações).

O valor da primeira poupança anual (P_1) é de € 2500, g = 2% e R = 4%. O valor atual e o valor futuro do plano de poupança serão:

a) Renda imediata e postecipada

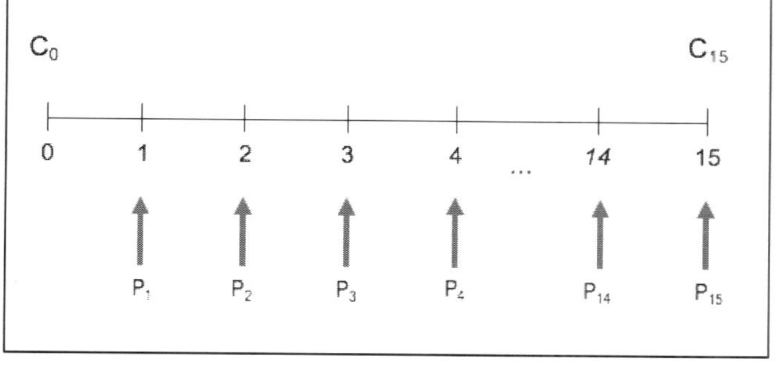

$$C_0 = \frac{2500}{4\% - 2\%}\left[1 - \left(\frac{1+2\%}{1+4\%}\right)^{15}\right] = 31\ 585{,}89.$$

Trata-se de uma aplicação direta da Equação [3.5].

$C_{15} = 31\ 585{,}89(1{+}4\%)^{15} = 56\ 884{,}40.$

O valor acumulado na data de início da reforma é igual ao valor atual do plano de poupança capitalizado à taxa de 4% ao longo de 15 anos.

b) Renda imediata e antecipada

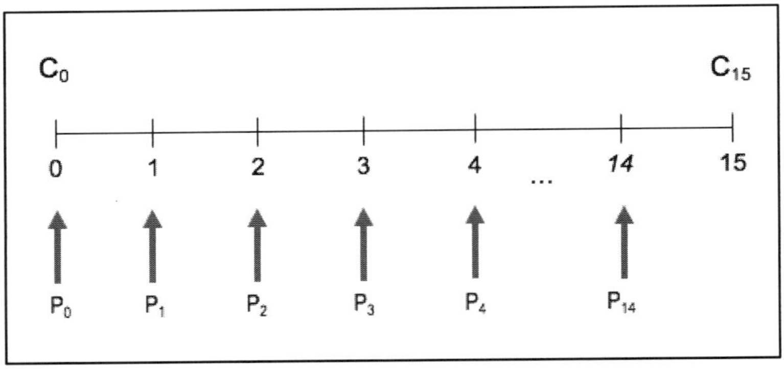

$$C_0 = \frac{2500}{4\% - 2\%}\left[1 - \left(\frac{1+2\%}{1+4\%}\right)^{15}\right](1+4\%) = 32\ 849{,}32.$$

A Equação [3.5] dá-nos o valor atualizado da renda um período antes do momento em que o primeiro capital é devido (momento –1). Para termos o valor atual no momento 0, esse resultado terá de ser capitalizado por um período.

$C_{15} = 32\ 849{,}32(1{+}4\%)^{15} = 59\ 159{,}77.$

c) Renda diferida e postecipada (2 períodos de diferimento)

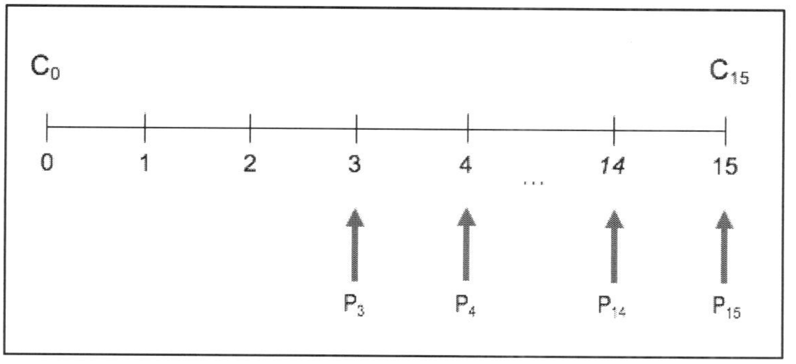

$$C_0 = \frac{2500}{4\% - 2\%}\left[1 - \left(\frac{1 + 2\%}{1 + 4\%}\right)^{13}\right](1 + 4\%)^{-2} = 25\,782{,}80.$$

A Equação [3.5] dá-nos o valor atualizado da renda um período antes do momento em que o primeiro capital é devido (momento dois) pelo que terá de ser atualizado por dois períodos para termos o valor atual no momento 0. Como a renda sofreu um diferimento de dois anos tem menos dois termos ($n = 13$).

$C_{15} = 25\,782{,}80(1+4\%)^{13} = 46\,433{,}36.$

d) Renda diferida e antecipada (dois períodos de diferimento)

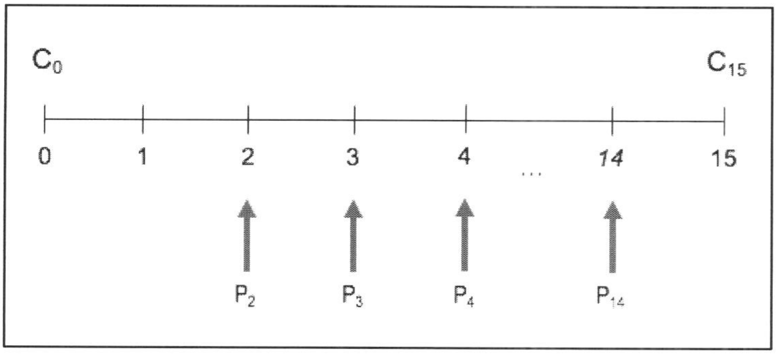

$$C_0 = \frac{2500}{4\% - 2\%}\left[1 - \left(\frac{1 + 2\%}{1 + 4\%}\right)^{13}\right](1 + 4\%)^{-1} = 26\,814{,}11.$$

A Equação [3.3] dá-nos o valor atualizado da renda um período antes do momento em que o primeiro capital é devido (momento um) pelo que terá de ser atualizado por 1 período para obter o valor atual no momento 0. Como a renda sofreu um diferimento de dois anos tem menos dois termos ($n = 13$). Sendo uma renda antecipada o primeiro termo é devido no início do terceiro ano.

$C_{15} = 26\ 814{,}11(1+4\%)^{13} = 48\ 290{,}69$.

Valor Atual de uma Perpetuidade de Termos Crescentes a Taxa Constante

A equação do valor atual de uma perpetuidade de termos crescentes a taxa constante é dada pelo limite da Equação [3.5] quando quando $n \rightarrow \infty$:

$$C_0 = \lim_{n \to \infty} \left\{ \frac{P}{R-g} \left[1 - \left(\frac{1+g}{1+R} \right)^n \right] \right\} = \frac{P}{R-g}. \qquad [3.6]$$

sendo,

- P o primeiro termo da renda,
- g a taxa de crescimento constante dos termos da renda,
- R a taxa de juro efetiva correspondente à periodicidade da renda,
- n o número de termos da renda,
- C_0 o valor atual da perpetuidade um período antes do momento em que o primeiro termo é devido.

De notar, ainda, que este resultado só é valido se a progressão geométrica for convergente, o que se verificará se o valor absoluto da razão for inferior a 1, ou seja, se a taxa de crescimento dos termos da renda for inferior à taxa de juro efetiva aplicável ($g < R$).

Relativamente ao valor futuro de uma renda de termos crescentes a taxa constante, o mesmo pode ser deduzido da relação que se estabelece entre o valor atual e o valor futuro dessa mesma renda, dado por:

$$C_n = C_0(1+R)^n.$$

donde resulta:

$$C_n = \frac{P}{R-g}\left[(1+R)^n - (1+g)^n \right]. \qquad [3.7]$$

sendo,

- P o primeiro termo da renda,
- g a taxa de crescimento constante dos termos da renda,
- R a taxa de juro efetiva correspondente à periodicidade da renda,
- n o número de termos da renda e
- C_n o valor futuro da renda no momento em que o último termo é devido.

3.5 Taxa Interna de Rendibilidade

A Taxa Interna de Rendibilidade (TIR) é a taxa de juro que permite igualar a zero o valor atual de uma série de capitais. Como veremos de seguida, a Taxa Anual de Encargos Global (TAEG) é um caso particular da TIR.

Cálculo da Taxa Interna de Rendibilidade

Se considerarmos o exemplo de um crédito, a TIR será a taxa de juro efetiva que torna equivalentes o valor atual do crédito obtido (entradas de capital) e o valor atual dos reembolsos e pagamentos associados ao crédito obtido (saídas de capital).

Exemplo 3.4 – TIR

Uma viatura cujo preço de venda a pronto é de € 18 000 é vendida por 36 prestações mensais de € 400. O comprador deve ainda pagar uma entrada de € 5000 e comissões de € 100 no início de cada um dos 3 anos de prestações. Calcule a TIR do crédito.

A TIR deste crédito é a taxa de juro efetiva que permite igualar o preço de venda a pronto da viatura ao valor atual de todos os pagamentos associados ao crédito contratado. Assim, sendo R a taxa efetiva mensal, temos

$$\begin{aligned} 18000 &= 5000 + 400\frac{1-(1+R)^{-36}}{R} + 100 + 100(1+R)^{-12} \\ &+ 100(1+R)^{-24} \end{aligned}$$

Ou, de forma equivalente, e decorrendo diretamente da definição inicialmente enunciada,

$$-18\,000 + 5000 + 400\frac{1-(1+R)^{-36}}{R} + 100 + 100(1+R)^{-12} + 100(1+R)^{-24} = 0$$

Dada a não linearidade da equação em relação a R, ela poderá ser resolvida através de aproximações sucessivas ou através da função TIR[2] do Excel, bastando fornecer todos os capitais devidos periodicamente, como apresentado no capítulo 5.

A TIR do crédito é de 0,685%, uma taxa efetiva mensal. Esta taxa tem ainda um significado financeiro, correspondendo à **taxa de juro efetiva implícita no crédito contratado, ou seja, ao custo do financiamento**.

O conceito de TIR pode ser utilizado tanto em aplicações financeiras, fornecendo nesse caso a taxa de rendibilidade efetiva implícita na aplicação, como a créditos contraídos, fornecendo nesse caso o custo efetivo implícito no financiamento expresso sob a forma de uma taxa de juro.

Caso Particular da TAEG (Taxa Anual de Encargos Efetiva Global)

O Decreto-Lei nº 359/91, de 21 de setembro, transpôs para o ordenamento jurídico interno um conjunto de diretivas da Comunidade Europeia que estabeleciam regras comunitárias para os contratos de crédito ao consumo.

Os aspetos inovadores que então foram introduzidos respeitam ao dever de informação, às condições a que deve obedecer a publicidade, aos requisitos do contrato, ao direito de revogação e à instituição da taxa anual de encargos efetiva global (TAEG), uniformizada no quadro da Comunidade Europeia, cujo método normalizado de cálculo foi anexado ao referido decreto-lei.

Desde então verificou-se uma evolução profunda no espaço europeu. O mercado transformou-se radicalmente: consumidores mais informados e exigentes, novos atores e agentes intermediários, novos métodos na oferta e novas ferramentas, designadamente a Internet. Assim, surgiu a necessidade de uma nova legislação comunitária, que refletisse, ao nível jurídico, a evolução verificada neste mercado.

[2] Ou IRR (*Internal Rate of Return*) se o *software* tiver os menus em inglês.

Deste modo, o Parlamento Europeu e o Conselho aprovaram a Diretiva nº 2008/ /48/CE, de 23 de abril, relativa a contratos de crédito aos consumidores, que decorre da urgência na realização de um mercado comunitário de produtos e serviços financeiros, quer prevendo a uniformização da forma de cálculo e dos elementos incluídos e excluídos na TAEG, quer reforçando os direitos dos consumidores. Esta diretiva revoga os textos comunitários até então vigentes sobre esta matéria, tendo sido transposta para o direito interno pelo Decreto-Lei nº 133/2009, de 2 de junho. O artigo relevante relativamente ao cálculo da TAEG é aqui transcrito.

Decreto-Lei nº 133/2009, de 2 de junho
Artigo 24.º – Cálculo da TAEG

1 – A TAEG torna equivalentes, numa base anual, os valores atuais do conjunto das obrigações assumidas, considerando os créditos utilizados, os reembolsos e os encargos, atuais ou futuros, que tenham sido acordados entre o credor e o consumidor.

2 – A TAEG é calculada determinando-se o custo total do crédito para o consumidor de acordo com a fórmula matemática constante da parte I do anexo I ao presente decreto-lei, que dele faz parte integrante.

3 – No cálculo da TAEG não são incluídas:

a) As importâncias a pagar pelo consumidor em consequência do incumprimento de alguma das obrigações que lhe incumbam por força do contrato de crédito; e

b) As importâncias, diferentes do preço, que, independentemente de se tratar de negócio celebrado a pronto ou a crédito, sejam suportadas pelo consumidor aquando da aquisição de bens ou da prestação de serviços.

4 – São incluídos no cálculo da TAEG, exceto se a abertura da conta for facultativa e os custos da conta tiverem sido determinados de maneira clara e de forma separada no contrato de crédito ou em qualquer outro contrato celebrado com o consumidor:

a) Os custos relativos à manutenção de conta que registe simultaneamente operações de pagamento e de utilização do crédito;

b) Os custos relativos à utilização ou ao funcionamento de meio de pagamento que permita, ao mesmo tempo, operações de pagamento e de utilização do crédito; e

c) Outros custos relativos às operações de pagamento.

> 5 – O cálculo da TAEG é efetuado no pressuposto de que o contrato de crédito vigora pelo período de tempo acordado e de que as respetivas obrigações são cumpridas nas condições e nas datas especificadas no contrato.
> (...)

A equação de base, que define a TAEG, exprime, numa base anual, a igualdade entre, por um lado, a soma dos valores atuais das utilizações de crédito e, por outro, a soma dos valores atuais dos montantes dos reembolsos e dos pagamentos associados ao crédito contratado.

Tal significa que a TAEG é de facto uma TIR. No entanto o seu cálculo exige a verificação de três condições adicionais: *i*) que seja uma taxa juro anual; *ii*) que seja uma taxa de juro efetiva e *iii*) que incorpore todos os encargos associados ao crédito em causa, nos termos do Artigo 24º do DL nº 133/2009.

EXEMPLO 3.5 – TAEG

Tendo por base o caso apresentado no Exemplo 3.4, cujo contrato de crédito apresenta uma TIR de 0,685% efetiva mensal, calcule a TAEG correspondente.

Tal como calculada no Exemplo 3.4, a TIR engloba já todos os encargos associados ao contrato, pelo que para efeitos do cálculo da TAEG teremos apenas de garantir a verificação das condições adicionais, ou seja, que se trate de uma taxa de juro efetiva e anual. Usando uma relação de equivalência de taxas de juro, temos:

$$TAEG = (1 + 0{,}685\%)^{12} - 1 = 8{,}54\%.$$

Note que uma outra TIR do mesmo crédito, que desconsiderasse as comissões associadas, poderia ser calculada a partir da equação:

$$18\,000 = 5000 + 400\frac{1-(1+R)^{36}}{R}$$

Neste caso teríamos uma TIR de 0,56% efetiva mensal, equivalente a uma TIR anual efetiva de 6,98%. Esta TIR não corresponderia à TAEG do crédito por não ter em conta a totalidade dos encargos a ele associados, apesar de ser uma taxa anual efetiva.

3.6 Resolução da Equação de Equivalência em Ordem a Outras Variáveis

Como vimos na secção anterior, a TIR e a TAEG são calculadas a partir de uma equação de base que dita a equivalência de um conjunto de capitais, tendo, por um lado, o valor atual de um conjunto de entradas de capital e, por outro, o valor atual de um conjunto de saídas de capital. Trata-se, pois, da resolução da equação de equivalência em ordem a uma das variáveis das quais depende – a taxa de juro.

As equações de equivalência de capitais que envolvem rendas dependem, ainda, de outras variáveis como o termo da renda e o número de prestações. A resolução da equação em ordem a estas variáveis é, contudo, mais simples por ter uma solução algébrica, por oposição à aproximação numérica necessária para a determinação da taxa de juro.

Determinação do Termo da Renda

Recorde o exemplo que nos tem acompanhado ao longo do capítulo. Para efeito da constituição de uma poupança são efetuados periodicamente, com início no final do primeiro período, n depósitos de igual montante (P), os quais são remunerados à taxa efetiva R, sendo que a periodicidade da renda coincide com o período de capitalização desta taxa. Trata-se de uma renda imediata e postecipada com n termos constantes. Nestas circunstâncias qual o valor constante do termo da renda que nos permitirá atingir um determinado valor acumulado no final de um determinado número de períodos, a uma taxa de juro conhecida?

É este tipo de questões a que se pretende dar agora resposta. Vejamos um exemplo concreto.

Exemplo 3.6 – Determinação do Termo da Renda

A família Quinta e Costa decidiu, no momento do nascimento do seu filho único, abrir uma conta poupança em seu nome com o objetivo de, na data do seu 18º aniversário, ter um montante acumulado de € 50 000. Na data de nascimento efetuaram um primeiro depósito de € 1000. Admitindo que nesse período as taxas de juro permanecerão constantes e iguais a 10% (anual efetiva), calcule o valor do depósito mensal postecipado que a família terá de efetuar para atingir o objetivo definido.

Em primeiro lugar temos de calcular a taxa de juro efetiva equivalente ao periodicidade da renda (mensal):

Taxa juro efetiva mensal = $(1 + 10\%)^{1/12} - 1 \approx 0{,}797\%$.

A equação de equivalência de capitais correspondente a este problema, e que nos dá o valor futuro de uma renda de termos constantes considerando o depósito inicial, é dada por:

$$50\,000 = 1000(1 + 0{,}797\%)^{12\times 18} + P\frac{(1 + 0{,}797\%)^{12\times 18} - 1}{0{,}797\%}.$$

Resolvendo a equação em ordem a *P* temos que o valor do depósito mensal postecipado deverá ser igual a € 77,71.

Tendo por referência as equações de equivalência de capitais analisadas neste capítulo, apresentamos na Tabela 3.1 as respetivas soluções em ordem ao Termo da Renda, como exemplos ilustradores da mera resolução algébrica das equações em causa. Serão, por isso, facilmente extrapoláveis a qualquer caso real concreto como o apresentado no Exemplo 3.6. Assim, mais importante que reter as fórmulas de *P* apresentadas na Tabela 3.1 é saber aplicar as equações [3.1] a [3.7] a qualquer caso real para determinação da equação de equivalência de capitais correspondente e depois resolver a equação em ordem à incógnita, neste caso, o termo da renda.

TABELA 3.1 – RESOLUÇÃO DA EQUAÇÃO DE EQUIVALÊNCIA EM ORDEM AO TERMO DA RENDA (*P*)

Descritivo	Equação de Equivalência	Termo da Renda
Valor futuro de renda de termos constantes	$C_n = P\frac{(1+R)^n-1}{R}$ [3.1]	$P = \frac{C_n}{\frac{(1+R)^n-1}{R}}$
Valor atual de renda de termos constantes	$C_0 = P\frac{1-(1+R)^{-n}}{R}$ [3.3]	$P = \frac{C_0}{\frac{1-(1+R)^{-n}}{R}}$
Valor atual de perpetuidade de termos constantes	$C_0 = \frac{P}{R}$ [3.4]	$P = C_0.R$
Valor atual de renda de termos crescentes à taxa constante g	$C_0 = \frac{P}{R-g}\left[1-\left(\frac{1+g}{1+R}\right)^n\right]$ [3.5]	$P = \frac{C_0(R-g)}{\left[1-\left(\frac{1+g}{1+R}\right)^n\right]}$
Valor atual de perpetuidade de termos crescentes à taxa constante g	$C_0 = \frac{P}{R-g}$ [3.6]	$P = C_0(R-g)$
Valor futuro de renda de termos crescentes à taxa constante g	$C_n = \frac{P}{R-g}[(1+R)^n-(1+g)^n]$ [3.7]	$P = \frac{C_0(R-g)}{[(1+R)^n-(1+g)^n]}$

Determinação do Número de Períodos

Agora o problema é saber o número de prestações necessárias para atingir um determinado objetivo em termos do valor atual ou valor futuro de uma renda, conhecendo o valor de cada termo e a taxa de juro aplicável. Vejamos um exemplo que ilustra que o procedimento a levar a cabo é em tudo análogo ao que acabámos de analisar.

Exemplo 3.7 – Determinação do Número de Períodos

A Senhora Dona deseja comprar uma casa nova. O valor da casa é de €200 000 e será totalmente financiada com um empréstimo bancário à taxa de juro nominal de 5% ao ano. Se a mensalidade for de € 1000 quanto tempo demora a pagar o empréstimo?

Em primeiro lugar temos de calcular a taxa de juro efetiva para o período da renda (o mês):

Taxa juro efetiva mensal = 5%/12 ≈ 0,417%.

A equação de equivalência de capitais correspondente a este problema, e que nos dá o valor atual de uma renda de termos constantes considerando o valor da mensalidade, é dada por:

$$200\,000 = 1000\frac{1-(1+5\%/12)^{-n}}{5\%/12}$$

Resolvendo a equação em ordem a *n* temos que a casa estará paga ao fim de 431 meses (cerca de 36 anos).

Tendo por referência as equações de equivalência de capitais analisadas neste capítulo, apresentamos na Tabela 3.2 as respetivas soluções em ordem ao Número de Termos, como meros exemplos ilustradores. Novamente, mais importante que reter as fórmulas de *n* apresentadas na Tabela 3.2 é saber aplicar as equações [3.1] a [3.7] a qualquer caso real para determinação da equação de equivalência de capitais correspondente e depois resolver a equação em ordem à incógnita, neste caso, o número de períodos.

TABELA 3.2 – RESOLUÇÃO DA EQUAÇÃO DE EQUIVALÊNCIA EM ORDEM AO NÚMERO DE PERÍODOS (*N*)

Descritivo	Equação de Equivalência	Número de Períodos
Valor futuro de renda de termos constantes	$C_n = P\frac{(1+R)^n-1}{R}$ [3.1]	$n = \frac{ln\left(\frac{C_n.R+P}{P}\right)}{ln\,(1+R)}$
Valor atual de renda de termos constantes	$C_0 = P\frac{1-(1+R)^{-n}}{R}$ [3.3]	$n = \frac{ln\left(\frac{P}{P-C_0.R}\right)}{ln\,(1+R)}$
Valor atual de renda de termos crescentes à taxa constante g	$C_0 = \frac{P}{R-g}\left[1-\left(\frac{1+g}{1+R}\right)^n\right]$ [3.5]	$n = \frac{ln\left(\frac{C_0(R-g)-P}{P}\right)}{ln\,\left(\frac{1+g}{1+R}\right)}$
Valor futuro de renda de termos crescentes à taxa constante g	$C_n = \frac{P}{R-g}[(1+R)^n-(1+g)^n]$ [3.7]	$n = \frac{ln\left(\frac{C_n(R-g)}{P}\right)}{ln(1+R)-ln\,(1+g)}$

Sumário

- O valor futuro de um conjunto de capitais localizados em diferentes momentos do tempo é igual à soma dos valores futuros de cada um dos capitais considerados individualmente.
- O valor atual de um conjunto de capitais localizados em diferentes momentos do tempo é igual à soma dos valores atuais de cada um dos capitais considerados individualmente.
- Uma renda é uma sucessão de capitais vencíveis periodicamente. Os termos/prestações que a compõem são devidos em momentos equidistantes no tempo.
- As rendas podem ser classificadas em função do valor dos termos (constantes ou variáveis), do número de termos (temporárias ou perpétuas), da periodicidade (anuidades, semestralidades, mensalidades, etc), da finalidade (de acumulação, de amortização ou de remuneração), do momento de início (imediatas ou diferidas) e da localização do termo no início ou no fim de cada período (antecipada ou postecipada).
- A equação de equivalência de uma série de capitais (rendas), com referência ao momento atual ou a qualquer momento futuro, pode ser expressa, para simplicidade calculatória, em função das equações [3.1] a [3.7]. É fundamental conhecer as suas condições de aplicabilidade por forma a poderem ser aplicadas a qualquer caso real, naturalmente diferente das circunstâncias que determinaram a sua dedução.
- A Taxa Interna de Rendibilidade (TIR) é a taxa de juro que permite igualar a zero o valor atual de uma série de capitais. Pode ser utilizada tanto em aplicações financeiras como em financiamentos obtidos, fornecendo a taxa de juro efetiva implícita correspondente.
- A Taxa Anual de Encargos Efetiva Global (TAEG) é a taxa que garante, numa base anual, a igualdade entre, por um lado, a soma dos valores atuais das utilizações de crédito e, por outro, a soma dos valores atuais dos montantes dos reembolsos e dos pagamentos associados ao crédito contratado.
- A equação de equivalência entre capitais pode ser resolvida em ordem a qualquer das variáveis de que depende: valor atual/futuro, taxa de juro, termo da renda ou número de períodos.

Problemas

1. O Sr. ABC contraiu um empréstimo no valor de € 200 000, o qual irá ser pago em 240 prestações mensais, postecipadas e iguais. Sabendo que a taxa anual nominal é de 1,8%, qual o valor de cada prestação?
   a) € 833,33.
   b) € 902,25.
   c) € 997,66.
   d) € 992,93.

2. A Clarabela decidiu depositar € 500 todos os semestres numa instituição financeira que paga juros à taxa efetiva de 2% ao semestre para saldos até € 10 000 e à taxa de 2,25% ao semestre para saldos superiores a € 10 000. Vai conseguir beneficiar da taxa de juro mais elevada a partir do:
   a) 16º depósito.
   b) 17º depósito.
   c) 18º depósito.
   d) 19º depósito.

3. O Zezinho comprou um produto financeiro que lhe proporciona uma renda anual, postecipada, perpétua e de termos constantes de € 200, cujo valor atual no momento da compra era de € 4000. Entretanto, passado um ano, o valor atual das rendas futuras é de € 5000. Pode afirmar-se que:
   a) A taxa de juro efetiva subiu de 4% para 5% ao ano.
   b) A taxa de juro efetiva desceu de 5% para 4% ao ano.
   c) A taxa de juro nominal manteve-se inalterada.
   d) Nenhuma das alíneas anteriores está certa.

4. O Sr. Licenciado começou a trabalhar e pretende poupar durante os próximos 5 anos de modo a juntar € 50 000 para poder frequentar um MBA numa prestigiada Business School. Sabendo que a taxa de juro é de 4,5% anual nominal, a poupança mensal a depositar no banco deve ser de:
   a) € 741,87.
   b) € 744,65.
   c) € 745,21.
   d) € 928,67.

5. O valor atual de uma renda semestral perpétua é de € 15 000. A primeira prestação, devida daqui a um semestre, é de € 300. Sabendo que a taxa de juro anual nominal é de 6% pode-se afirmar que:
a) As prestações são constantes.
b) As prestações são crescentes à taxa de 0,96%.
c) As prestações são crescentes à taxa de 1,00%.
d) As prestações são crescentes à taxa de 4,00%

6. Admita que pediu um empréstimo de € 1000 numa instituição financeira. Como não tinha conta aberta na instituição foi obrigado a abri-la no ato do empréstimo, tendo pago para o efeito € 20. Sabe-se que o empréstimo irá ser pago daqui a dois anos por € 1160. A TAEG desta operação é aproximadamente de:
a) 7,7%.
b) 8,8%.
c) 8,4%.
d) 7,9%.

7. A prestação mensal de um empréstimo a 5 anos cuja taxa anual nominal é de 5% ascende a € 500. O capital em dívida do empréstimo a três anos do fim, imediatamente após o pagamento de uma prestação, é de aproximadamente:
a) € 16 683.
b) € 18 000.
c) € 26 250.
d) € 120 000.

8. Os armazéns AKEI vendem uma mobília de € 2400 nas seguintes condições: entrada de € 240 e pagamento de 20 mensalidades postecipadas de € 115. A TIR utilizada é aproximadamente:
a) 0,6057% ao mês.
b) 3,6897% ao semestre.
c) 7,5155% ao ano.
d) Todas as anteriores.

9. Ao Sr. João foi concedido um empréstimo para pagar um automóvel cujo valor de venda ao público é de € 15 000. O Sr. João irá pagar um total de 36 rendas

mensais antecipadas. Sabendo que a taxa de juro mensal efetiva é de 1%, o valor de cada renda será de:

a) € 482,20.
b) € 498,21.
c) € 493,28.
d) Outro valor.

10. Devido às condições de uma herança, a pequena Amélia, de três anos feitos hoje, irá receber a partir de aqui a exatamente um ano um conjunto de valores anuais que começarão por ser de € 1000 inicialmente, mas que crescerão nos anos seguintes à taxa de 5% até a Amélia perfazer 18 anos. Dada uma taxa de juro anual de 10%, o valor atual desses montantes será de:
a) € 20 000,00.
b) € 21 000,00.
c) € 10 046,42.
d) Outro valor.

11. Para amortizar um empréstimo a Zeferina vai pagar 20 prestações trimestrais de € 465,97. Sabendo que a taxa de juro acordada é de 6% anual nominal, qual o montante do empréstimo (arredondado às unidades)?

12. Uma senhora investe € 5000 no primeiro dia de cada trimestre, começando em 1 de Janeiro de 2004, numa conta poupança que vence juros a uma taxa nominal de 3% por ano com capitalização mensal. Ela também levanta € 250 no primeiro dia de cada mês, começando em 1 de Fevereiro de 2004. Quanto dinheiro terá ela na conta em 31 de Dezembro de 2006?

13. A Clara decidiu poupar € 200 todos os meses com o objetivo de juntar € 18 000 para comprar um carro novo. Sabendo que ela aplica o dinheiro num banco que paga juros à taxa anual nominal de 4,8% capitalizáveis mensalmente, quantos meses vai demorar a atingir o objetivo?

14. Considere uma renda perpétua semestral postecipada com termos crescentes, cujo primeiro e segundo termos são de € 500 e € 505, respetivamente. Calcule o valor atual da renda se a taxa de juro efetiva semestral for 3%.

15. O stand NovoCarro vende o modelo LESTA2000, cujo preço é € 84 000, nas seguintes condições: entrada de 10% e pagamento de 60 mensalidades postecipadas de € 1500.
    a) Calcule a TIR (mensal) desta operação.
    b) Calcule a TAEG.

16. O Sr. Fidélio decidiu depositar € 500 todos os trimestres com o objetivo de atingir uma determinada poupança ao fim de 10 anos. No momento em que iniciou os depósitos a taxa de juro anual nominal era 5%. Admitindo que ao fim de 5 anos a taxa de juro anual nominal diminuiu para 4%, quanto é que o Sr. Fidélio precisa de passar a depositar todos os trimestres para atingir o mesmo valor de poupança acumulada ao fim de 10 anos?

17. A D. Aparecida decidiu criar um fundo no valor de € 32 000 que permita pagar um prémio todos os anos ao melhor aluno do curso de Gestão. O valor do primeiro prémio, a pagar daqui a um ano, é de € 800. Se a taxa de juro anual desse fundo for de 3,5%, é possível pagar prémios crescentes? Em caso afirmativo, qual a taxa de crescimento dos prémios?

18. Admita que pediu um empréstimo de € 2000 numa instituição financeira. Como não tinha conta aberta na instituição, teve de pagar uma comissão de abertura de € 100. Sabendo que o empréstimo irá ser pago daqui a dois anos por € 2120, calcule o valor da TAEG desta operação.

19. No momento em que entrou na FEP para a licenciatura em Gestão um estudante decidiu constituir um fundo de poupanças que lhe permitisse fazer face às despesas com uma viagem de sonho aquando da conclusão dos seus estudos, passados exatamente três anos. Quando ingressou na faculdade o estudante tinha poupanças acumuladas de € 500 e considera conseguir poupar € 100 todos os meses durante os três anos seguintes. As poupanças foram canalizadas para uma aplicação que remunera juros à taxa de 3% efetiva anual.
    a) Qual o montante que o estudante terá disponível no fundo no final da sua licenciatura, admitindo que o primeiro depósito ocorreu no final do primeiro mês de aulas (setembro) e que conseguiu respeitar o seu plano de poupanças?
    b) No primeiro dia de aulas tomou conhecimento do funcionamento de uma formação em Excel, entre Março e Junho do ano seguinte, que despertou o seu

interesse. A participação na formação implicaria a perda de capacidade de poupança ao longo desses 4 meses. Qual o montante adicional que deveria depositar em conjunto com o primeiro depósito por forma a não alterar o montante disponível no final da licenciatura?

20. O acionista de determinada empresa, sabendo que a sociedade enfrentava graves dificuldades financeiras, decidiu conceder-lhe um empréstimo no valor de € 50 000. O financiamento foi efetuado em 20 de Junho, tendo sido acordado com os restantes acionistas uma taxa de juro de 10% anual nominal, capitalizável trimestralmente. Ficou ainda estabelecido que o pagamento da dívida seria efetuado em 12 trimestralidades, vencendo-se a primeira em 20 de Dezembro do mesmo ano.
Sabendo que as dificuldades financeiras se irão concentrar especialmente na fase inicial do empréstimo, e procurando facilitar o pagamento da dívida, ficou também estabelecido que as primeiras 6 trimestralidades seriam iguais entre si, sendo as restantes 6 iguais ao dobro das primeiras.
    a) Qual o montante de cada trimestralidade?
    b) Imediatamente após o pagamento da 6ª trimestralidade as partes acordaram que a dívida remanescente seria reembolsada integralmente no final da vida do empréstimo. Qual o montante a pagar nessa altura?

SOLUÇÕES

1. A resposta correta é a alínea d).
Taxa efetiva mensal = 1,8% / 12 = 0,15%.
$P = 200\,000 \times 0{,}15\% / [1 - (1 + 0{,}15\%)^{-240}] = 992{,}93.$

2. A resposta correta é a alínea b).
$500 \times [(1+2\%)^n - 1] / 2\% \geq 10000 \Rightarrow n = 17$ depósitos

3. A resposta correta é a alínea a).
O valor atual de uma perpetuidade de termos constantes e postecipados é $C_0 = P/R$.
Há um ano a taxa de juro era 200/4000 = 5% e agora é 200/5000 = 4%.

4. A resposta correta é a alínea b).
Taxa efetiva mensal = 4,5% / 12 = 0,375%.
$P = 50\,000 \times 0{,}375\% / [(1 + 0{,}375\%)^{60} - 1] = 744{,}65.$

5. A resposta correta é a alínea c).
Da fórmula do valor atual da perpetuidade de termos crescentes e postecipados retira-se que $g = 3\% - 300/15000 = 1\%$.

6. A resposta correta é a alínea b).
$1000 = 20 + 1160 \times (1 + \text{TAEG})^{-2}$. Donde TAEG $\approx$ 8,8%.

7. A resposta correta é a alínea a).
Trata-se de calcular o valor atual de uma renda de termos constantes e postecipados de € 500 quando faltam 36 prestações, sendo a taxa de juro = 5%/12 = 0,4167%.
$C_0 = 500 \times [1 - (1 + 0{,}4167\%)^{-36}] / 0{,}4167\% = 16\,682{,}85.$

8. A resposta correta é a alínea d).
A equação de equivalência de capitais é $2400 = 240 + 115\ [1 - (1+\text{TIR})^{-20}] / \text{TIR}$.
Por substituição verifica-se que TIR $\approx$ 0,6057% satisfaz a equação.
Uma taxa de 0,6057% ao mês é equivalente a 3,6897% ao semestre e a 7,5155% ao ano.

9. A resposta correta é a alínea c).
   15 000 é o valor atual de uma renda antecipada de 36 termos constantes e iguais a P sendo a taxa de juro 1%. Então
   $15000 = P \times (1+1\%) \times [1 - (1+1\%)^{-36}] / 1\% \Rightarrow P = 493{,}28$.

10. A resposta correta é a alínea c).
    Trata-se de calcular o valor atual de uma renda postecipada de 15 termos crescentes à taxa de 5%, sendo o valor do primeiro de 1000 e a taxa de juro 10%. Aplicando a fórmula [3.5] obtém-se o valor atual de 10 046,42.

11. $465{,}97\ [1 - (1+1{,}5\%)^{-20}] / 1{,}5\% = 8000$. O montante do empréstimo foi de € 8000.

12. $R_{mens.} = 3\% / 12 = 0{,}25\%$. $R_{trim.} = (1 + 0{,}25\%)^3 - 1 = 0{,}7519\%$.
    $VF_{dep.} = 5\,000\ [((1 + 0{,}7519\%)^{12} - 1) / 0{,}7519\%] \times (1 + 0{,}7519\%) = 63\,014{,}70$.
    $VF_{lev.} = 250\ [((1 + 0{,}25\%)^{35} - 1) / 0{,}25\%] \times (1 + 0{,}25\%) = 9\,155{,}10$.
    $VF = 63\,014{,}70 - 9\,155{,}10 = 53\,859{,}60$.

13. $18\,000 = 200 \times [(1+0{,}4\%)^n - 1] / 0{,}4\%$. Donde $n = 77$ meses.

14. Se os dois primeiros termos da renda são 500 e 505 então a taxa de crescimento $g = 1\%$. O valor atual da perpetuidade é $500 / (3\% - 1\%) = 25\,000$.

15.
    a) $84\,000 = 8400 + 1500 \times [1 - (1+TIR)^{-60}] / TIR$. Donde TIR = 0,59% ao mês.
    b) $TAEG = (1+0{,}59\%)^{12} - 1 = 7{,}32\%$.

16. $C_{40} = 500 \times [(1 + 5\%/4)^{40} - 1] / (5\%/4) = 25\,744{,}78$.
    $C_{20} = 500 \times [(1 + 5\%/4)^{20} - 1] / (5\%/4) = 11\,281{,}49$.
    $25\,744{,}78 = 11\,281{,}49 \times (1 + 4\%/4)^{20} + P\ [(1 + 4\%/4)^{20} - 1] / (4\%/4)$.
    Donde $P = 544{,}04$.

17. $32000 = 800 / (3{,}5\% - g)$. Donde $g = 1\%$.

18. $2000 = 100 + 2120\ (1+TAEG)^{-2}$. Donde TAEG = 5,63%.

19.

a) Taxa mensal efetiva: $(1 + R_{mens.})^{12} = (1 + 3\%)$, $R_{mens.} = 0{,}2466\%$.
Capital acumulado ao fim de três anos:
$500\ (1 + 3\%)^3 + 100\ [(1 + 0{,}2466)^{36} - 1]\ /\ 0{,}2466\% = 4306{,}15$

b) As mensalidades de Março a Junho são as mensalidades dos meses 7 a 10.
Deveria depositar o valor atual dessas mensalidades:
$[100 \times [1 - (1+0{,}2466\%)^{-4}]\ /\ 0{,}2466\%] \times (1+0{,}2466\%)^{-6} = 391{,}71$

20.

a) Considerando que se trata de uma renda trimestral postecipada com um trimestre de diferimento.

$$50000 = \left[P\,\frac{1-(1+2{,}5\%)^{-6}}{2{,}5\%} + 2P(1+2{,}5\%)^{-6}\,\frac{1-(1+2{,}5\%)^{-6}}{2{,}5\%}\right](1+2{,}5\%)^{-1}\cdot$$

Donde $P = 3414{,}98$. As primeiras 6 prestações são de 3414,98 e as 6 prestações seguintes de 6829,96.

b) $VF = 6829{,}96 \times [(1+2{,}5\%)^6 - 1]\ /\ 2{,}5\% = 43\ 628{,}00$.

CAPÍTULO 4

—

AMORTIZAÇÃO DE EMPRÉSTIMOS

Objetivos do Capítulo

Após a leitura deste capítulo o leitor deverá estar apto a:

i) Calcular o valor futuro de múltiplos capitais;

i) Explicar o conceito de empréstimo e de amortização de empréstimos;

ii) Explicar o conceito de plano de amortização;

iii) Identificar as diferentes modalidades de amortização de empréstimos bem como as diferenças e semelhanças entre elas;

iv) Aplicar o princípio de equivalência temporal entre diferentes capitais subjacente a qualquer modalidade de amortização;

v) Explicar o conceito de período de diferimento de um empréstimo e identificar as suas implicações sobre o plano de amortizações;

vi) Explicar o conceito de valor residual de um empréstimo e identificar as suas implicações sobre o plano de amortizações;

vii) Calcular o valor das prestações para liquidação de empréstimos em qualquer modalidade de amortização;

viii) Decompor o valor de todas as prestações nas suas quota-juro e quota-capital;

ix) Calcular o montante do capital em dívida em qualquer momento da vida do empréstimo;

xi) Elaborar o quadro de amortização correspondente a qualquer modalidade de amortização.

4.1 Modalidades de Amortizações de Empréstimos

Um empréstimo é um contrato pelo qual uma das partes (o mutuário) cede à outra parte (o mutuante) um determinado capital durante um determinado período de tempo. Este tipo de contratos é também designado por contrato de mútuo e nele ficam definidas as condições de reembolso (capital e juros) do empréstimo.

Estes empréstimos são, pois, mais um exemplo dos processos de capitalização referidos no Capítulo *1*. No entanto, nestes contratos, a par da definição dos três vetores que identificam um qualquer processo de capitalização (capital, taxa de juro e tempo), é ainda necessário definir as condições de reembolso (ou amortização) do capital ao credor da relação.

Admita, por exemplo, que pretende solicitar ao seu banco um empréstimo de € 5000 durante três anos. A taxa de juro efetiva semestral praticada pelo banco é de 5%. Depois de transmitir esta intenção ao seu gestor de conta, ele prossegue com uma série de questões:

- Pretende efetuar um pagamento único no vencimento do empréstimo ou pagamentos parcelares periódicos durante a vida do empréstimo?
- Optando por pagamentos periódicos, durante a vida do empréstimo pretende pagar exclusivamente os juros correspondentes ou também amortizar parcelarmente o capital em dívida?
- Deseja solicitar um período de diferimento, durante o qual poderá não efetuar qualquer pagamento?
- Na hipótese de os reembolsos serem periódicos, pretende fixar um valor residual para o empréstimo, ou seja, pretende fixar uma parcela de reembolso do capital maior para o vencimento do empréstimo?

Estas são apenas algumas das questões que lhe poderão ser colocadas e que têm por objetivo identificar a forma como pretende liquidar o seu empréstimo. Para tal, o gestor de conta terá de conhecer as suas escolhas relativamente:

- à forma de reembolso do capital mutuado;
- à forma de pagamento dos juros;
- à possibilidade de fixação de um período de diferimento;
- à possibilidade de fixação de um valor residual para o empréstimo.

Todas estas características têm de ficar bem definidas na data de celebração do contrato pois delas dependem os direitos e as obrigações que daí decorrem para as partes. As modalidades de amortização de empréstimos que resultam das diferentes opções quanto à forma de reembolso do capital mutuado e de pagamento de juros, estão resumidas na Figura 4.1.

FIGURA 4.1 – MODALIDADES DE AMORTIZAÇÃO DE EMPRÉSTIMOS

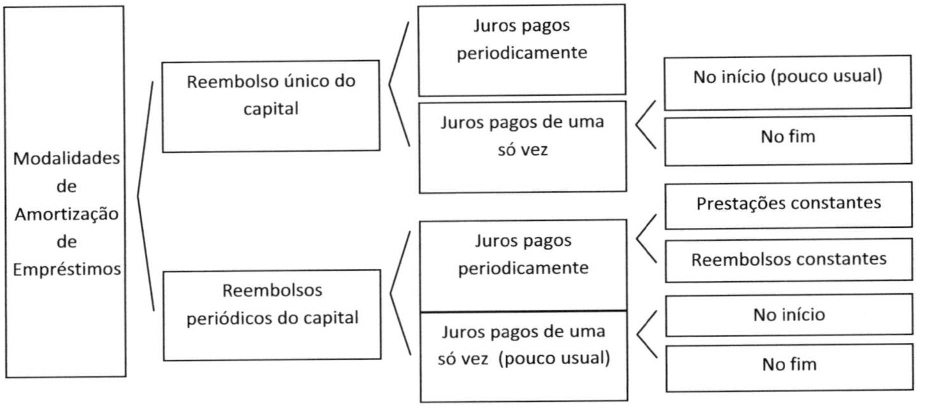

O reembolso do capital poderá ser efetuado de uma só vez ou parcelarmente, durante a vida do empréstimo.

No primeiro caso, o reembolso único é devido no vencimento do contrato. Ainda neste caso, existem duas alternativas quanto à forma de pagamento de juros. Os juros podem ser pagos num único momento, em geral, aquando da amortização do capital, sendo menos frequente o seu pagamento à cabeça, ou seja, no momento da contração da dívida. Na situação mais frequente, os juros periodicamente gerados são acumulados ao capital em dívida e pagos no vencimento do contrato. É o exemplo típico de um regime de capitalização de juros compostos. Alternativamente, os juros poderão ser devidos periodicamente, sendo pagos mal são produzidos e, por isso, não dando lugar à produção de juros de juros. Este é um exemplo típico de um regime de capitalização de juros simples.

No segundo caso, o reembolso do capital é feito parcelarmente durante a vida do empréstimo. Também aqui é possível a dupla modalidade de pagamento de juros: o pagamento de uma só vez, no início ou no fim do empréstimo, e o pagamento periódico. A primeira modalidade é pouco usual. Na amortização de empréstimos através de reembolsos periódicos de capital é mais frequente que os juros sejam pagos à medida que vão sendo gerados. Assim, cada prestação do empréstimo tem duas componentes: a componente de capital e a componente de juros. A componente juros inclui a totalidade dos juros relativos ao período entre prestações consecutivas e incide sobre o capital em dívida no início desse período. Neste caso, existem ainda duas modalidades de amortização: o sistema de prestações constantes, também designado por Sistema Francês, e o sistema de reembolsos constantes. A distinção entre eles será analisada nas secções seguintes.

Nos casos de amortização periódica de empréstimos, as partes podem ainda estabelecer um período de diferimento e/ou um valor residual para o empréstimo.

Já terá certamente visto publicidade a anunciar: "Leve um carro novo para as suas férias e comece a pagá-lo só depois do Verão". Ou, por exemplo, "Faça já as suas compras de Natal e comece a pagá-las só no próximo ano". Estes são alguns exemplos de empréstimos com período de diferimento. Este período de diferimento corresponde geralmente a um período inicial da vida do empréstimo durante o qual o devedor da relação poderá não efetuar qualquer pagamento (neste caso, ao capital em dívida inicial será acrescentado o juro gerado no período de diferimento) ou, alternativamente, poderá pagar apenas o juro periódico (neste caso, o capital em dívida inicial manter-se-á inalterado após o período de diferimento).

O devedor poderá ainda solicitar a fixação de um valor residual para o empréstimo. Isto significa que a última quota de amortização de capital, devida no vencimento do contrato, será consideravelmente superior a todas as restantes. Em termos práticos, esta possibilidade permite reduzir o esforço financeiro de amortização durante a vida do empréstimo, transferindo-o para o seu vencimento. Esta modalidade tem sido frequentemente utilizada no empréstimo à habitação.

Como certamente já terá concluído, as possibilidades que se abrem à amortização de empréstimos são múltiplas, ou mesmo infinitas. A liberdade contratual é total e as partes poderão verter para o contrato as cláusulas que bem entenderem. Assim sendo, muito mais importante que a análise exaustiva do universo de modalidades de amortização é a identificação do *princípio geral* a que o cálculo das prestações de um qualquer empréstimo tem de obedecer. O leitor terá assim a garantia de, mediante a aplicação desse princípio geral, conseguir identificar o plano de amortização de qualquer empréstimo com que seja confrontado. Aceita o desafio? Seguramente que sim.

Ficará certamente ainda mais confiante ao saber que esse *princípio geral* é já seu conhecido: *o princípio da equivalência temporal entre vários capitais*, abordado e aplicado inúmeras vezes no Capítulo 2. Aplicado à amortização de empréstimos, este princípio diz-nos que, tendo por referência, por exemplo, o início do contrato, *o valor atual dos capitais mutuados tem de ser igual ao valor atual de todas as prestações previstas no plano de amortização.*

Porque em causa poderão estar empréstimos de médio e longo prazo, cujo número de prestações exigíveis pode ser muito elevado, é conveniente utilizar os designados Quadros de Amortização para sistematização da informação relevante em cada período da vida do empréstimo.

Este quadro apresenta o capital em dívida no início de cada período, os juros produzidos nesse período (resultante da aplicação da taxa de juro efetiva periódica ao capital em dívida no início do período), a quota-juro (igual ao montante de juros produzidos ou a zero consoante esteja previsto ou não o pagamento periódico de juros), a quota-capital (a parcela do capital em dívida reembolsada no período), o montante da prestação periódica (igual à soma da quota-juro com a quota-capital) e o capital em dívida no fim de cada período. O capital em dívida no fim do período t (C_t) é igual à soma do capital em dívida no início desse período (C_{t-1}) com o juro produzido nesse período ($J_{t-1,t}$), deduzido da prestação paga (P_t):

$$C_t = C_{t-1} + J_{t-1,t} - P_t . \qquad [4.1]$$

O capital em dívida no início de um período é, naturalmente, igual ao capital em dívida no fim do período anterior.

Nas secções seguintes são identificados os fluxos financeiros (ou prestações) que serão exigidos ao devedor nas modalidades de amortização de empréstimos mais frequentemente utilizadas:

- reembolso único do capital, com e sem pagamento periódico de juros;
- sistema de pagamentos constantes;
- sistema de reembolsos constantes.

Nestas duas últimas modalidades consideram-se empréstimos com e sem período de diferimento. Utilizando o exemplo anteriormente apresentado, do empréstimo bancário de € 5000 a três anos que pretende solicitar ao seu banco, identifica-se o plano de amortização para cada uma destas modalidades.

A elaboração dos quadros de amortização é mais útil nos casos em que a amortização de capital é periódica, pelo acréscimo computacional que eles representam. No entanto, eles vão ser elaborados também nas outras modalidades de amortização, a título de ilustração, pois as regras de preenchimento destes quadros são sempre as mesmas. Como sugestão, recomenda-se que o leitor vá reconstituindo, na sua própria folha de cálculo, os quadros de amortização dos diferentes exemplos apresentados.

4.2 Reembolso Único de Capital

Nesta modalidade, a amortização do capital mutuado é feita de uma só vez, no vencimento do contrato. Os juros, por sua vez, poderão ser pagos num momento único, no início ou no fim do empréstimo, ou periodicamente à medida que vão sendo gerados. Cada uma destas possibilidades é analisada de seguida.

Reembolso único com pagamento de juros no final

Neste caso, os juros vão sendo acumulados ao capital em dívida e, no fim do contrato, capital e juros são pagos de uma só vez.

No exemplo do empréstimo bancário de € 5000 durante três anos, à taxa efetiva semestral de 5%, o plano de amortização prevê uma única prestação no vencimento do empréstimo, ou seja, daqui a 6 semestres. Designando por P_6 essa prestação[1], o seu valor resulta da aplicação do princípio geral atrás enunciado e traduz-se em

$$5000 = P_6\,(1 + 5\%)^{-6},$$

donde $P_6 = 6700{,}48$.

A Figura 4.1 localiza temporalmente os fluxos financeiros decorrentes deste empréstimo: o capital mutuado e os pagamentos a efetuar pelo devedor (mutuante) para efeitos de liquidação da dívida.

[1] Todas as outras prestações, P_1 a P_5, são nulas.

FIGURA 4.1 – LOCALIZAÇÃO TEMPORAL DOS FLUXOS FINANCEIROS: REEMBOLSO ÚNICO COM PAGAMENTO DE JUROS NO FINAL

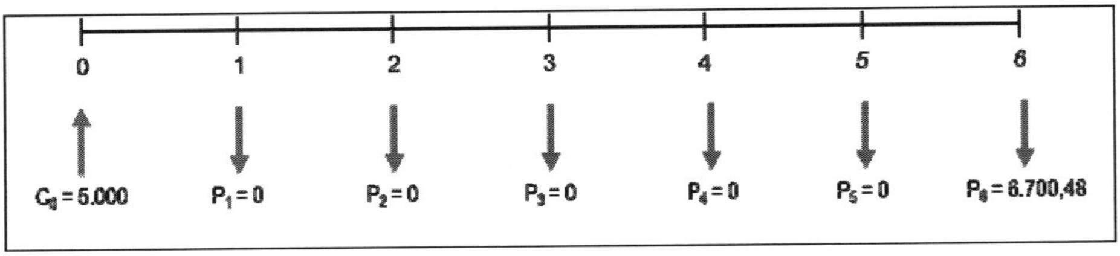

Ou seja, o capital emprestado é igual ao valor atual da prestação única devida daqui a 6 semestres. A taxa de atualização é a taxa de juro acordada para o empréstimo.

O quadro de amortização do empréstimo (Tabela 4.1) apresenta o detalhe do plano de amortização deste empréstimo ao longo dos seus 6 períodos (semestres). Neste caso, os juros produzidos no primeiro período são iguais a € 250 = € 5000 × 5%. No fim do primeiro período não há lugar ao pagamento nem de juros nem de uma parcela de capital. Assim, o capital em dívida nessa altura será igual ao capital em dívida no início do período anterior, acrescido dos juros produzidos e deduzido da prestação que é nula (€ 5250 = € 5000 + € 250 – € 0). Este é, ainda, o capital em dívida no início do segundo semestre e sobre o qual se produzirão juros à taxa de 5% nesse semestre. O processo de amortização mantém estas características ao longo dos semestres seguintes, sendo o juro periódico sempre acrescentado ao capital em dívida.

No último período, o pagamento final que permitirá liquidar a totalidade da dívida será de € 6700,48 que representa o valor acumulado da aplicação de € 5000, à taxa de 5%, durante 6 semestres, num regime de juros compostos [$5000\ (1+5\%)^6 = 6700{,}48$]. O valor desta prestação única é decomponível em quota-capital (5000) e quota-juro ($1700{,}48 = 5000(1+5\%)^6 - 5000$). Neste caso, a quota-juro da prestação única corresponde à totalidade dos juros a pagar na sequência deste empréstimo. Após o pagamento desta prestação o capital em dívida será necessariamente nulo[2]. De facto,

$$C_6 = C_5 + J_{5,6} - P_6 = 6381{,}41 + 319{,}07 - 6700{,}48 = 0.$$

[2] Este é um fator de controlo que poderá ser utilizado para confirmar a correção do quadro de amortização. Sendo uma condição necessária, não é contudo suficiente que o capital em dívida após o último pagamento seja nulo para garantir que o plano de amortização esteja corretamente identificado.

TABELA 4.1 – QUADRO DE AMORTIZAÇÃO: REEMBOLSO ÚNICO COM PAGAMENTO DE JUROS NO FINAL

Período	Capital em Dívida Início do Período	Juros	Quota-Juro	Quota-Capital	Prestação	Capital em Dívida Fim do Período
1	5000,00	250,00	0	0	0	5250,00
2	5250,00	262,50	0	0	0	5512,50
3	5512,50	275,63	0	0	0	5788,13
4	5788,13	289,41	0	0	0	6077,53
5	6077,53	303,88	0	0	0	6381,41
6	6381,41	319,07	1700,48	5000,00	6700,48	0

Reembolso único com pagamento de juros no início

Neste caso, o capital mutuado é restituído na íntegra no final do empréstimo mas a totalidade dos juros é paga à cabeça, ou seja, no início do contrato.

Retomando o exemplo do empréstimo bancário, nesta modalidade de amortização o capital mutuado é pago no fim da vida do empréstimo (daqui a 6 meses) mas os juros antecipados (J_a) serão pagos de imediato. O valor deste pagamento é o que resulta da aplicação do princípio da equivalência temporal de vários capitais, e que se traduz em

$$5000 = J_a + 5000(1 + 5\%)^{-6},$$

donde $J_a = 1268,92$.

Ou seja, o capital mutuado é igual ao montante de juros pagos à cabeça acrescido do valor atual da amortização única do capital, devida daqui a 6 semestres. O valor dos juros antecipados poderá ser calculado, alternativamente, pelo valor atual dos juros postecipados da modalidade de amortização anterior [$1268,92 = 1700,48\,(1{+}5\%)^{-6}$].

Pelo facto de ter de pagar estes juros no início do contrato, o capital que estará efetivamente disponível na sequência deste empréstimo é de apenas € 3731,08 (= 5000 – 1268,92) pois os juros serão deduzidos ao capital mutuado. Esta é a principal razão que torna menos usual esta modalidade de amortização de empréstimos. A localização na reta do tempo dos fluxos financeiros gerados por esta modalidade de empréstimo está representada na Figura 4.2.

FIGURA 4.2 – LOCALIZAÇÃO TEMPORAL DOS FLUXOS FINANCEIROS: REEMBOLSO ÚNICO COM PAGAMENTO DE JUROS NO INÍCIO

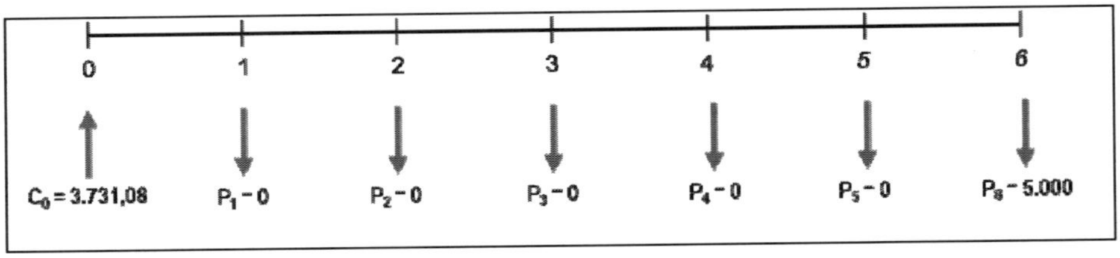

A Tabela 4.2 apresenta o quadro de amortização deste empréstimo, é calculada da mesma forma que a Tabela 4.1. A principal diferença reside no facto de o capital em dívida inicial ser de € 5000, quando o pagamento dos juros ocorre no fim do empréstimo, e de apenas € 3731,08, quando o pagamento dos juros é devido no início do empréstimo. Será sobre este último valor que haverá lugar à produção de juros ao longo dos 6 semestres do empréstimo.

Assim, por exemplo, no primeiro semestre o juro de € 186,55 (= 3731,08 × 5%) é o que resulta de um capital em dívida inicial de € 3731,08 à taxa de 5% durante um semestre. O capital em dívida no fim do primeiro período é igual ao capital em dívida no início do período, acrescido dos juros produzidos nesse período e deduzido da prestação paga, ou seja, neste caso será € 3917,63 (= 3731,08 + 186,55 – 0). O pagamento único no final é igual ao capital mutuado (€ 5000), decompondo-se numa quota-capital de € 3731,08 (o capital em dívida inicial) e numa quota-juro de € 1268,92 (dado, por exemplo, pela diferença entre o valor da prestação única e a quota-capital).

TABELA 4.2 – QUADRO DE AMORTIZAÇÃO: REEMBOLSO ÚNICO COM PAGAMENTO DE JUROS NO INÍCIO

Período	Capital em Dívida Início do Período	Juros	Quota-Juro	Quota-Capital	Prestação	Capital em Dívida Fim do Período
1	3731,08	186,55	0	0	0	3917,63
2	3917,63	195,88	0	0	0	4113,51
3	4113,51	205,68	0	0	0	4319,19
4	4319,19	215,96	0	0	0	4535,15
5	4535,15	226,76	0	0	0	4761,90
6	4761,90	238,10	1268,92	3731,08	5000,00	0

O leitor estará em condições de poder concluir que o plano de amortização de um empréstimo de € 5000 através de um reembolso único com pagamento de juros à cabeça é equivalente ao de um empréstimo de € 3731,08 (os mesmos € 5000 deduzidos dos juros antecipados) através de um reembolso único com pagamento de juros no fim do empréstimo.

Reembolso único com pagamento periódico de juros

Nesta modalidade, o capital mutuado é restituído na íntegra no final do empréstimo mas os juros vão sendo pagos à medida que são produzidos. O facto de os juros serem pagos no fim de cada período de capitalização tem uma dupla implicação. Por um lado, tal significa que o capital em dívida se mantém inalterado ao longo de toda a vida do empréstimo. Por outro, e em consequência do primeiro, o montante dos juros periódicos será sempre igual. A última prestação do empréstimo, devida no seu vencimento, será igual à soma do capital mutuado com o último juro periódico.

Se o leitor tivesse solicitado o empréstimo de € 5000 ao seu banco com esta modalidade de reembolso, o plano de amortização que lhe teria sido proposto é o representado na Tabela 4.3. Neste caso, o montante de cada juro periódico é de € 250 (= 5000 × 5%), pagos semestralmente. O capital em dívida, após o pagamento dos juros semestrais, mantém-se igual ao capital mutuado (€ 5000). Na última prestação é reembolsada a totalidade do capital (quota-capital) e pago o último juro (quota-juro), perfazendo uma prestação de € 5250.

TABELA 4.3 – QUADRO DE AMORTIZAÇÃO: REEMBOLSO ÚNICO COM PAGAMENTO PERIÓDICO DE JUROS

Período	Capital em Dívida Início do Período	Juros	Quota-Juro	Quota-Capital	Prestação	Capital em Dívida Fim do Período
1	5000	250	250	0	250	5000
2	5000	250	250	0	250	5000
3	5000	250	250	0	250	5000
4	5000	250	250	0	250	5000
5	5000	250	250	0	250	5000
6	5000	250	250	5000	5250	0

Tal como nos casos anteriores, este plano de amortização também obedece ao princípio geral enunciado: o capital mutuado é igual ao valor atual de todas as prestações do empréstimo, e dado por

$$5000 = \sum_{t=1}^{5} \frac{250}{(1+5\%)^t} + \frac{5250}{(1+5\%)^6}$$

A localização na reta do tempo dos fluxos financeiros gerados por esta modalidade de empréstimo está representada na Figura 4.3.

FIGURA 4.3 – LOCALIZAÇÃO TEMPORAL DOS FLUXOS FINANCEIROS: REEMBOLSO ÚNICO COM PAGAMENTO PERIÓDICO DE JUROS

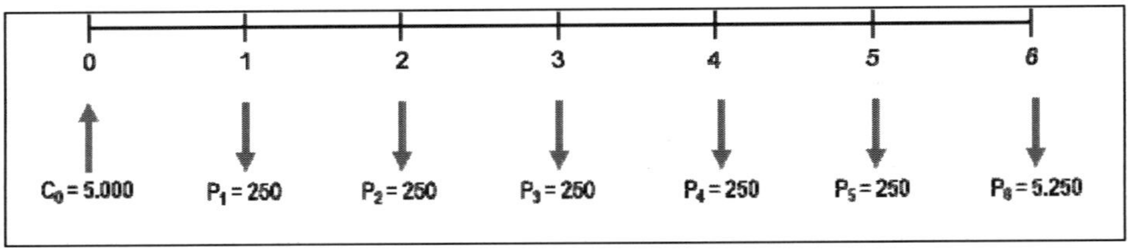

O valor do somatório é dado, tal como explicado no Capítulo 3, pelo valor atual à taxa de 5% de uma renda de 5 termos constantes e iguais a €250, ou seja,

$$250\,\frac{1-(1+5\%)^{-5}}{5\%}.$$

Exemplo 4.1 – Empréstimo em que o capital mutuado é entregue repartidamente ao longo do tempo

A Sociedade JR solicitou um empréstimo de € 100 000 que irá receber em duas tranches: a primeira de € 40 000 de imediato e a segunda de € 60 000 dentro de 6 meses. Acordou com o seu banco reembolsar a totalidade do capital em dívida dentro de 1 ano, durante o qual se comprometeu a pagar os juros mensais correspondentes a uma taxa de 12% anual nominal (de capitalização mensal). Qual foi o plano de amortização acordado para este empréstimo?

Durante os primeiros 6 meses o capital em dívida é de € 40 000 e os juros mensais de € 400 (= 40 000 × 12%/12). Logo, as seis primeiras prestações são iguais a € 400. Daqui a 6 meses, após o pagamento da 6ª prestação, o banco entrega a segunda tranche do empréstimo à Sociedade JR, passando o capital em dívida a ser de € 100 000. O juro produzido durante cada um dos 6 meses seguintes é de

€ 1000 (= 100 000 × 12%/12). Estes juros são pagos mensalmente, donde cada uma das 5 prestações seguintes é igual a € 1000 e o capital em dívida mantém-se constante e igual a € 100 000 durante esse período. A última prestação é de € 101 000, correspondendo a uma quota-capital de € 100 000 e uma quota-juro de € 1000. A quota-capital de cada uma das 11 primeiras prestações é nula. O quadro de amortização é apresentado na Tabela 4.4.

Neste exemplo, o capital mutuado é entregue em duas tranches logo, a aplicação do princípio geral subjacente ao cálculo dos planos de amortização terá de ter isso em consideração. Tendo por referência o início do empréstimo, o valor atual de todas as tranches de capital terá de ser igual ao valor atual de todas as prestações do empréstimo, ou seja,

$$40\,000 + \frac{60\,000}{(1+1\%)^6} = \sum_{i=t}^{6} \frac{400}{(1+1\%)^t} + \sum_{t=1}^{5} \frac{1000}{(1+1\%)^t}(1+1\%)^{-6} + \frac{101\,000}{(1+1\%)^{12}}$$

TABELA 4.4 – QUADRO DE AMORTIZAÇÃO: EXEMPLO 4.1

Período	Capital em Dívida Início do Período	Juros	Quota-Juro	Quota-Capital	Prestação	Capital em Dívida Fim do Período
1	40 000	400	400	0	400	40 000
2	40 000	400	400	0	400	40 000
3	40 000	400	400	0	400	40 000
4	40 000	400	400	0	400	40 000
5	40 000	400	400	0	400	40 000
6	40 000	400	400	0	400	40 000
7	100 000	1000	1000	0	1000	100 000
8	100 000	1000	1000	0	1000	100 000
9	100 000	1000	1000	0	1000	100 000
10	100 000	1000	1000	0	1000	100 000
11	100 000	1000	1000	0	1000	100 000
12	100 000	1000	1000	100 000	101 000	0

Nas modalidades de empréstimos com reembolso único do capital em dívida é possível constituir um fundo de amortização (ou *sinking fund*) que permite diluir temporalmente o esforço financeiro para o devedor associado à amortização do capital que é exclusivamente devido na maturidade do contrato de mútuo. Este fundo de amortização consiste num processo de capitalização paralelo, que vai sendo reforçado ao longo da vida do empréstimo, com o objetivo de permitir fazer face ao seu reembolso, num processo de capitalização que lhe é independente. Caso a constituição deste fundo de amortização esteja previsto no contrato de mútuo, o valor do fundo poderá ser acionado pelo credor em caso de incumprimento do devedor.

4.3 Sistema de Pagamentos Constantes

Nesta modalidade, a amortização do capital é efetuada periodicamente ao longo da vida do empréstimo. Os juros são também pagos periodicamente à medida que vão sendo gerados. Estas duas condições não são, no entanto, suficientes para identificar o sistema de amortização aqui em causa. De facto, estas duas condições são também comuns ao sistema de amortização apresentado na secção seguinte: o sistema de reembolsos constantes.

A caraterística que identifica este sistema de amortização é o facto de prever pagamentos periódicos constantes. O valor da prestação fixa P é calculado mediante a aplicação do princípio geral subjacente a todos os planos de amortização: o capital mutuado é igual ao valor atual de todas as prestações previstas. Para tal, os conhecimentos sobre rendas que adquiriu no Capítulo 3 vão ser muito úteis.

O valor de cada prestação é decomponível em duas parcelas: a quota-juro, que incluirá a totalidade do juro gerado no período em causa, e a quota-capital que, neste caso, será calculada pela diferença entre o valor fixo da prestação e o valor da quota-juro.

Voltando ao empréstimo de € 5000 que pretende solicitar ao seu banco, se optar por esta modalidade de amortização, propõe-se pagar o empréstimo através de 6 prestações semestrais de igual montante. O valor de cada prestação resultará de:

$$5000 = \sum_{t=1}^{6} \frac{P}{(1+5\%)^t} \quad \text{ou} \quad 5000 = P\frac{1-(1+5\%)^{-6}}{5\%}$$

dando origem a uma prestação semestral de € 985,09. A localização temporal dos fluxos financeiros associados a esta modalidade está representada na Figura 4.4.

FIGURA 4.4 – LOCALIZAÇÃO TEMPORAL DOS FLUXOS FINANCEIROS: SISTEMA DE PAGAMENTOS CONSTANTES

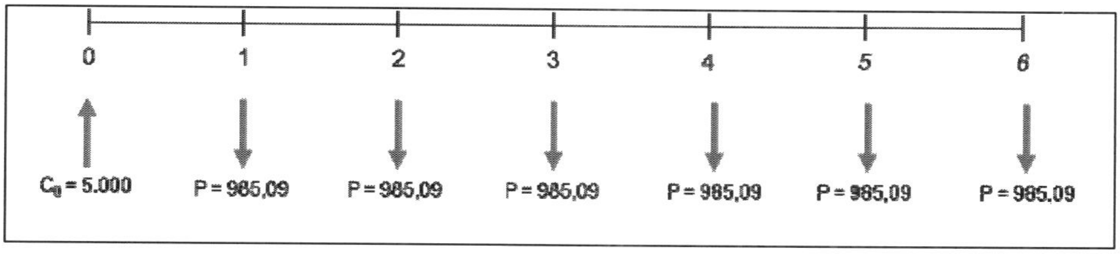

Assim, por exemplo, no primeiro período a quota-juro desta prestação é de € 250 (como já referido, igual ao produto do capital em dívida no início do período pela taxa semestral efetiva acordada, ou seja, 5000 × 5%) e a quota-capital é de € 735,09 (= 985,09 – 250).

A Tabela 4.5 apresenta o respetivo quadro de amortização. Neste caso, a elaboração do quadro deve iniciar-se pelo preenchimento da coluna relativa à prestação que é fixa. Depois, para cada período, começando no primeiro, deverá ser calculado o capital em dívida no início do período, o juro produzido (que será igual à quota-juro) e a quota-capital, dada pela diferença entre o valor da prestação e a quota-juro.

Apesar da prestação ser constante, a sua decomposição é variável ao longo da vida do empréstimo (ver Tabela 4.5). Mais ainda, a quota-capital será sempre crescente e a quota-juro sempre decrescente. Este resultado é intuitivo e justifica-se pelo facto de as amortizações periódicas fazerem diminuir o capital em dívida e, logo, o montante de juros gerados ser cada vez menor. Daí que, como a prestação é fixa, a quota-capital tenha de ser cada vez maior ao longo do tempo.

Seja M_t a quota-capital contida na prestação P_t, devida no momento t. Mostra-se[3] que, nesta modalidade de amortização, as diversas quotas-capital obedecem à seguinte relação:

$$M_{t+1} = M_t(1+R). \qquad [4.2]$$

[3] A demostração deste resultado sai fora do âmbito deste livro.

TABELA 4.5 – QUADRO DE AMORTIZAÇÃO: SISTEMA DE PAGAMENTOS CONSTANTES

Período	Capital em Dívida Início do Período	Juros	Quota-Juro	Quota-Capital	Prestação	Capital em Dívida Fim do Período
1	5000,00	250,00	250,00	735,09	985,09	4264,91
2	4264,91	213,25	213,25	771,84	985,09	3493,07
3	3493,07	174,65	174,65	810,43	985,09	2682,64
4	2682,64	134,13	134,13	850,96	985,09	1831,68
5	1831,68	91,58	91,58	893,50	985,09	938,18
6	938,18	46,91	46,91	938,18	985,09	0

Tal como em todos os casos anteriores, o capital em dívida no final de cada período, obtém-se somando ao capital em dívida no início do período o juro do período e subtraindo o valor da prestação paga nesse momento. Assim, no fim do primeiro período, o capital em dívida é de € 4264,91 (= 5000 + 250 – 985,09). Este resultado foi fácil de obter pois é conhecido o capital em dívida no início do período, o capital mutuado (€ 5000).

Suponha agora que pretende saber qual o montante da sua dívida daqui a um ano e meio, após o pagamento da terceira prestação. Para seguir o mesmo raciocínio seria necessário calcular sucessivamente o capital em dívida no fim do primeiro e do segundo períodos para só então calcular o capital em dívida no fim do terceiro período. Os valores constantes no quadro de amortização da Tabela 4.5 foram assim calculados. Uma forma mais expedita para o fazer será calcular o capital em dívida em determinado momento através do valor atual (para esse momento) das prestações em falta. Assim sendo, o capital em dívida imediatamente após o pagamento da terceira prestação é igual ao valor atualizado (para o fim do terceiro semestre) das 4ª, 5ª e 6ª prestações, ou seja,

$$2628{,}64 = \sum_{t=1}^{3} \frac{985{,}09}{(1+5\%)^t} = 985{,}09 \frac{1-(1+5\%)^{-3}}{5\%}.$$

Este valor pode ainda ser calculado subtraindo ao capital mutuado todas as quotas-capital pagas até esse momento, ou seja,

$$C_0 - M_1 - M_2 - M_3 = 5000 - 735{,}09 - 771{,}84 - 810{,}43 = 2628{,}64.$$

Como o valor das quotas-capital não é, à partida, conhecido, esta alternativa será também mais exigente em termos calculatórios.

No caso que se acabou de analisar o período de diferimento é nulo, isto porque a primeira prestação é devida no final do primeiro período de capitalização. A seguir analisam-se as consequências da consideração de um período de diferimento constituído por um ou mais períodos de capitalização.

Sistema de pagamentos constantes com período de diferimento

O período de diferimento corresponde a um período inicial da vida do empréstimo durante o qual o devedor poderá não ter de efetuar qualquer pagamento (situação analisada nesta secção) ou ter de pagar apenas os juros gerados (situação analisada na secção seguinte). Em qualquer dos casos, durante o período de diferimento não se efetuam amortizações ao capital em dívida.

Se no empréstimo de € 5000 a três anos solicitar ao seu banco um período de diferimento de dois semestres, não efetuando qualquer pagamento nesse período, o plano de amortização determinará que as duas primeiras prestações sejam nulas e as quatro seguintes sejam iguais entre si. Para determinar o valor das últimas prestações aplica-se novamente o princípio geral enunciado, dado neste caso por:

$$5000 = \sum_{t=1}^{4} \frac{P}{(1+5\%)^t}(1+5\%)^{-2} \quad \text{ou} \quad 5000 = P\frac{1-(1+5\%)^{-4}}{5\%}(1+5\%)^{-2}.$$

Cada uma das quatro prestações passaria a ser de € 1554,59. A Figura 4.5 apresenta a localização na reta do tempo dos fluxos financeiros gerados por este empréstimo.

FIGURA 4.5 – LOCALIZAÇÃO TEMPORAL DOS FLUXOS FINANCEIROS: SISTEMA DE PAGAMENTOS CONSTANTES COM PERÍODO DE DIFERIMENTO (2 SEMESTRES)

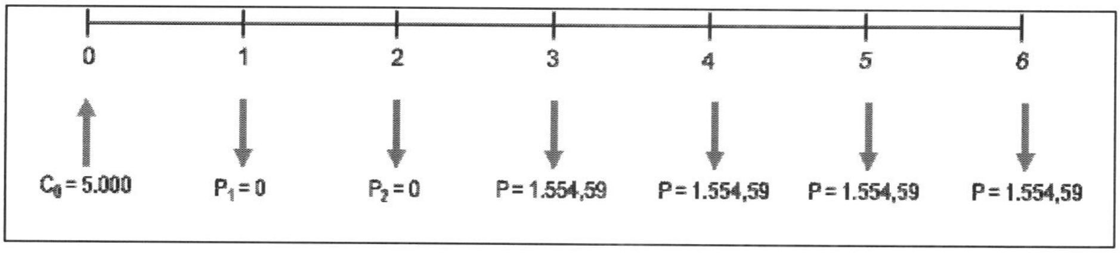

O fator de atualização de dois semestres é aqui justificado pelo facto de a primeira prestação a pagar ser devida no final do terceiro semestre e não no final do primeiro semestre, como acontecia no caso anterior (período de diferimento nulo). A Tabela 4.6 apresenta o quadro de amortização neste caso.

TABELA 4.6 – QUADRO DE AMORTIZAÇÃO: SISTEMA DE PAGAMENTOS CONSTANTES COM PERÍODO DE DIFERIMENTO (2 SEMESTRES)

Período	Capital em Dívida Início do Período	Juros	Quota-Juro	Quota-Capital	Prestação	Capital em Dívida Fim do Período
1	5000,00	250,00	0,00	0,00	0,00	5250,00
2	5250,00	262,50	0,00	0,00	0,00	5512,50
3	5512,50	275,63	275,63	1278,97	1554,59	4233,53
4	4233,53	211,68	211,68	1342,91	1554,59	2890,62
5	2890,62	144,53	144,53	1410,06	1554,59	1480,56
6	1480,56	74,03	74,03	1480,56	1554,59	0

Durante os dois primeiros semestres não vão ser feitos quaisquer pagamentos e, portanto, os juros produzidos nesse período vão ser acumulados ao capital em dívida. Assim, no final do período de diferimento o capital em dívida é de € 5512,50 [= 5000 $(1+5\%)^2$]. Este valor também pode ser usado para calcular o valor da prestação fixa:

$$5000(1+5\%)^2 = \sum_{i=t}^{4} \frac{P}{(1+5\%)^t},$$

mas que nos conduz a uma expressão matemática meramente equivalente à anterior.

Exemplo 4.2 – Empréstimo à Habitação com Valor Residual

A Senhora Felícia contraiu um empréstimo à habitação com as seguintes características:

- Montante: € 150 000
- Prazo: 20 anos
- Taxa de juro anual nominal: 5,408% (fixa)
- Regime de reembolso: em prestações mensais, constantes e postecipadas
- Valor residual: 20% do capital mutuado
- Período de diferimento: inexistente.

a) Calcule o valor da prestação mensal.

b) Decomponha a 13ª prestação nas suas quota-juro e quota-capital.

RESOLUÇÃO:

a) Este empréstimo vai ser liquidado em 239 prestações mensais constantes acrescidas de uma prestação adicional devida daqui a 20 anos (240 meses) de valor igual ao valor residual de € 30 000 (= 150 000 × 20%).

O valor residual corresponde a uma amortização de capital devida no final do contrato de valor consideravelmente superior a todas as outras. O objetivo deste tipo de cláusula é o de transferir parte do esforço financeiro inerente à liquidação da dívida durante a vida do empréstimo para o seu vencimento.

A taxa de juro efetiva mensal correspondente é de 0,45067% (= 5,408%/12). Para calcular o valor de cada prestação é necessário aplicar o princípio da equivalência temporal de capitais:

$$150\,000 = P\frac{1-(1+5{,}408\%/12)^{-239}}{5{,}408\%/12} + \frac{30\,000}{(1+5{,}408\%/12)^{240}}$$

$$P = 956{,}66$$

b) O valor da 13ª prestação é de € 956,66. Para a decompor na sua quota-juro e quota-capital é necessário calcular o capital em dívida no início do 13º mês (C_{12} = € 146 547,08):

$$C_{12} = 956{,}66\frac{1-(1+5{,}408\%/12)^{-(239-12)}}{5{,}408\%/12} + \frac{30000}{(1+5{,}408\%/12)^{240-12}}$$

A quota-juro é igual a € 660,44 (= 146 547,08 × 5,408%/12) e a quota-capital é igual a € 294,22 (= 956,66 – 660,44).

4.4 SISTEMA DE REEMBOLSOS CONSTANTES

À semelhança da modalidade anterior, também aqui a amortização do capital é efetuada periodicamente ao longo da vida do empréstimo e os juros são pagos à medida que vão sendo gerados. A condição adicional que este sistema de amortização impõe, e que o distingue do anterior, é que a quota-capital em cada prestação seja constante.

O valor de cada prestação periódica é agora decrescente e desconhecido à partida, sendo dado pela soma de uma quota-juro decrescente (resultante do decréscimo do capital em dívida durante a vida do empréstimo) e de uma quota-capital constante. O valor fixo de cada amortização de capital *M* resulta da divisão do capital mutuado pelo número de prestações.

Recuperando o exemplo do empréstimo bancário de € 5000 durante três anos à taxa de 5% ao semestre, se tivesse optado pelos sistema de amortizações constantes o plano de liquidação da dívida que lhe seria proposto é o que consta na Tabela 4.7.

TABELA 4.7 – QUADRO DE AMORTIZAÇÃO: SISTEMA DE REEMBOLSOS CONSTANTES

Período	Capital em Dívida Início do Período	Juros	Quota-Juro	Quota-Capital	Prestação	Capital em Dívida Fim do Período
1	5000,00	250,00	250,00	833,33	1083,33	4166,67
2	4166,67	208,33	208,33	833,33	1041,67	3333,33
3	3333,33	166,67	166,67	833,33	1000,00	2500,00
4	2500,00	125,00	125,00	833,33	958,33	1666,67
5	1666,67	83,33	83,33	833,33	916,67	833,33
6	833,33	41,67	41,67	833,33	875,00	0

A primeira rúbrica a calcular é a quota-capital que é constante nas 6 prestações. Assim, cada uma delas será igual a:

$$M_1 = \cdots = M_6 = \frac{5000}{6} = 833{,}33.$$

A Figura 4.6 apresenta a localização na reta do tempo dos fluxos financeiros desta modalidade de empréstimo.

FIGURA 4.6 – LOCALIZAÇÃO TEMPORAL DOS FLUXOS FINANCEIROS: SISTEMA DE REEMBOLSOS CONSTANTES

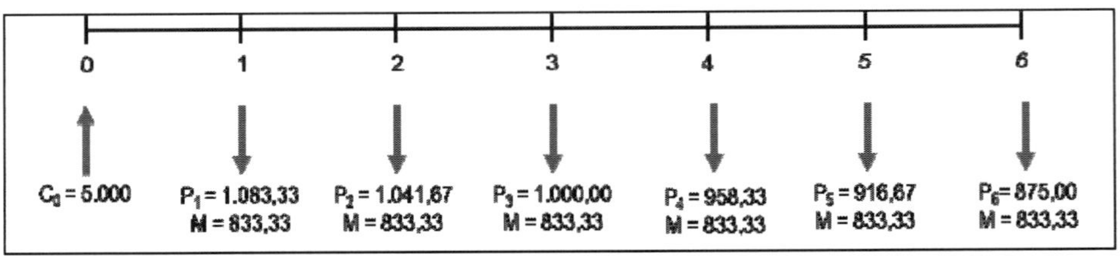

Depois, período a período, deverá ser calculado o capital em dívida no início do período, o juro produzido (que será igual à quota-juro) e a prestação, dada pela soma da quota-juro e da quota capital.

Suponha, agora, que pretende saber o valor da prestação que terá de pagar dentro de 4 semestres. Se ainda não tivesse elaborado o quadro de amortização, cuja leitura lhe permitirá concluir que o valor que procura é P_4 = € 958,33, a forma mais expedita para o fazer será através da soma das suas duas componentes, a quota-capital (€ 833,33) e a quota-juro (ainda não calculada). Para tal, em primeiro lugar teria de calcular o capital em dívida no início do 4º semestre (final do 3º semestre), dado por:

$$C_3 = C_0 - 3\,M = 5000 - 3 \times 833{,}33 = 2500.$$

O juro correspondente ao 4º semestre é de € 125,00 (= 2500 × 5%), dando origem a uma prestação de P_4 = € 125,00 + € 833,33 = € 958,33.

Neste sistema de amortização o princípio de equivalência temporal de capitais continua a verificar-se, apesar de não ser de grande utilidade prática pois as prestações previstas são todas diferentes entre si. No exemplo em análise ele é dado por:

$$5000 = \sum_{t=1}^{6} \frac{P_i}{(1+5\%)^t}.$$

Sistema de reembolsos constantes com período de diferimento

Na secção anterior analisou-se o caso de ausência de pagamentos durante o período de diferimento. Considere-se agora a hipótese alternativa de, nesse período, haver lugar ao pagamento dos juros periódicos. Esta questão vai ser analisada em conjunto com o sistema de reembolsos constantes.

Ainda no exemplo que pretende solicitar ao seu banco, a consideração de um período de diferimento de dois semestres com pagamento de juros nesse período alteraria o plano de amortização da seguinte forma (Tabela 4.8):

TABELA 4.8 – QUADRO DE AMORTIZAÇÃO: SISTEMA DE REEMBOLSOS CONSTANTES COM PERÍODO DE DIFERIMENTO (DOIS SEMESTRES)

Período	Capital em Dívida Início do Período	Juros	Quota-Juro	Quota-Capital	Prestação	Capital em Dívida Fim do Período
1	5000,00	250,00	250,00	0,00	250,00	5000,00
2	5000,00	250,00	250,00	0,00	250,00	5000,00
3	5000,00	250,00	250,00	1250,00	1500,00	3750,00
4	3750,00	187,50	187,50	1250,00	1437,50	2500,00
5	2500,00	125,00	125,00	1250,00	1375,00	1250,00
6	1250,00	62,50	62,50	1250,00	1312,50	0

Durante o período de diferimento os juros de € 250 produzidos em cada semestre (= 5000 × 5%) são pagos de imediato ($P_1 = P_2 = 250$). Consequentemente, o capital em dívida mantem-se inalterado findo o período de diferimento. Será esse o capital que vai ser reembolsado em quatro tranches iguais a € 1250 (= 5000/4). No 3º semestre o juro gerado é igual aos anteriores que, somado à quota-capital, perfaz uma prestação de € 1500. Daí em diante a reconstituição do plano de amortização é em tudo análoga à do exemplo anterior. A localização temporal dos fluxos financeiros associados a esta modalidade está representada na Figura 4.7.

FIGURA 4.7 – LOCALIZAÇÃO TEMPORAL DOS FLUXOS FINANCEIROS: SISTEMA DE REEMBOLSOS CONSTANTES COM PERÍODO DE DIFERIMENTO (DOIS SEMESTRES)

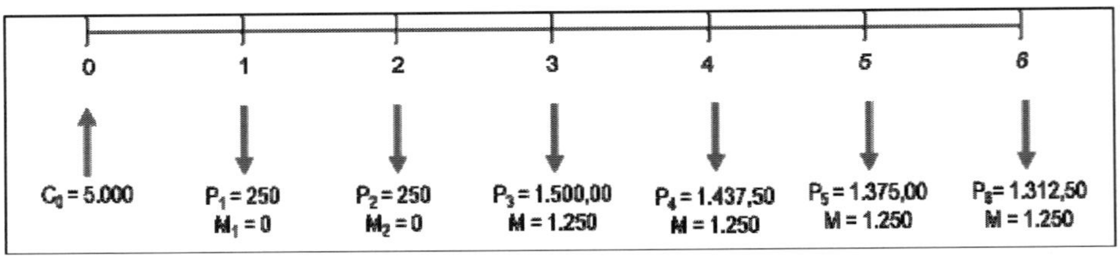

SUMÁRIO

- Um empréstimo é um contrato pelo qual uma das partes (o mutuário) cede à outra parte (o mutuante) um determinado capital durante um determinado período de tempo, mediante condições de reembolso (capital e juro) previamente definidas.
- No contrato de mútuo fica previamente definido, para além do montante e do período do empréstimo, também a taxa de juro, as condições de amortização do capital e de pagamento de juros, o período de diferimento e o valor residual devido no vencimento do empréstimo.
- O período de diferimento corresponde a um período inicial da vida do empréstimo durante o qual o devedor pode não efetuar qualquer pagamento ou, alternativamente, pode pagar apenas os juros. Durante o período de diferimento não há lugar à amortização do capital em dívida.
- O valor residual de um empréstimo corresponde ao valor da última quota de amortização de capital, devida no vencimento do contrato, quando consideravelmente superior a todas as restantes.
- O plano de amortização define os pagamentos devidos ao longo da vida do empréstimo que, respeitando as condições contratuais iniciais, permitirão a liquidação da dívida no final da vida do contrato.
- As condições de amortização dos empréstimos poderão ser múltiplas, em função da vontade contratual das partes.
- As modalidades de amortização de empréstimos mais frequentes incluem: o reembolso único do capital no final da vida do contrato e o reembolso parcelar ao longo da vida do contrato através do sistema de prestações constantes ou do sistema de reembolsos constantes.
- Princípio geral para o cálculo das prestações de um qualquer empréstimo (princípio da equivalência temporal entre vários capitais): o valor atual dos capitais mutuados tem de ser igual ao valor atual de todas as prestações previstas no plano de amortização.
- Cada pagamento efetuado no âmbito de um empréstimo é constituído por duas componentes: a correspondente ao capital em dívida amortizado (quota-capital) e a correspondente ao juro pago (quota-juro).
- No sistema de prestações constantes os pagamentos periódicos efetuados são de igual montante, pelo que as quotas-capital são crescentes e as quotas-juro são decrescentes ao longo do tempo.

- No sistema de reembolsos constantes as quotas-capital são constantes e as quotas-juro são decrescentes ao longo do tempo.
- Em sistemas de amortização periódica as quotas-juro incluem, geralmente, a totalidade do juro produzido no período em causa. Como a amortização é periódica, o capital em dívida é decrescente e logo a quota-juro será sempre decrescente ao longo do tempo.

Problemas

1. O Sr. Carjocla contraiu um empréstimo de € 5000 por 2 anos, acumulando juros à taxa efetiva de 3,5% ao ano e com o acordo de ir pagando o empréstimo à medida que pudesse. Assim, pagou € 1200 no fim do primeiro ano e € 1500 no fim do segundo, tendo então negociado que o pagamento do montante em dívida seria efetuado em data mais oportuna, e passando a taxa de juro a ser de 5% ao ano. No final do terceiro ano pagou € 2000, e pretende liquidar o remanescente do empréstimo no final do quarto ano. Qual a quantia a pagar (arredondada às unidades)?
   a) € 300.
   b) € 730.
   c) € 782.
   d) € 879.

2. O Sr. ABC contraiu um empréstimo no valor de € 200 000, o qual irá ser pago em 240 prestações postecipadas, iguais e mensais. A taxa anual nominal é de 1,8%. O valor da prestação a pagar é de:
   a) € 833,33.
   b) € 902,25.
   c) € 997,66.
   d) € 992,93.

3. O Sr. ABC contraiu um empréstimo no valor de € 200 000, o qual irá ser pago em 240 prestações postecipadas, iguais e mensais. A taxa anual nominal é de 1,8%. O valor total dos juros pagos durante todo o processo de amortização é de:
   a) € 35 000,00.
   b) € 38 303,20.
   c) € 38 465,50.
   d) € 37 905,20.

4. Num sistema de amortização de empréstimos através de reembolsos constantes, as prestações periódicas:
   a) São sempre crescentes.
   b) São sempre constantes.

c) São sempre decrescentes.
d) Não podemos generalizar, na medida em que o valor das prestações dependerá da taxa de juro acordada.

5. Num sistema de amortização de empréstimos através de pagamentos constantes, os reembolsos periódicos:
a) São sempre crescentes.
b) São sempre constantes.
c) São sempre decrescentes.
d) Não podemos generalizar, na medida em que o valor dos reembolsos dependerá da taxa de juro acordada.

6. Determinado empréstimo será amortizado pelo sistema de reembolsos contantes. O valor nominal da dívida é de € 100 000, o prazo do empréstimo é de 10 anos e a taxa anual efetiva é de 5%. O valor da 8ª prestação anual será de:
a) € 10 000.
b) € 11 000.
c) € 11 500.
d) € 12 950.

7. Suponha que contraiu um empréstimo de € 10 000, a reembolsar segundo o sistema de reembolsos constantes em 5 anos (com os pagamentos a ocorrerem no final de cada ano), acordando uma taxa de juro efetiva de 8% ao ano. Quanto pagará de juros pelo terceiro ano do empréstimo?
a) € 800.
b) € 640.
c) € 480.
d) € 320.

8. Um empréstimo é reembolsado em 12 meses através de pagamentos de 500 euros no final de cada mês. A taxa de juro anual nominal é de 9%. O montante de juros incluído na última prestação é de:
a) € 3,58.
b) € 3,60.
c) € 3,72.
d) € 3,75.

9. Um empréstimo é amortizado através de pagamentos trimestrais constantes de € 582,68. A tabela seguinte contem informação parcelar do quadro de amortização do empréstimo:

Trimestre	Capital em Dívida no início do trimestre	Quota-Juro
5	4090,23	—
6	3630,26	108,91

Qual o valor do capital em dívida no início do trimestre 7?
a) € 2900,00.
b) € 3156,49.
c) € 3170,29.
d) € 3521,35.

10. Um empréstimo é amortizado através de pagamentos trimestrais constantes de € 582,68. A tabela seguinte contem informação parcelar do quadro de amortização do empréstimo:

Trimestre	Capital em Dívida no início do trimestre	Quota-Juro
5	4090,23	—
6	3630,26	108,91

Qual o valor da quota-juro do trimestre 5?
a) € 94,69.
b) € 108,91.
c) € 122,71.
d) Outro valor.

11. Suponha que contraiu um empréstimo segundo o sistema de pagamentos constantes, com os pagamentos de € 582,77 a ocorrerem no final de cada ano. Se a quota-juro do ano passado foi de € 79,35 e a deste ano foi de € 54,18, qual a taxa de juro do empréstimo?

12. O Sr. Endividado contraiu um empréstimo de € 20 000 por 5 anos, acumulando juros à taxa efetiva de 5% ao ano.

a) Construa o quadro de amortização deste empréstimo admitindo que os juros gerados em cada ano são imediatamente pagos e que o capital é amortizado integralmente no vencimento do empréstimo.
b) Suponha que ao fim de 3 anos (imediatamente após o pagamento correspondente a esse ano) o devedor solicita o reembolso antecipado dos seus compromissos. Suponha ainda que devedor e credor acordaram, para o efeito, numa taxa de desconto efetiva de 8% ao ano. Qual o montante a pagar? E se tivessem acordado uma taxa de desconto efetiva de 5% ao ano? E se essa taxa efetiva for de 3% ano?

13. O Sr. Endividado contraiu um empréstimo de € 20 000 por 5 anos, acumulando juros à taxa efetiva de 5% ao ano.
a) Construa o quadro de amortização deste empréstimo admitindo que foi convencionado um pagamento único a efetuar no final dos 5 anos.
b) Admita que o devedor, para satisfazer o pagamento a que se comprometeu, decidiu depositar, no final de cada ano, uma certa quantia num fundo de amortização (*sinking fund*), rendendo juros à taxa efetiva de 3% ao ano. Quanto é que deposita cada ano? Construa uma tabela que descreva o plano do fundo de amortização.

14. O Sr. Endividado contraiu um empréstimo de € 20 000 por 5 anos, acumulando juros à taxa efetiva de 5% ao ano.
a) Supondo que foi estipulado um regime de pagamentos constantes, isto é, com amortização periódica pelo chamado «sistema francês», construa o respetivo quadro de amortização.
b) Suponha que ao fim de três anos (imediatamente após o pagamento correspondente a esse ano) o devedor solicita o reembolso antecipado dos seus compromissos. Suponha ainda que devedor e credor acordaram, para o efeito, numa taxa de desconto efetiva de 8% ao ano. Qual o montante a pagar? E se tivessem acordado uma taxa de desconto efetiva de 5% ao ano? E se essa taxa efetiva for de 3% ano?

15. O Sr. Endividado contraiu um empréstimo de € 20 000 por 5 anos, acumulando juros à taxa efetiva de 5% ao ano.
a) Supondo que foi estipulado um regime de reembolsos constantes, construa o respetivo quadro de amortização.

b) Suponha que ao fim de três anos (imediatamente após o pagamento correspondente a esse ano) o devedor solicita o reembolso antecipado dos seus compromissos. Suponha ainda que devedor e credor acordaram, para o efeito, numa taxa de desconto efetiva de 8% ao ano. Qual o montante a pagar? E se tivessem acordado uma taxa de desconto efetiva de 5% ao ano? E se essa taxa efetiva for de 3% ano?

16. Uma empresa contraiu um empréstimo de € 500 000, com um prazo de três anos, vencendo juros semestrais em regime de capitalização composta à taxa anual nominal de 6%.
   a) Suponha que foi estipulado que, devido às dificuldades financeiras da empresa, apenas seriam pagos os juros e não haveria reembolso do capital durante o primeiro ano de vida do empréstimo. Acordou-se, ainda, que 50% do valor do empréstimo seria reembolsado nas quatro prestações seguintes (isto é, da terceira à sexta) em regime de reembolsos constantes. Os 50% restantes seriam pagos na data final de vencimento do empréstimo. Construa uma tabela onde se evidencie o juro vencido todos os semestres, o capital em dívida e os pagamentos a efetuar em cada semestre pela empresa devedora (distinguindo a quota-juro da quota-capital).
   b) Suponha, alternativamente, que foi estipulado um regime de 6 pagamentos semestrais constantes, isto é, com amortização periódica pelo chamado «sistema francês», sem diferimento. Diga, justificadamente, qual o montante a pagar no sexto semestre distinguindo a quota-juro da quota-capital.
   c) No cenário da alínea b), suponha que imediatamente após o 5º pagamento a empresa solicita o reembolso antecipado dos seus compromissos. Suponha ainda que devedor e credor acordaram, para o efeito, o pagamento de um montante de € 89 178. Qual a TIR obtida pelo banco financiador implícita neste acordo?

17. Uma empresa obteve um empréstimo bancário de € 5 000 000. O empréstimo deve ser reembolsado em 5 prestações anuais e iguais, a primeira das quais um ano após o desembolso. As prestações são calculadas a uma taxa de juro anual efetiva de 10%.
   a) Calcule o valor de cada prestação e os juros totais nos 5 anos de vida do empréstimo.

b) Imediatamente após o segundo pagamento, a empresa pediu ao banco para reescalonar o reembolso por forma a que ele ocorresse ao longo dos 5 anos seguintes. O banco concordou na condição de a taxa de juro passar a ser de 12% anual efetiva e ainda de os pagamentos serem feitos no fim de cada trimestre.

b_1) Calcule o valor da nova prestação trimestral.

b_2) Qual o valor da quota-juro da segunda prestação trimestral?

18. A D. Rosa contraiu um empréstimo bancário de € 135 000 para compra de uma casa nas seguintes condições:
- taxa de juro anual nominal de 6% ao ano;
- sistema de pagamentos constantes com pagamentos trimestrais postecipados;
- prazo de 20 anos.

a) Determine o valor de cada um dos pagamentos trimestrais que a D. Rosa tem de efetuar.

b) Qual o valor da quota de capital paga na primeira prestação?

c) A meio do prazo (ou seja, ao fim de 40 pagamentos trimestrais) contactou o banco no sentido de alterar o sistema de amortização, passando de um sistema de pagamentos constantes para um sistema de reembolsos constantes. O banco acedeu mas procedeu a uma revisão da taxa de juro praticada. Sabendo que a primeira prestação trimestral depois desta alteração foi de € 3655,08, diga qual foi a taxa de juro trimestral efetiva praticada após a revisão.

19. A SóniaCapital obteve um empréstimo de € 50 000 junto do BancoNovo nas seguintes condições:
- taxa de juro anual nominal de 5%;
- período de diferimento de 2,5 anos;
- pagamentos semestrais postecipados constantes e iguais a € 1944,55.

a) Qual é o valor da quota-capital da 1ª prestação?

b) Qual o prazo do empréstimo?

20. A Sra. Devedora pediu um empréstimo de € 10 000 por um prazo de dois anos. O Banco EMP, que concedeu o empréstimo, aplica uma taxa de juro anual nominal de 6% com pagamentos mensais constantes.

a) Diga qual o valor de cada pagamento mensal.

b) Sabendo que no início do mês 11 o capital em dívida era de € 5978,28, diga qual o capital em dívida no início do mês 12.

c) Suponha que a Sra. Devedora podia escolher entre um sistema de pagamentos constantes e um sistema de reembolsos constantes. Sabendo que no sistema de pagamentos constantes o valor dos juros totais pagos é maior, que razões terão levado a Sra. Devedora a optar por este sistema?

Soluções

1. A resposta certa é a alínea c).
   $5000 = 1200\,(1+3{,}5\%)^{-1} + 1500\,(1+3{,}5\%)^{-2} + 2000\,(1+3{,}5\%)^{-2}\,(1+5\%)^{-1} + X\,(1+3{,}5\%)^{-2}\,(1+5\%)^{-2}$. Donde X = 782.

2. A resposta certa é a alínea d).
   Taxa efetiva mensal = 1,8%/12 = 0,15%.
   $200\,000 / [(1-1{,}0015^{-240}) / 0{,}15\%] = 992{,}93$.

3. A resposta certa é a alínea b).
   Juros totais = 240 × 992,93 – 200 000 = € 38 303,20.

4. A resposta certa é a alínea c). Se os reembolsos são constantes, as prestações são decrescentes porque os juros vão diminuindo à medida que o capital em dívida também vai diminuindo.

5. A resposta certa é a alínea a). Se os pagamentos são constantes os reembolsos de capital são crescentes dado que, em virtude da diminuição do capítal em dívida, os juros vão diminuindo.

6. A resposta certa é a alínea c).
   Reembolso constante = 100 000/10 = 10 000.
   Capital em dívida após o pagamento da 7ª prestação = 100 000 – 7 × 10 000 = 30 000
   Juros do 8º ano = 30 000 × 5% = 1500.
   8ª prestação = 10 000 + 1500 = 11 500.

7. A resposta certa é a alínea c).
   Valor de cada reembolso = 10 000/5 = 2000.
   Capital em dívida no fim do ano 2 = 10 000 – 2 × 2000 = 6000.
   Juros do 3º ano = 6000 × 8% = 480.

8. A resposta certa é a alínea c).
   Taxa de juro mensal efetiva = 9%/12 = 0,75%.

Seja M_{11} o capital em dívida ao fim de 11 meses. Então M_{11} (1 + 0,75%) = 500, ou seja, M_{11} = 496,28. J_{12} = 500 – 496,28 = 3,72 ou J_{12} = 496,28 × 0,75% = 3,72.

9. A resposta certa é a alínea b).
Reembolso de capital no trimestre 6 = 582,68 – 108,91 = 473,77.
Capital em dívida no início do trimestre 7 = 3630,26 – 473,77 = 3156,49.

10. A resposta certa é a alínea c).
Taxa de juro do empréstimo = 108,91 / 3630,26 = 3%.
Quota-juro do trimestre 5 = 4090,23 × 3% = 122,71.

11. No ano passado o capital em dívida diminuiu 582,77 – 79,35 = 503,42.
Este ano os juros diminuíram 79,35 – 54,18 = 25,17.
Se uma diminuição de capital de 503,42 levou a uma diminuição de juros de 25,17, então a taxa de juro é 25,17 / 503,42 = 5% ao ano.

12.

a)

Período	Capital em Dívida Início do Período	Juros	Quota-Juro	Quota-Capital	Prestação	Capital em Dívida Fim do Período
1	20 000	1000	1000	0	1000	20 000
2	20 000	1000	1000	0	1000	20 000
3	20 000	1000	1000	0	1000	20 000
4	20 000	1000	1000	0	1000	20 000
5	20 000	1000	1000	20 000	21 000	0

b)

Período	Capital em Dívida Início do Período	Juros	Quota-Juro	Quota-Capital	Prestação	Estado
1	20 000	1000	1000	0	1000	Efetuado
2	20 000	1000	1000	0	1000	Efetuado
3	20 000	1000	1000	0	1000	Efetuado
4	*20 000*	*1000*	*1000*	*0*	*1000*	*Por Efetuar*
5	*20 000*	*1000*	*1000*	*20 000*	*21000*	*Por Efetuar*

Prazo	Pagamento em falta	Taxa de Juro / Valor Atual		
		3%	5%	8%
1	1000	970,9	952,4	930,2
2	21 000	19 794,5	19 047,6	18 172,0
	Montante a pagar	*20 765,4*	*20 000,0*	*19 102,2*

13.

a)

Período	Capital em Dívida Início do Período	Juros	Quota-Juro	Quota-Capital	Prestação	Capital em Dívida Fim do Período
1	20 000	1000	0	0	0	21 000
2	21 000	1050	0	0	0	22 050
3	22 050	1103	0	0	0	23 153
4	23 153	1158	0	0	0	24 310
5	24 310	1216	5526	20 000	25 526	0

b)

Objetivo: Acumular € 25 526 no fim do ano 5, sendo a taxa de juro de 3%.

Anuidade: $25526 = P\,\dfrac{(1+3\%)^5 - 1}{3\%}$, donde $P = 4807{,}90$.

Ano	Quantia a Colocar no Final do Ano	Juro Anual	Valor Acumulado Final do Ano
1	4807,9	0	4808
2	4807,9	144	9760
3	4807,9	293	14 861
4	4807,9	446	20 114
6	4807,9	603	25 526

14.

a) Prestação: $20000 = P\,\dfrac{1-(1+3\%)^{-5}}{3\%}$, donde $P = 4619$.

Período	Capital em Dívida Início do Período	Juros	Quota-Juro	Quota-Capital	Prestação	Capital em Dívida Fim do Período
1	20 000	1000	1000	3619	4619	16381
2	16 381	819	819	3800	4619	12580
3	12 580	629	629	3990	4619	8590
4	8590	429	429	4190	4619	4400
5	4400	220	220	4400	4619	0

b)

Período	Capital em Dívida Início do Período	Juros	Quota-Juro	Quota-Capital	Prestação	Estado
1	20 000	1000	1000	3619	4619	Efetuado
2	16 381	819	819	3800	4619	Efetuado
3	12 580	629	629	3990	4619	Efetuado
4	*8590*	*429*	*429*	*4190*	*4619*	*Por Efetuar*
5	*4400*	*220*	*220*	*4400*	*4619*	*Por Efetuar*

Prazo	Pagamento	Taxa de Juro / Valor Atual		
		3%	5%	8%
1	4619	4485	4400	4297
2	4619	4354	4190	3997
	Montante a pagar	*8839*	*8590*	*8295*

15.

a)

Período	Capital em Dívida Início do Período	Juros	Quota-Juro	Quota-Capital	Prestação	Capital em Dívida Fim do Período
1	20 000	1000	1000	4000	5000	16 000
2	16 000	800	800	4000	4800	12 000
3	12 000	600	600	4000	4600	8000
4	8000	400	400	4000	4400	4000
5	4000	200	200	4000	4200	0

b)

Período	Capital em Dívida Início do Período	Juros	Quota-Juro	Quota-Capital	Prestação	Estado
1	20 000	1000	1000	4000	5000	Efetuado
2	16 000	800	800	4000	4800	Efetuado
3	12 000	600	600	4000	4600	Efetuado
4	*8000*	*400*	*400*	*4000*	*4400*	*Por Efetuar*
5	*4000*	*200*	*200*	*4000*	*4200*	*Por Efetuar*

Prazo	Pagamento	Taxa de Juro / Valor Atual		
		3%	5%	8%
1	4400	4272	4190	4093
2	4200	3959	3810	3634
	Montante a pagar	*8231*	*8000*	*7727*

16.

a)

Período	Capital em Dívida Início do Período	Juros	Quota-Juro	Quota-Capital	Prestação	Capital em Dívida Fim do Período
1	500 000	15 000	15 000	0	15 000	500 000
2	500 000	15 000	15 000	0	15 000	500 000
3	500 000	15 000	15 000	62 500	77 500	437 500
4	437 500	13 125	13 125	62 500	75 625	375 000
5	375 000	11 250	11 250	62 500	73 750	312 500
6	312 500	9375	9375	312 500	321 875	0

b) Prestação constante: $P = 500\ 000 / [(1 - (1+3\%)^{-6}) / 3\%] = 92\ 298{,}75$.
Capital em dívida após o pagamento da 5ª prestação = 92 298,75 / (1+3%) = 89 610,44.
6ª prestação:
- quota-juro = 89 610,44 × 3% = 2688,31
- quota-capital = 92 298,75 – 2688,31 = 89 610,44.

c) Prestação em falta devida daqui a um ano = 92 298,75.
89 178 = 92 298,75 (1+TIR). Donde TIR = 3,50% por semestre.

17.

a) Prestação anual = $5\ 000\ 000 / [(1 - (1+10\%)^{-5}) / 10\%] = 1\ 318\ 987{,}40$.
Juros totais = 5 × 1 318 987,40 – 5 000 000 = 1 594 937,02.

b) Capital em dívida após a 2ª prestação anual:
$1\ 318\ 987{,}40 \times [(1 - (1+10\%)^{-3}) / 10\%] = 3\ 280\ 126{,}45$.
Taxa efetiva trimestral = $(1+12\%)^{1/4} - 1 = 2{,}8737\%$.

b1) Prestação trimestral = $3\ 280\ 126{,}45 / [(1 - (1+2{,}8737\%)^{-20}) / 2{,}8737\%] = 217\ 909{,}56$.

b2) Capital em dívida após a 1ª prestação trimestral:
3 280 126,45 – (217 909,56 – 3 280 126,45 × 2,8737%) = 3 156 477,89.
Quota-juro da 2ª prestação trimestral = 3 156 477,89 × 2,8737% = 90 707,70.

18.

a) Taxa efetiva trimestral = 1,5%
Valor da prestação trimestral: $135\ 000 / [(1 - (1+1{,}5\%)^{-80}) / 1{,}5\%] = 2909{,}02$.

b) Juros do 1º trimestre = 135 000 × 1,5% = 2025.
Quota-capital = 2909,02 – 2025 = 884,02.

c) Valor em dívida ao fim de 40 pagamentos:
$2909,02 \times [(1 - (1+1,5\%)^{-40}) / 1,5\%] = 87\,025,79$.
Valor de cada reembolso constante de capital = 87 025,79 / 40 = 2175,64.
Juros do 41° trimestre = 3655,08 – 2175,64 = 1479,44.
Taxa de juro trimestral = 1479,44 / 87 025,79 = 1,7%.

19.

a) Taxa efetiva semestral = 2,5%
Valor em dívida ao fim de 2,5 anos = $50\,000\,(1 + 2,5\%)^5 = 56\,570,40$.
Juros do 1° semestre = 56 570,40 × 2,5% = 1414,26.
Quota-capital = 1944,55 – 1414,26 = 530,29.

b) Se o capital em dívida é 56 570,40, a taxa de juro 2,5% e o valor de cada prestação 1944,55, então o número de prestações semestrais é 50. O prazo do empréstimo é 2,5 + 50/2 = 27,5 anos.

20.

a) Taxa efetiva mensal = 0,5%.
Valor da prestação mensal: $10\,000 / [(1 - (1+0,5\%)^{-24}) / 0,5\%] = 443,21$.

b) Quota-juro do mês 11 = 5978,28 × 0,5% = 29,89.
Quota-capital do mês 11 = 443,21 – 29,89 = 413,32.
Capital em dívida no início do mês 12 = 5978,28 – 413,32 = 5564,96.

c) Embora num sistema de pagamentos constantes o valor dos juros totais pagos seja maior que num sistema de reembolsos constantes, o esforço financeiro inicial é menor.

CAPÍTULO 5

—

CÁLCULO FINANCEIRO EM EXCEL

Objetivos do Capítulo

Após a leitura deste capítulo o leitor deverá estar apto a:

i) Compreender a utilidade das funções financeiras do Excel para a resolução de problemas de cálculo financeiro;

ii) Saber utilizar a funções *PV/VA*, *FV/VF*, *PMT/PGTO*, *IPMT/IPGTO*, *PPMT/PPGTO*, *NPER/NPER* e *RATE/TAXA* no contexto de problemas de atualização e capitalização de rendas periódicas constantes, postecipadas ou antecipadas, e com ou sem um pagamento final distinto da renda periódica;

iii) Utilização as funções *NPV/VAL* e *IRR/TIR* para a determinação de valores atuais de pagamentos inconstantes e para a taxa interna de rentabilidade associada a pagamentos inconstantes;

iv) Construir quadros de amortização de empréstimos com recurso às funções financeiras do Excel.

5.1 Cálculo em Excel de Valores Atuais e Valores Futuros de uma quantia única

Suponha que se pretende determinar o *Valor Futuro* de um capital investido hoje no valor de €1 000 e que irá ser capitalizado durante 5 anos à taxa de juro efetiva anual de 4%. Vai-se daqui em diante colocar os dados do problema (os inputs) em cor cinza, com a descrição dos mesmos a negro. O resultado final será dado a **negro carregado** (tal como a descrição do resultado).

Assim, em termos de Excel, chamando C0 ao capital inicial, n ao número de períodos (anos) e R à taxa de juro (0.04), ter-se-á que C5, o capital ao final de 5 períodos, será calculado na célula B4 (cruzamento entre a coluna B e a linha 4) com a inscrição da fórmula =+B1*(1+B3)^B2 como segue:

TABELA 5.1

	A	B
1	C0	1000
2	n	5
3	R	0,04
4	**C5**	**=+B1*(1+B3)^B2**

O resultado final (notar que a célula B3 pode ser formatada como percentagem por via do menu *Home-Number-Percentage*) será então:

TABELA 5.2

	A	B
1	C0	1000
2	n	5
3	R	4%
4	**C5**	**1216,65**

Uma alternativa ao cálculo do Valor Futuro como efetuado atrás seria a utilização de uma fórmula financeira especial (*FV/VF*), que embora sendo sobretudo aplicável a rendas periódicas, poderia também ser utilizada aqui. Mas deixar-se-á a explicação dessa alternativa para um momento posterior (no exemplo 5.6 abaixo).

De forma semelhante, é possível calcular um *Valor Atual* no Excel da forma ilustrada no exemplo seguinte: suponha que se pretende determinar o Valor Atual de uma soma de € 5000 que é devida daqui a 3,5 anos, para uma taxa de juro anual nominal (R) de 3%, capitalizável semestralmente. Designando por C3.5 o valor a receber no momento 3,5 e por C0 o valor atual dessa quantia, a tabela 5.3 apresenta os dados e fórmulas relevantes enquanto na tabela 5.4 são apresentados os resultados:

TABELA 5.3

	A	B
11	C3.5	5000
12	n(anos)	3,5
13	n(semestres)	=+B12*2
14	R(anual nominal)	0,03
15	**C0**	**=+B11*(1+B14/2)^-B13**

TABELA 5.4

	A	B
11	C3.5	5000
12	n(anos)	3,5
13	n(semestres)	7
14	R(anual nominal)	3%
15	**C0**	**4505,13**

5.2 Cálculo em Excel do Valor Atual e Futuro de Rendas Periódicas

Quando estão em causa cálculos de *Valores Atuais e Futuros de rendas periódicas de termos constantes* (que podem ser seguidas ou não por um valor no final diferente do montante dessas rendas), o Excel utiliza uma fórmula cujos parâmetros têm uma correspondência direta com um conjunto de funções financeiras especiais.

Em termos matemáticos, e usando a terminologia de capítulos anteriores, a fórmula corresponde ao *Valor Atual (C_0) de n prestações periódicas postecipadas constantes P* mais o valor atual de um Valor Final, ou Futuro (VF_n) localizado no momento n, para uma taxa de juro periódica R. Ou seja,

$$C_0 = P\left[\frac{1-(1+R)^{-n}}{R}\right] + VF_n(1+R)^{-n} \qquad [5.1]$$

Em termos da nomenclatura usada pelo Excel, a fórmula [5.1] é apresentada da seguinte forma (na versão do Excel em inglês):

$$PV = PMT\left[\frac{1-(1+RATE)^{-NPER}}{RATE}\right] + FV(1+RATE)^{-NPER} \qquad [5.2]$$

Na versão do Excel em português, ter-se-á a expressão [5.3]:

$$VA = PGTO\left[\frac{1-(1+TAXA)^{-NPER}}{TAXA}\right] + VF(1+TAXA)^{-NPER} \qquad [5.3]$$

É de salientar que a lógica da definição das funções do Excel *PV, PMT, RATE, NPER* e *RATE* (ou as correspondentes em português) passa por assumir que quando se usa uma dessas funções, se pretende determinar o valor da variável com a designação dessa função, conhecidos os valores dos demais parâmetros das equações [5.2] ou [5.3]. Por outras palavras, se se pretende por exemplo determinar o valor atual de rendas periódicas (C_0), é suposto usar a função *PV* (ou *VA* no Excel português) conhecidos os valores numéricos do pagamento periódico (*P*, ou *PMT/PGTO*), da taxa de juro (*R*, ou *RATE/TAXA*), do número de períodos (*n*, ou *NPER/NPER*) e do Valor Final a pagar (VF_n, ou *FV/FV*). Já se o objetivo for determinar, por exemplo, o pagamento periódico *P* uma vez sendo conhecidos os parâmetros do capital inicial, da taxa de juro, do número de períodos e do valor final, a função Excel a utilizar seria a *PGTO/PMT*.

Para utilizar funções financeiras, basta selecionar uma célula na folha de cálculo onde se pretende mostrar o resultado, selecionar depois o ícone ***fx*** na linha de introdução de dados e procurar a função desejada dentro da categoria de *funções financeiras*.

Na introdução de dados nas diversas fórmulas do Excel, convém atender ao facto de que as fórmulas assumem que uma *entrada de dinheiro e uma saída de dinheiro do ponto de vista de um investidor (ou de um Banco) deverão sempre ter sinais opostos*. Ou seja, se se pretende obter o valor de um pagamento periódico *P* (que queremos observar com um valor positivo) deveremos introduzir no Excel o capital inicial (C_0) com um valor negativo (e vice versa).

Um outro aspeto a tomar em atenção é a existência de um campo nas fórmulas do Excel (apresentadas nas equações [5.2] ou [5.3]) designada de *Type* (em inglês) ou *Tipo* (em português) e que se destina a identificar se as rendas em questão são *postecipadas* (caso em que o campo *Type* = 0 ou o valor é omisso) ou *antecipadas* (situação em que *Type* = 1). É de referir que o campo *Type/Tipo* altera a localização do início dos pagamentos periódicos P mas não altera a localização temporal do Valor Final (*VF/FV*) que se manterá sempre no momento n.

No caso de *rendas periódicas constantes antecipadas*, a fórmula de cálculo [5.1] altera-se para

$$C_0 = P(1+R)\left[\frac{1-(1+R)^{-n}}{R}\right] + VF_n(1+R)^{-n} \qquad [5.4]$$

Em termos de Excel ter-se-á naturalmente nesse caso (para *Type/Tipo* = 1) que o cálculo será efetuado como

$$PV = PMT(1+RATE)\left[\frac{1-(1+RATE)^{-NPER}}{RATE}\right] + FV(1+RATE)^{-NPER} \qquad [5.5]$$

Na versão do Excel em português, a expressão [5.3] com rendas antecipadas surge então na forma

$$VA = PGTO(1+TAXA)\left[\frac{1-(1+TAXA)^{-NPER}}{TAXA}\right] + VF(1+TAXA)^{-NPER} \qquad [5.6]$$

Exemplo 5.1 – Determinação em Excel do valor de cada pagamento periódico constante

Admita que o Aldegundes deseja conhecer o valor a pagar mensalmente por um crédito à habitação com um prazo de 25 anos e uma periodicidade de pagamentos mensais postecipados. A taxa definida para o empréstimo é de 4% anual nominal e foi acordado com o banco que essa taxa seria fixa ao longo de todo o período. Nessas circunstâncias, e recorrendo às funções Excel, determine quanto terá o Aldegundes de pagar mensalmente ao Banco se o valor do empréstimo a contratar for de € 150 000.

Os dados a introduzir no Excel (a azul) e a fórmula de cálculo são (notar que o capital de € 150 000 é introduzido na fórmula com um sinal negativo por forma a que o resultado em termos de pagamento periódico seja positivo – ver texto atrás), com utilização da função *PMT*[1] (*PGTO*[2]):

	A	B
21	C0	150000
22	R (anual nominal)	0,04
23	n (anos)	25
24	VF (Valor, ou Pagamento, Final)	0
25	Tipo	0
26	**P**	**=+PMT(22/12;B23*4;-B21;+B24;B25)**

E, em termos de resultados ter-se-á:

	A	B
21	C0	150000
22	R (anual nominal)	4%
23	n (anos)	25
24	VF (Valor, ou Pagamento, Final)	0
25	Tipo	0
26	**P**	**1766,34**

Exemplo 5.2 – Cálculo em Excel do valor atual de uma série de pagamentos periódicos constantes

Considere que o Tenório sabe que, atendendo aos seus rendimentos e despesas habituais, pode pagar uma prestação mensal de € 500 por mês durante quatro anos por um automóvel que pretende adquirir em regime de Locação Financeira (*Leasing*). Existe uma instituição financeira que se dispõe a fazer o financiamento com uma taxa de juro anual nominal de 5% e sem nenhum valor adicional a pagar no final. Assumindo que os pagamentos mensais são antecipados, qual o preço de venda máximo que o Tenório poderá ambicionar para a aquisição do veículo?

[1] *Payment*.
[2] Pagamento.

Nesta situação, pretende-se determinar o valor inicial do empréstimo (C0) conhecidos os parâmetros de taxa de juro (*R*), número de períodos (*n*) e pagamentos periódicos (*P*). pelo que ter-se-á que utilizar a função *PV*[3] *(ou VA*[4]*)*. Por outro lado, o facto de serem rendas antecipadas implica que o *Tipo*=1.

Nesses termos, a solução no Excel será obtida da seguinte forma:

	A	B
30	P	500
31	R (anual nominal)	0,05
32	n (anos)	4
33	VF (Valor, ou Pagamento, Final)	0
34	Tipo	1
35	**CO**	**=PV(B31/12;B32*12;-B30;B33;B34)**

	A	B
30	P	500
31	R (anual nominal)	5%
32	n (anos)	4
33	VF (Valor, ou Pagamento, Final)	0
34	Tipo	1
35	**CO**	**21801,94**

O valor máximo do automóvel que poderá ser adquirido ascenderá, assim, a € 21 801,94.

[3] *Present Value.*

[4] Valor Atual.

Exemplo 5.3 – Determinação em Excel do valor final a pagar numa série de pagamentos periódicos constantes

Usando o mesmo exemplo 5.2 anterior, suponha agora que o Tenório, antes de assinar o contrato de *Leasing*, reviu as suas estimativas e concluiu que apenas poderia poupar € 350 por mês. Admitindo que ele pretende manter o mesmo valor do automóvel de € 21 801,94, refira que montante terá que ser deixado para um pagamento final após 4 anos, momento em que ele admite poder vir a receber uma certa quantia a título de herança.

Nesta nova situação, conhecemos o valor inicial do empréstimo (C_0) e todos os demais parâmetros à exceção do Valor Final (*FV*[5]/*VF*[6]). O valor a apurar será então obtido da seguinte maneira:

	A	B
40	P	350
41	R (anual nominal)	0,05
42	n (anos)	4
43	C0	21801,94
44	Tipo	1
45	**VF (Valor, ou Pagamento, Final)**	**=FV(B41/12;B42*12;-B40;B43;B44)**

	A	B
40	P	350
41	R (anual nominal)	5%
42	n (anos)	4
43	C0	21801,9
44	Tipo	1
45	**VF (Valor, ou Pagamento, Final)**	**7985,36**

Notar que se na fórmula em B45 se pretender que o Valor a pagar no final (*VF*) seja positivo, ter-se-á que assegurar uma coerência com o sinal dos pagamentos (positivo), ao mesmo tempo que mantendo um sinal oposto ao do empréstimo inicial introduzido na função (sinal negativo).

[5] *Future Value.*
[6] Valor Futuro.

Exemplo 5.4 – Apuramento em Excel da taxa de juro implícita numa serie de pagamentos constantes

Admita que o Zifrónio viu um anúncio referindo que num empréstimo de € 100 000 a 10 anos um cliente teria que fazer pagamentos trimestrais constantes, postecipados no valor de € 3 000 e um pagamento adicional no final dos 10 anos de "apenas € 30 000" para além da prestação trimestral devida nessa data. Dado que o Zifrónio tem uma visão imperfeita, não conseguiu ler nas letras pequenas do anúncio o valor da taxa de juro anual efetiva correspondente. De quanto serão as taxas (i) trimestral efetiva, (ii) anual efetiva e (iii) anual nominal, correspondentes a este empréstimo?

Nesta situação, poder-se-á utilizar a função *RATE* (*TAXA* em português) já que todos os parâmetros, com exceção da taxa de juro, são conhecidos. Os parâmetros do Excel e os resultados são os seguintes:

	A	B
98	P	3000
99	VF (Valor, ou Pagamento, Final)	30000
100	n (anos)	10
101	CO	100000
102	Tipo	0
103	**R (trimestral efetiva)**	**=RATE(B100*4;B98;-B101;+B99;B102)**
104	**R (anual efetiva)**	**=+(1+B103)^4-1**
105	**R (anual nominal)**	**=+B103*4**

	A	B
98	P	3000
99	VF (Valor, ou Pagamento, Final)	30000
100	n (anos)	10
101	CO	100000
102	Tipo	0
103	**R (trimestral efetiva)**	**1,79%**
104	**R (anual efetiva)**	**7,34%**
105	**R (anual nominal)**	**7,15%**

Exemplo 5.5 – Apuramento em Excel do número de períodos de uma série de pagamentos periódicos constantes

A D. Finófila reparou num anúncio numa revista popular que publicitava a possibilidade de um crédito ao consumo. Nesse financiamento, por cada € 500 euros, o cliente teria apernas que pagar exatamente € 6 por mês, o que não lhe pareceu muito elevado. Tendo procurado no referido anúncio qual o prazo de duração do crédito, a D. Finófila não conseguiu, todavia, encontrar essa informação. Reparou, no entanto, que o anúncio referia que a taxa anual nominal do empréstimo era de 7,748% ao ano. Nessas condições, qual a duração do referido crédito?

Nesta situação, poderá usar-se a função *NPER*[7] (em português ou inglês), uma vez que estão já determinados os valores dos restantes parâmetros (taxa de juro, capital inicial e valor final).

A solução no Excel será então a seguinte:

	A	B
110	P	6
111	VF (Valor, ou Pagamento, Final)	0
112	R (anual nominal)	0,07748
113	C0	500
114	Tipo	0
115	**n (meses)**	**=NPER(B112/12;-B110;-B113;+B111;B114)**
116	**n (anos)**	**=+B115/12**

O que resulta em

	A	B
110	P	6
111	VF (Valor, ou Pagamento, Final)	0,00
112	R (anual nominal)	7,748%
113	C0	500
114	Tipo	0
115	**n (meses)**	**120,00**
116	**n (anos)**	**10,00**

[7] *Number of Periods* (ou, em português, *Número de Períodos*).

EXEMPLO 5.6 – UTILIZAÇÃO DAS FUNÇÕES DO EXCEL RELATIVAS A PAGAMENTOS PERIÓDICOS CONSTANTES PARA DETERMINAR O VALOR FUTURO OU ATUAL DE UM PAGAMENTO ÚNICO

Considere o exemplo visto anteriormente nas tabelas 5.1. e 5.2. Será possível utilizar as fórmulas do Excel presentes nas expressões [5.2] ou [5.3] para chegar ao mesmo resultado? A resposta é afirmativa pois que se trata de uma situação particular de uma série de pagamentos constantes com pagamento final onde (i) cada pagamento periódico é zero, (ii) o valor do capital inicial é conhecido, e também estão pré-determinados (iii) o prazo e (iv) a taxa de juro. Nesses termos, é possível calcular o valor futuro da quantia de € 1000 investida hoje à taxa de 4% por um período de 5 anos como segue:

	A	B
121	P	0
122	n (meses)	5
123	R (anual nominal)	0,04
124	C0	1000
125	Tipo	0
126	**VF (Valor, ou Pagamento, Final)**	**=+FV(B123;B122;B121;-B124;B125)**

E encontrar-se-á o mesmo resultado constante da Tabela 5.2:

	A	B
121	P	0
122	n (meses)	5
123	R (anual nominal)	4%
124	C0	1000
125	Tipo	0
126	**VF (Valor, ou Pagamento, Final)**	**1216,65**

De forma equivalente, poder-se-ia determinar o valor atual mencionado nas tabelas 5.3. e 5.4 através da função *PV* (*VA*). Assim, sendo o capital a receber daqui a 3,5 anos de € 5000, e a taxa anual nominal de 3%, é possível calcular o capital inicial da seguinte forma:

	A	B
129	P	0
130	n (meses)	3,5
131	n (semestres)	=+B130*2
132	R (anual nominal)	0,03
133	VF (Valor, ou Pagamento, Final)	5000
134	Tipo	0
135	**C0**	**=+PV(B132/2;B131;-B129;-B133;B134)**

levando ao mesmo resultado da tabela 5.4:

	A	B
129	P	0
130	n (meses)	3,5
131	n (semestres)	7
132	R (anual nominal)	3%
133	VF (Valor, ou Pagamento, Final)	5000
134	Tipo	0
135	**C0**	**4505,13**

5.3 Cálculo em Excel do Valor Atual e da Taxa Interna de rentabilidade de uma série de pagamentos não constantes

Quando em presença de séries de fluxos financeiros que não apresentam uma periodicidade ou constância adequadas à aplicação das funções vistas na secção 5.2, existem outras funções no Excel que permitem o apuramento de dois importantes parâmetros, a taxa de juro (ou taxa de rendimento implícita) e o valor atual dos fluxos financeiros futuros (não constantes). Essas funções designam-se respetivamente por *NPV*[8] (*VAL*[9] em português) ou por *IRR*[10] (*TIR*[11] em português).

Os exemplos seguintes ilustram a sua utilização na prática. No caso do *NPV* (*VAL*), uma chamada de atenção é que o Excel considera que o primeiro dos fluxos futuros selecionados que se pretendem atualizar se situa exatamente um período afastado do momento zero. Isso significa que quando se pretenda determinar um "Valor Atualizado Líquido" de fluxos financeiros em que o primeiro coincide com o momento zero, este fluxo deverá estar ausente da fórmula *NPV* (*VAL*). Já no caso da *IRR* (*TIR*) o Excel assume que o primeiro dos fluxos financeiros corresponde ao momento zero da operação financeira.

Exemplo 5.7 – Determinação em Excel do valor atual de uma série de pagamentos não constantes

A empresa Valmuito, S.A. está a analisar um projeto de investimento no qual pretende investir hoje (momento "zero)" o valor de € 500 000, esperando que no final dos períodos seguintes sejam os seguintes fluxos financeiros (em €):

Anos	1	2	3	4	5
Fluxos Financeiros Futuros	-40000	80000	150000	350000	400000

8 *Net Present Value.*

9 Valor Atualizado Líquido. Notar que apesar da designação ser idêntica no Excel, o conceito genuíno do chamado Valor Atualizado Líquido é a diferença entre o valor dos fluxos financeiros futuros (o "VAL" do Excel) e o valor do investimento que irá ser realizado momento zero (que não carece de atualização).

10 *Internal Rate of Return.*

11 Taxa Interna de Rentabilidade.

Nestas condições, assumindo que a taxa de desconto adequada é de 7% ao ano, valerá a pena realizar o investimento?

Nesta situação, pretende-se verificar se o valor atual dos fluxos financeiros gerados pelo projeto no futuro será ou não superior ao valor do investimento a realizar hoje. Para responder a esta questão pode-se recorrer à função *NPV* (*VAL*) da seguinte forma:

	A	B	C	D	E	F
141	Anos	1	2	3	4	5
142	Fluxos Financeiros Futuros	-40000	80000	150000	350000	400000
143	Taxa de Desconto					
144	0,07					
145	**Valor Atualizado**					
146	**=+NPV(A144;B142:F142)**					

O resultado final será então

	A	B	C	D	E	F
141	Anos	1	2	3	4	5
142	Fluxos Financeiros Futuros	-40000	80000	150000	350000	400000
143	Taxa de Desconto					
144	7%					
145	**Valor Atualizado**					
146	**707144,40**					

Como o valor atual obtido para a série de fluxos financeiro futuros (€ 707 144,40) é superior ao valor dos investimentos no momento zero (€ 500 000), vale a pena implementar o projeto. Na gíria financeira, dir-se-ia que o Valor Atualizado Líquido deste projeto é positivo (diferença entre o valor de € 707 144,40 – célula A146 – e o valor do investimento, € 500 00, ou seja, igual a € 207 144,40).

EXEMPLO 5.8 – DETERMINAÇÃO EM EXCEL DA TAXA INTERNA DE RENTABILIDADE DE UMA SÉRIE DE PAGAMENTOS NÃO CONSTANTES

Considerando de novo o exemplo 5.7, pretende-se agora determinar qual a taxa de desconto necessária para que a empresa fosse indiferente entre realizar ou não o investimento em causa (isto é, que tenha um Valor Atualizado Líquido de zero).

Nesta situação, haverá que aplicar a função *IRR* (*TIR*) à série de fluxos financeiros que se inicia no momento zero com o investimento de € 500 000 (isto é, um fluxo financeiro negativo de € – 500 000) e termina com o fluxo esperado para o ano 5 (€ 400 000). Usando depois a função *NPV* (*VAL*) deverá obter-se, naturalmente, o resultado de que o Valor Atualizado Líquido do investimento é zero. Assim, ter-se-á

	A	B	C	D	E	F	G
150	Anos	0	1	2	3	4	5
151	Fluxos Financeiros Futuros	-500000	-40000	80000	150000	350000	40000
152	Taxa Interna de Rentabilidade						
153	**=IRR(B141:H151)**						
154	**Valor Atualizado Líquido**						
155	**=+NPV(A153;C151:G151)+B151)**						

Note-se que, conforme mencionado atrás, na utilização da função *NPV* (*VAL*) o fluxo financeiro relativo ao momento zero é deixado de fora da fórmula, sendo adicionado posteriormente o seu valor (naturalmente sem atualização).

O resultado final apresenta-se como segue:

	A	B	C	D	E	F	G
150	Anos	0	1	2	3	4	5
151	Fluxos Financeiros Futuros	-500000	-40000	80000	150000	350000	40000
152	**Taxa Interna de Rentabilidade**						
153	**16,27**						
154	**Valor Atualizado Líquido**						
155	**0,00**						

5.4 Construção em Excel de Quadros de Amortização de Empréstimos

Finalmente, é igualmente possível a construção de quadros de amortização de empréstimos usando várias das funções Excel descritas anteriormente e algumas adicionais. Estas últimas incluem as funções *IPMT*[12] (*IPGTO*[13] em português) para determinação da quota-juro de uma prestação constante num determinado período, e *PPMT*[14] (*PPGTO*) para a obtenção da quota-capital. Os parâmetros necessários a estas duas funções são os mesmos dos estabelecidos para a função *PMT* (*PGTO*) já anteriormente vista, exceto que haverá agora que indicar adicionalmente qual o período (*PER*[15] em inglês ou português) a que diz respeito a particular quota-juro ou quota-capital que se pretende calcular[16].

Repare-se que na construção de um Mapa de Amortização, o valor em dívida no início de cada período pode ser obtido quer a partir do valor do capital iniciado deduzido de todas as prestações de capital já ocorridas (isto é, olhando para o passado), como por via da determinação do valor atual de todos os montantes que faltam pagar nessa mesma data.

Exemplo 5.9 – Construção em Excel de um quadro de amortização de empréstimos

Suponha que o Ferdinando pretende contrair um crédito pessoal no valor de € 15 000 por um período de 4 anos, com uma taxa de juro constante de 6% ao ano e num sistema de pagamentos anuais constantes. Construa, com recurso às funções do Excel, o quadro de amortizações deste empréstimo, detalhando o valor em dívida, o pagamento de juro, o pagamento de reembolso e a prestação total de cada período.

---

12 *Interest Payment*.

13 Pagamento de juro.

14 *Principal Payment*.

15 *Period* (Ou "Período" em português).

16 Isto porque, como visto no capítulo 4, e contrariamente à prestação total, o valor de cada quota-juro dessa prestação é variável (neste caso decrescente) ao longo do tempo, tal como a quota-capital (que será crescente).

A construção do mapa pode ser feita da seguinte forma[17]:

	B	C	D	E	F	G
160	Período (t)	Capital em Dívida t-1	Juro t	Reembolso t	Prestação t	Capital em Dívida t
161	1	-15000	**=+IPMT($B$167; B161;$E$167; -$C$161;$D$167)**	**=+PPMT($B$167; B161;$E$167; -$C$161;$C$167; $D$167)**	**=+PMT(B167; $E$167;-C161; C167;D167**	**=+C161-E161**
162	2	=+G161	**=+IPMT($B$167; B162;$E$167; -$C$161;$D$167)**	**=+PPMT($B$167; B162;$E$167; -$C$161;$C$167; $D$167)**	**=+F161**	**=+C162-E162**
163	3	=+G162	**=+IPMT($B$167; B163;$E$167; -$C$161;$D$167)**	**=+PPMT($B$167; B163;$E$167; -$C$161;$C$167; $D$167)**	**=+F162**	**=+C163-E163**
164	4	=+G163	**=+IPMT($B$167; B164;$E$167; -$C$161;$D$167)**	**=+PPMT($B$167; B164;$E$167; -$C$161;$C$167; $D$167)**	**=+F163**	**=+C164-E164**
165						
166	Taxa de juro	Valor final	Tipo	Número Períodos		
167	0,06	0	0	4		

Donde resultarão os seguintes valores:

	B	C	D	E	F	G
160	Período (t)	Capital em Dívida t-1	Juro t	Reembolso t	Prestação t	Capital em Dívida t
161	1	15000	**900,00**	**3428,87**	**4328,87**	**11571,13**
162	2	**11571,13**	**694,27**	**3634,60**	**4328,87**	**7936,52**
163	3	**7936,52**	**476,19**	**3852,68**	**4328,87**	**4083,84**
164	4	**4083,84**	**245,03**	**4083,84**	**4328,87**	**0,00**
165						
166	Taxa de juro	Valor final	Tipo	Número Períodos		
167	6%	0	0	4		

[17] Em Excel, e para facilitar a cópia de fórmulas entre células, podem-se fixar as referências aos valores de outras células através da colocação de cifrões ($) à esquerda e à direita da letra da coluna célula de referência. Quando esses cifrões não estão presentes, uma cópia da fórmula de uma célula para outra irá deslocar as referências às células iniciais.

Sumário

- A realização de quaisquer operações de cálculo financeiro vistas em capítulos anteriores pode ser efetuada de forma muito eficaz através da utilização de folhas de cálculo.
- Recorrendo ao exemplo do programa Excel, podem calcular-se valores atuais e futuros de um ou mais fluxos financeiros quer através de operações matemáticas simples como através de funções financeiras especialmente existentes nesse programa.
- As funções *PV/VA* (para calcular o valor atual de uma série de pagamentos), *PMT* /PGTO (para determinar o pagamento periódico constante), *RATE/TAXA* (para apurar a taxa de juro periódica) e *NPER/NPER* (para calcular o número de períodos de uma série de pagamentos) são especialmente apropriadas para situações de rendas periódicas constantes.
- Qualquer função financeira entre as referidas atrás pode por sua vez funcionar como parâmetro (campo) para as restantes funções em vez de ser uma variável a apurar.
- Quando exista um pagamento final no término de uma série de pagamentos constantes o Excel pode incluir esse parâmetro como campo nas funções anteriores (ou como variável a determinar através da função *FV/VF*).
- Séries de rendas antecipadas podem ser identificadas em Excel no campo *Type/Tipo* com o número 1 (se 0, ou sendo o valor omisso, serão consideradas como rendas postecipadas).
- O valor atual e a taxa interna de rentabilidade de uma série de fluxos financeiros futuros não constantes podem ser determinados, respetivamente, através das funções *NPV / VAL* e *IRR / TIR*.
- Os quadros de amortização de empréstimos podem ser construídos com base em diversas das funções anteriores e com recurso adicional às funções *IPMT/IPGTO* (para apuramento do juro de cada período) e *PPMT/PPGTO* (para a determinação do reembolso de capital em cada momento).

PROBLEMAS

A) DO CAPÍTULO 3 (VALOR FUTURO E VALOR ATUAL DE MÚLTIPLOS CAPITAIS):

3.1. O Sr. ABC contraiu um empréstimo no valor de € 200 000, o qual irá ser pago em 240 prestações postecipadas, iguais e mensais. Sabendo que a taxa anual nominal é de 1,8%, qual o valor de cada prestação?

a) € 833,33.
b) € 902,25.
c) € 997,66.
d) € 992,93.

3.6. Admita que pediu um empréstimo de € 1000 numa instituição financeira. Como não tinha conta aberta na instituição foi obrigado a abri-la no ato do empréstimo, tendo pago para o efeito € 20. Sabe-se que o empréstimo irá ser pago daqui a dois anos por € 1160. A TAEG desta operação é aproximadamente de:

a) 7,7%.
b) 8,8%.
c) 8,4%.
d) 7,9%.

3.10. Devido às condições de uma herança, a pequena Amélia, de três anos feitos hoje, irá receber a partir de aqui a exatamente um ano um conjunto de valores anuais que começarão por ser de € 1000 inicialmente, mas que crescerão nos anos seguintes à taxa de 5% até a Amélia perfazer 18 anos. Dada uma taxa de juro anual de 10%, o valor atual desses montantes será de:

a) € 20 000,00.
b) € 21 000,00.
c) € 10 046,42.
d) Outro valor.

3.12. Uma senhora investe € 5000 no primeiro dia de cada trimestre, começando em 1 de Janeiro de 2004, numa conta poupança que vence juros a uma taxa nominal de 3% por ano com capitalização mensal. Ela também levanta € 250 no primeiro dia de cada mês, começando em 1 de Fevereiro de 2004. Quanto dinheiro terá ela na conta em 31 de Dezembro de 2006?

3.15. O stand NovoCarro vende o modelo LESTA2000, cujo preço é € 85 000, nas seguintes condições: entrada de 10% e pagamento de 60 mensalidades postecipadas de € 1500.

a) Calcule a TIR (mensal) desta operação.

b) Calcule a TAEG.

B) DO CAPÍTULO 4 (AMORTIZAÇÃO DE EMPRÉSTIMOS):

4.6. Determinado empréstimo será amortizado pelo sistema de reembolsos contantes. O valor nominal da dívida é de € 100 000, o prazo do empréstimo é de 10 anos e a taxa anual efetiva é de 5%. O valor da 8ª prestação anual será de:

a) € 10 000.

b) € 11 000.

c) € 11 500.

d) € 12 950.

4.8. Um empréstimo é reembolsado em 12 meses através de pagamentos de € 500 no final de cada mês. A taxa de juro anual nominal é de 9%. O montante de juros incluído na última prestação é de:

a) € 3,58.

b) € 3,60.

c) € 3,72.

d) € 3,75.

4.11. Suponha que contraiu um empréstimo segundo o sistema de pagamentos constantes, com os pagamentos de € 582,77 a ocorrerem no final de cada ano. Se a quota de juros do ano passado foi de € 79,35 e a deste ano foi de € 54,18, qual a taxa de juro do empréstimo?

a) 5,000%.

b) 9,297%.

c) 13,616%.

d) Nenhuma das anteriores.

4.12. O Senhor Endividado contraiu um empréstimo de € 20 000 por 5 anos, acumulando juros à taxa efetiva de 5% ao ano.

a) Construa o quadro de amortização deste empréstimo admitindo que os juros gerados em cada ano são imediatamente pagos e que o capital é amortizado integralmente no vencimento do empréstimo.

b) Suponha que ao fim de três anos (imediatamente após o pagamento correspondente a esse ano) o devedor solicita o reembolso antecipado dos seus compromissos. Suponha ainda que devedor e credor acordaram, para o efeito, numa taxa de desconto efetiva de 8% ao ano. Qual o montante a pagar? E se tivessem acordado uma taxa de desconto efetiva de 5% ao ano? E se essa taxa efetiva for de 3% ano?

4.14. O Senhor Endividado contraiu um empréstimo de € 20 000 por 5 anos, acumulando juros à taxa efetiva de 5% ao ano.

a) Suponha que foi estipulado um regime de pagamentos constantes, isto é, com amortização periódica pelo chamado «sistema francês», construa o respetivo quadro de amortização.

b) Suponha que ao fim de três anos (imediatamente após o pagamento correspondente a esse ano) o devedor solicita o reembolso antecipado dos seus compromissos. Suponha ainda que devedor e credor acordaram, para o efeito, numa taxa de desconto efetiva de 8% ao ano. Qual o montante a pagar? E se tivessem acordado uma taxa de desconto efetiva de 5% ao ano? E se essa taxa efetiva for de 3% ano?

C) DO CAPÍTULO 6 (APLICAÇÃO DO CÁLCULO FINANCEIRO À AVALIAÇÃO DE OBRIGAÇÕES):

6.2. Assuma que adquiriu uma obrigação com valor nominal € 1 000 e taxa de cupão fixa de 8%. A obrigação paga juros semestralmente e a maturidade da obrigação era de 20 anos. O valor da obrigação no mercado é de € 1012,5, faltando atualmente 12 anos para o seu vencimento. Calcule o valor da sua YTM.

6.4. Em Junho de 2008 as U.S. government bonds, de Dezembro de 2009, com uma taxa de cupão de 6 3/8, eram transacionadas a 99,3125% do seu par ($ 1000) [*Wall Street Journal*]. Sabendo que tais obrigações vencem juros semestralmente:

a) Quais os cash-flows (montante e data) esperados entre Junho de 2008 e a data de amortização?

b) Qual o seu valor teórico (V) se a taxa de juro adequada for 8% (a.n.)?
c) Qual o seu valor teórico (V) se a taxa de juro adequada for 6,375% (a.n.)?
d) Qual o seu valor teórico (V) se a taxa de juro adequada for 4% (a.n.)?
e) Qual a YTM (taxa anual efetiva) implícita na cotação atual?

6.8. Uma obrigação com valor nominal € 10 000, relativamente à qual os investidores exigem uma remuneração nominal de 10% ao ano acaba de ser transacionada por € 9231,4. Sabendo que a taxa de cupão é de 9% e que a obrigação paga juros de 6 em seis meses calcule o prazo de vida da obrigação (maturidade).

6.18. Uma obrigação com uma maturidade de 1 ano, tem valor nominal de € 100 e paga juros anualmente. A obrigação está a cotar a € 110, o que corresponde a uma YTM de 10%. A taxa de cupão da obrigação é de:
a) 10,00%
b) 10,50%
c) 21,00%
d) Nenhuma das alternativas anteriores está correta

6.20. As obrigações A, emitidas pela empresa OIPT, são obrigações de cupão-zero, com maturidade de 5 anos a contar de hoje e com valor nominal de € 100.
a) Sabendo que o preço dessas obrigações é de € 80,245, calcule a respetiva taxa de rendibilidade implícita (Yield to Maturity).
b) A empresa OIPT tenciona fazer uma emissão de obrigações B com as seguintes características:
- maturidade de 10 anos;
- taxa de cupão de 5% ao ano;
- pagamento semestral de cupões;
- valor nominal de € 250;
- reembolso ao par.

Sendo as obrigações B da mesma empresa, o risco a elas associado é semelhante ao das obrigações A. Calcule o valor que os investidores estão dispostos a pagar por cada obrigação B.

D) DO CAPÍTULO 7 (APLICAÇÃO DO CÁLCULO FINANCEIRO À AVALIAÇÃO DE AÇÕES):

7.2. A Empresa da Luz, SA pratica atualmente (data zero) um dividendo de € 1,50 por ação. Os analistas esperam que o dividendo da empresa venha a crescer eternamente a um ritmo de 3% ao ano. A taxa de retorno anual efetiva adequada ao perfil de risco desta empresa, segundo os mesmos analistas, é de 9%.

a) Qual o dividendo esperado para o ano 5?
b) Qual o valor atual dos dividendos da empresa?
c) Qual o valor atual dos dividendos, considerando apenas os dividendos a distribuir nos próximos 50 anos?

7.5. Um investidor está a considerar investir numa empresa que só irá pagar o primeiro dividendo daqui a cinco anos. O montante do dividendo é de €1,50 por ação. Espera-se que a partir daí os dividendos cresçam à taxa de 8% ao ano. Supondo que a taxa de retorno exigida é de 15%, o preço que o investidor pagaria hoje pela ação seria de €______.

a) 21,43
b) 18,63
c) 19,80
d) 12,25

7.7 A Assembleia Geral de Acionistas da empresa AAA estipulou que os dividendos por ação a distribuir nos próximos dois anos deverão ser iguais aos distribuídos este ano (€ 0,85). Espera-se, contudo, que nos anos seguintes os dividendos passem a crescer à taxa de 3%. Sabe-se, ainda, que a taxa de desconto adequada é de 5% e que a ação se encontra cotada precisamente pelo seu valor teórico. O valor teórico por ação da empresa AAA:

a) É igual a € 42,5
b) É igual a € 41,3
c) Não pode ser calculada na medida em que, sendo igual ao seu preço de mercado, ele é ditado pelo confronto entre a oferta e a procura do título
d) Nenhuma das alternativas anteriores está correta

7.9. Suponha que a Empresa CC pagará um dividendo de € 1,15 por ação durante o ano de 2003. Para 2004 espera-se que o dividendo seja de € 1,5, em 2005 espera-se que seja de € 1,77 e em 2006 o dividendo esperado é de € 2,00. Espera-se que a partir desse ano os dividendos cresçam a uma taxa anual de 8%. Supondo uma taxa de retorno exigida de 20%, qual o valor das ações CC em 2002?

7.17. Admita que a ação SOCAI acabou de pagar um dividendo de € 3 que posteriormente crescerá durante 10 anos à taxa de 15%, seguido de mais 10 anos com um crescimento de 7,5%, e depois um crescimento perpétuo à taxa de 2%.

a) Qual o valor atual dessa ação se a taxa de retorno exigida pelo acionista for de 11%?

b) Decomponha o rendimento esperado do acionista no 21º ano em rendimento-dividendo e rendimento-ganho de capital (em valor absoluto e em percentagem).

c) Se os dividendos de uma ação pagos durante os primeiros 20 anos forem sendo depositados num banco rendendo juros à taxa de 3% efetiva anual, qual o valor que o investidor irá acumular no banco ao fim desse período?

Soluções

A)

3.1

	B	C
4	C0	200000
5	n	240
6	R	0,018
7	VF	0
8	Tipo	0
9	**P**	**=+PMT(C6/12;C5;-C4;C7;C8)**

	B	C
4	C0	200000
5	n	240
6	R	1,80
7	VF	0
8	Tipo	0
9	**P**	**992,93**

3.6

	B	C
14	C0	1000
15	Custo	20
16	n	2
17	VF	1160
18	Tipo	0
19	P	0
20	**TAEG**	**=+RATE(C16;C19;-C14+C15;+C17;C18)**

	B	C
14	C0	1000
15	Custo	20
16	n	2
17	VF	1160
18	Tipo	0
19	P	0
20	**TAEG**	**8,80%**

3.10

	B	C
24	n	15
25	g	0,05
26	P1	1000
27	R	0,1
28	**C0**	**=+(C26/(27-C25))*(1+C25)/(1+C27)^C24)**

	B	C
24	n	15
25	g	5%
26	P1	1000
27	R	10%
28	**C0**	**10046,42**

3.12

	B	C	D	E
31	P	5000	P	250
32	R anual nom	0,03	R anual nom	0,03
33	**R trim ef**	**=+(1+E33)^3-1**	**R trim ef**	**=+E32/12**
34	n	12	n	35
35	C0	0	C0	0
36	Tipo	1	Tipo	1
37	**VF**	**=-FV(C33;C34;-C31; C35;C36)**	**VF**	**=FV(E33;E34;-E31;E35; E36)**
38		**C36**	=+C37-E37	

	B	C	D	E
31	P	5000	P	250
32	R anual nom	3%	R anual nom	3%
33	**R trim ef**	**0,752%**	**R mens ef**	**0,25%**
34	n	12	n	35
35	C0	0	C0	0
36	Tipo	1	Tipo	1
37	**VF**	**63014,70**	**VF**	**9155,14**
38		**C36**	**53859,56**	

3.15

	B	C
42	Valor Carro	84000
43	Entrada	0,1
44	**C0**	**=+C42*(1-C43)**
45	P	1500
46	n	60
47	VF	0
48	Tipo	0
49	**TIR mensal**	**=+RATE(C46;-C45;+C44;C47;C48)**
50	**TAEG**	**=+(1+C49)^12-1**

	B	C
42	Valor Carro	84000
43	Entrada	10%
44	**C0**	**75600**
45	P	1500
46	n	60
47	VF	0
48	Tipo	0
49	**TIR mensal**	**0,59%**
50	**TAEG**	**7,32%**

B)

4.6

	B	C
53	C0	100000
54	n	10
55	R	0,05
56	**Reemb anual**	**=+C53/C54**
57	**P8**	**=+C56+C55*(C53-7*C56)**

	B	C
53	C0	100000
54	n	10
55	R	5%
56	**Reemb anual**	**10000**
57	**P8**	**11500,00**

A alínea c) é correta.

4.8

	B	C
60	P	500
61	n	12
62	período	12
63	VF	0
64	R	0,09
65	Tipo	0
66	**C0**	**=+PV(C64/C61;C61;-C60;C63;C65)**
67	**J12**	**=+IPMT(C64/C61;C62;C61;-C66;C65)**

	B	C
60	P	500
61	n	12
62	período	12
63	VF	0
64	R	9%
65	Tipo	0
66	**C0**	**5717,46**
67	**J12**	**3,72**

4.10

	B	C
70	P	582,77
71	Jt-1	79,35
72	Jt	54,18
73	**Mt-1**	**=+C70-C71**
74	**Mt**	**=+C70-C72**
75	**R**	**=+C74/C73-1**
76	**ou R**	**=+(C71-C72)/C73**

	B	C
70	P	582,77
71	Jt-1	79,35
72	Jt	54,18
73	**Mt-1**	**503,42**
74	**Mt**	**528,59**
75	**R**	**5,00%**
76	**ou R**	**5,00%**

4.11

a)

	B	C	D	E	F	G
79	C0	20000				
80	R	0,05				
81	n	5				
82	Per	**Ct-1**	**Jt**	**Mt**	**Pt**	**Ct**
83	1	**=+C79**	**=+$C$80*C83**	0	**=+D83+E83**	**=+C83-E83**
84	2	**=+G83**	**=+$C$80*C84**	0	**=+D84+E84**	**=+C84-E84**
85	3	**=+G84**	**=+$C$80*C85**	0	**=+D85+E85**	**=+C85-E85**
86	4	**=+G85**	**=+$C$80*C86**	0	**=+D86+E86**	**=+C86-E86**
87	5	**=+G86**	**=+$C$80*C87**	**=+C79**	**=+D87+E87**	**=+C87-E87**

	B	C	D	E	F	G
79	C0	20000				
80	R	5%				
81	n	5				
82	Per	**Ct-1**	**Jt**	**Mt**	**Pt**	**Ct**
83	1	**20000**	**1000**	0	**1000**	**20000**
84	2	**20000**	**1000**	0	**1000**	**20000**
85	3	**20000**	**1000**	0	**1000**	**20000**
86	4	**20000**	**1000**	0	**1000**	**20000**
87	5	**20000**	**1000**	**20000**	**21000**	**0**

b)

	B	C	D	E	F
91	Per	Pt	0,03	0,05	0,08
92	1	1000	**=+C92/(1+D91)^B92**	**=+C92/(1+E91)^B92**	**=+C92/(1+F91)^B92**
93	2	21000	**=+C93/(1+D91)^B93**	**=+C93/(1+D91)^B93**	**=+C93/(1+F91)^B93**
94		**C3**	**=+D92+D93**	**=+E92+E93**	**=+F92+F93**
95		**ou C3**	**=+NPV(D91;C92:C93)**	**=+NPV(E91;C92:C93)**	**=+NPV(F91;C92:C93)**

	B	C	D	E	F
91	Per	Pt	3%	5%	8%
92	1	1000	**970,87**	**952,38**	**925,93**
93	2	21000	**19794,51**	**19047,62**	**18004,12**
94		**C3**	**20765,39**	**20000,00**	**18930,04**
95		**ou C3**	**20765,39**	**20000,00**	**18930,04**

4.13

a)

	B	C	D	E	F	G
98	C0	20000				
99	R	0,05				
100	n	5				
101	VF	0				
102	Tipo	0				
103	Per	**Ct-1**	**Jt**	**Mt**	**Pt**	**Ct**
104	1	**=+C98**	**=+IPMT($C$99; B104;$C$100; -$C$98;$C$101; $C$102)**	**=+PPMT($C$99; B104;$C$100; -$C$98;$C$101; $C$102)**	**=+PMT(C99;C100; -$C$98;$G$108; $C$102)**	**=+C104-E104**
105	2	**=+G104**	**=+IPMT($C$99; B105;$C$100; -$C$98;$C$101; $C$102)**	**=+PPMT($C$99; B105;$C$100; -$C$98;$C$101; $C$102)**	**=+F104**	**=+C105-E105**
106	3	**=+G105**	**=+IPMT($C$99; B106;$C$100; -$C$98;$C$101; $C$102)**	**=+PPMT($C$99; B106;$C$100; -$C$98;$C$101; $C$102)**	**=+F105**	**=+C106-E106**
107	4	**=+G106**	**=+IPMT($C$99; B107;$C$100; -$C$98;$C$101; $C$102)**	**=+PPMT($C$99; B107;$C$100; -$C$98;$C$101; $C$102)**	**=+F106**	**=+C107-E107**
108	5	**=+G107**	**=+IPMT($C$99; B108;$C$100; -$C$98;$C$101; $C$102)**	**=+PPMT($C$99; B108;$C$100; -$C$98;$C$101; $C$102)**	**=+F107**	**=+C108-E108**

	B	C	D	E	F	G
98	C0	20000				
99	R	5%				
100	n	5				
101	VF	0				
102	Tipo	0				
103	Per	**Ct-1**	**Jt**	**Mt**	**Pt**	**Ct**
104	1	**20000,00**	**1000,00**	**3619,50**	**4619,50**	**16380,50**
105	2	**16380,50**	**819,03**	**3800,47**	**4619,50**	**12580,03**
106	3	**12580,03**	**629,00**	**3990,49**	**4619,50**	**8589,54**
107	4	**8589,54**	**429,48**	**4190,02**	**4619,50**	**4399,52**
108	5	**4399,52**	**219,98**	**4399,52**	**4619,50**	**0,00**

b)

	B	C	D	E	F
124	Per	Pt	0,03	0,05	0,075
125	1	4619,5	**=+C125/ (1+D124)^B125**	**=+C125/ (1+E124)^B125**	**=+C125/ (1+F124)^B125**
126	2	4619,5	**=+C126/ (1+D124)^B126**	**=+C126/ (1+D124)^B126**	**=+C126/ (1+F124)^B126**
127		**C3**	**=+D125+D126**	**=+E125+E126**	**=+F125+F126**
128		**ou C3**	**=+NPV(D124; C125:C126)**	**=+NPV(E124; C125:C126)**	**=+NPV(F124; C125:C126)**

	B	C	D	E	F
124	Per	Pt	3%	5%	6%
125	1	4619,5	**4484,95**	**4399,52**	**4297,21**
126	2	4619,5	**4484,95**	**4190,02**	**3997,40**
127		**C3**	**8839,27**	**8589,55**	**8294,61**
128		**ou C3**	**8839,27**	**8589,55**	**8294,61**

C)

6.2

	B	C
131	VN	1000
132	R	0,08
133	n	12
134	P8	1012,5
135	Tipo	0
136	**YTM**	**=RATE(C133*2;C131*C132/2;-C134;C131;C135)**

	B	C
131	VN	1000
132	R	8%
133	n	12
134	P8	1012,5
135	Tipo	0
136	**YTM**	**3,9187%**

6.8

a)

	B	C
140	R	0,06375
141	P0	0,993125
142	VN	1000
143	**CF1**	**=+C140*C142/2**
144	**CF2**	**=+C143**
145	**CF3**	**=+C142+C144**

	B	C
140	R	6,375%
141	P0	99,3125%
142	VN	1000
143	**CF1**	**31,875**
144	**CF2**	**31,875**
145	**CF3**	**1031,875**

b), c) e d)

	B	C
149	R	0,06375
150	P0	0,993125
151	VN	1000
152	n	3
153	Tipo	0
154	CF1	31,875
155	CF2	31,875
156	CF3	1031,875
157	R	**V**
158	0,08	**=+PV(B158/2;$C$152;-$C$154;-$C$151;$C$153)**
159	0,06375	**=+PV(B159/2;$C$152;-$C$154;-$C$151;$C$153)**
160	0,04	**=+PV(B160/2;$C$152;-$C$154;-$C$151;$C$153)**
161	**YTM sem**	**=RATE(C152;-C154;C151*C150;-C151;C153)**
162	**YTM anual**	**=+(1+C161)^2-1**

	B	C
149	R	6,375%
150	P0	99,31%
151	VN	1000
152	n	3
153	Tipo	0
154	CF1	31,875
155	CF2	31,875
156	CF3	1031,875
157	R	**V**
158	8,000%	**977,45**
159	6,375%	**1000,00**
160	4,000%	**1034,25**
161	**YTM sem**	**3,43%**
162	**YTM anual**	**6,98%**

6.8

	B	C
165	VN	10000
166	R	0,1
167	P	9231,4
168	R	0,09
169	Tipo	0
170	**n (sem)**	**=+NPER(C166/2;+C168/2*C165;-C167;+C165)**

	B	C
165	VN	10000
166	R	10%
167	P	9231,4
168	R	9%
169	Tipo	0
170	**n (sem)**	**30,00**

6.18

	B	C
174	n	1
175	VN	100
176	P	110
177	Tipo	0
178	YTM	0,1
179	**Juros anuais**	**=+PMT(C178;C174;-C176;C175)**
180	**R**	**=+C179/C175**

	B	C
174	n	1
175	VN	100
176	P	110
177	Tipo	0
178	YTM	1%
179	**Juros anuais**	**21,00**
180	**R**	**21,0%**

A alínea c) é correta.

6.20

a)

	B	C
183	VN	100
184	n	5
185	Juros	0
186	Tipo	0
187	P0	80,245

	B	C
183	VN	100
184	n	5
185	Juros	0
186	Tipo	0
187	P0	80,245
188	**YTM**	**4,50%**

b)

	B	C
191	n	10
192	R	0,05
193	VN	250
194	Tipo	0
195	R	0,045
196	**R sem**	**=+(1+C195)^0,5-1**
197	**P**	**=+PV(C196;C191*2;-C192/2*C193;-C193;C194)**

	B	C
191	n	10
192	R	5%
193	VN	250
194	Tipo	0
195	R	4,50%
196	**R sem**	**2,225%**
197	**P**	**261,0**

D)

7.2

a), b) e c)

	B	C
201	D0	1,5
202	g	0,03
203	R	0,09
204	n	5
205	**D5**	**=+C201*(1+C202)^C204**
206	**P0**	**=+C201*(1+C202)/(C203-C202)**
207	**VA Div 1 a 50**	**=+(C201*(1+C202)/(C203-C202))*(1-((1+C202)/(1+C203))^50)**

	B	C
201	D0	1,5
202	g	3%
203	R	9%
204	n	5
205	**D5**	**1,74**
206	**P0**	**25,75**
207	**VA Div 1 a 50**	**24,23**

7.5

	B	C
211	n	5
212	D5	1,5
213	g	8%
214	R	15%
215	**P0**	**12,25**

A alínea correta é d).

7.7

	B	C
219	D1	0,85
220	D2	0,85
221	n	2
222	VF	0
223	Tipo	**0**
224	g	**0,03**
225	R	**0,05**
226	**P0**	**=+PV(C225;C221;-C219;C222;C223)+(C220*(1+C224)/(C225-C224))/(1+C225)^C221**

	B	C
219	D1	0,85
220	D2	0,85
221	n	2
222	VF	0
223	Tipo	0
224	g	3%
225	R	5%
226	**P0**	**41,29**

A alínea correta é b).

7.9

	B	C
229	D1	1,15
230	D2	1,5
231	D3	1,77
232	D4	2
233	g	0,08
234	R	0,2
235	**P0**	**=+NPV(C234;C229:C232)+(C232*(1+C233)/(C234-C233))*(1+C234)^-4**

	B	C
229	D1	1,15
230	D2	1,50
231	D3	1,77
232	D4	2,00
233	g	8%
234	R	20%
235	**P0**	**12,67**

7.17

a), b) e c)

	B	C
238	D0	3
239	g1	0,15
240	n1	10
241	g2	0,075
242	n2	10
243	g3	0,02
244	R	0,11
245	**VA Div 1-10**	**=+(C238*(1+C239)/(C244-C239))*(1-((1+C239)/(1+C244))^C240)**
246	**VA Div 11-20**	**=+(C238*((1+C239)^C240)*(1+C241)/(C244-C241))*(1-((1+C241)/(1+C244))^C242)*(1+C244)^(-C240)**
247	**VA Div 21 a infinito**	**=+(C238*((1+C239)^C240))*(1+C241)^C242*((1+C243)/(C244-C243))*(1+C244)^(-C240-C242)**
248	**P0**	**=+C245+C246+C247**
249	n	21
250	**P20**	**=+C238*((1+C239)^C240)*((1+C241)^C242)*(1+C243)/(C244-C243)**
251	**P21**	**=+C238*((1+C239)^C240)*((1+C241)^C242)*((1+C243))^2/(C244-C243)**
252	**ou P21**	**=+C250*(1+C243)**
253	**Rend div 21**	**=+C238*(1+C239)^C240*(1+C241)^C242)*(1+C243)**
254	**Rend ganho cap 21**	**=+C251+C250**
255	**Rend div (%)**	**=+C253/C250**
256	**Rend ganho cap (%)**	**=+C254/C250**
257	**Rend. total (%)**	**=+C255/C256**
258	R	0,03
259	**VF Div 1 a 10**	**=+C238*(1+C239)/(C258-C239)*((1+C258)^C240-(1+C239)^C240)*(1+C258)^C242**
260	**VF Div 11 a 20**	**=+C238*((1+C239)^C240)*((1+C241)/(C258-C241))*(1+C258)^C242-(1+C241)^C242)**
261	**VF Div 1 a 20**	**=+C259+C260**

	B	C
238	D0	3%
239	g1	15%
240	n1	10
241	g2	7,50%
242	n2	10
243	g3	2%
244	R	11%
245	**VA Div 1-10**	**36,64**
246	**VA Div 11-20**	**35,99**
247	**VA Div 21 a infinito**	**35,16**
248	**P0**	**107,79**
249	n	21
250	**P20**	**283,49**
251	**P21**	**289,16**
252	**ou P21**	**289,16**
253	**Rend div 21**	**25,51**
254	**Rend ganho cap 21**	**5,67**
255	**Rend div (%)**	**9,00%**
256	**Rend ganho cap (%)**	**2,00%**
257	**Rend. total (%)**	**11,00%**
258	R	3,00%
259	**VF Div 1 a 10**	**104,38**
260	**VF Div 11 a 20**	**207,91**
261	**VF Div 1 a 20**	**312,30**

CAPÍTULO 6

—

APLICAÇÃO DO CÁLCULO FINANCEIRO À AVALIAÇÃO DE OBRIGAÇÕES

Objetivos do Capítulo

Após a leitura deste capítulo o leitor deverá estar apto a:

i) Compreender a noção e os elementos essenciais de uma obrigação, e algumas das variantes destes instrumentos financeiros (obrigação clássica de taxa fixa, obrigação de cupão-zero, obrigações perpétuas e obrigações de capitalização automática);

ii) Perceber as noções de par, desconto e prémio aplicáveis às obrigações;

iii) Entender a diferença entre o valor teórico de uma obrigação e o seu valor de mercado;

iv) Perceber a forma geral de avaliação de uma obrigação através da identificação e atualização dos fluxos financeiros relevantes;

v) Compreender a noção e a importância do conceito de rendimento implícito até à maturidade (*"Yield to Maturity"*) e a sua relação com a taxa de juro de cupão;

vi) Aplicar o conceito de atualização ao contexto de avaliação de obrigações;

vii) Ter sensibilidade para a noção de risco de preço, risco de taxa de juro e de reinvestimento no contexto da avaliação de obrigações..

6.1 Introdução

Uma obrigação (*Bond* em inglês) é um título representativo de uma dívida que pode ser negociável entre partes, nomeadamente numa bolsa de obrigações. Através desse instrumento, um investidor empresta dinheiro à entidade emitente da obrigação, que se compromete a proceder ao pagamento de juros e de reembolsos até à sua data de maturidade.

O detentor do título, chamado obrigacionista, fica assim credor da instituição emitente desse instrumento. Sendo um título de dívida negociável, uma obrigação pode ser vendida pelo obrigacionista antes da sua maturidade, podendo registar-se uma mais (ou menos) valia nessa alienação.

Assim, existem fundamentalmente dois tipos de fluxos financeiros associados a uma obrigação:

- os juros periodicamente pagos (conhecidos como os "cupões");
- o reembolso de capital (que pode ser feito de uma só vez ou de forma parcelar no tempo).

A designação de "cupão" resulta da prática histórica de existência de títulos físicos representativos de obrigações que incluíam um cupão destacável que era apresentado e entregue aos balcões dos bancos por forma a permitir o pagamento de cada juro periódico (ver ilustração 6.1).

ILUSTRAÇÃO 6.1 – EXEMPLO DE TÍTULO DE 10 OBRIGAÇÕES EMITIDA EM DÓLARES PELA REPÚBLICA DA CHINA (*"LIBERTY BOND"* DE 1937)

6.2 Elementos constituintes de uma obrigação

Numa obrigação deverão existir os seguintes elementos fundamentais caracterizadores desse instrumento:

Valor nominal (VN): é o montante da dívida, ou o valor inscrito no título de dívida. Trata-se em geral do valor do empréstimo emitido, tal como contratualizado e disposto na chamada "Ficha Técnica" da emissão. O valor global das obrigações emitidas pode estar representado por títulos de diferentes denominações. Por exemplo, uma emissão de 100 milhões de euros poderá estar representada por títulos com um valor nominal de € 1000 cada (caso em que seriam emitidos 100 000 títulos), ou com valor nominal de € 10 000 cada (o que implicaria serem emitidos 10 000 títulos). É sobre o valor nominal das obrigações que incide a taxa de juro estipulada, para efeitos do cálculo dos juros.

Preço de emissão (PE): consiste no montante que o primeiro detentor teve de pagar para subscrever o título de dívida, e que pode por vezes ser diferente do valor nominal. Note-se que:

- Se $PE > VN$: trata-se de uma emissão *acima do par* (também designada de emissão *a prémio*);
- Se $PE = VN$: diz-se ser uma *emissão ao par* (também apelidada de emissão *ao valor nominal*);
- Se $PE < VN$: trata-se de uma emissão *abaixo do par* (também referida como emissão *a desconto*).

Taxa de cupão ou taxa de juro de cupão (i): trata-se da taxa de juro contratualizada na obrigação que, sendo aplicada ao capital (ao *VN* ou, em caso de reembolsos parcelares, ao *VN* deduzido dos reembolsos efetuados), permite calcular o montante do juro periódico. As principais modalidades da taxa de juro são as de (a) Taxa fixa ou (b) Taxa variável indexada (função de um indexante ao qual se adiciona o chamado *spread*, como por exemplo: EURIBOR a 3 meses + 1%). Também podem, todavia, convencionar-se outras modalidades, nomeadamente as de taxas de juro crescentes (por exemplo, taxa de 3% no primeiro ano, 3.5,% no segundo, 4% no terceiro, etc.).

Periodicidade de pagamento de juros: pode ser anual, semestral, trimestral, mensal, etc.

Valor de reembolso (VR): é o montante que a entidade emitente paga ao detentor do título para proceder à amortização da dívida. É habitual referir-se que:

- Se $VR > VN$: corresponde a um reembolso *acima do par;*
- Se $VR = VN$: representa um reembolso *ao par;*
- Se $VR < VN$: diz respeito a um reembolso *abaixo do par.*

Data de vencimento ou prazo de maturidade (n): consiste na data do último cupão e/ou do reembolso do capital.

A ilustração seguinte mostra um exemplo de uma emissão de obrigações por parte da empresa Auto-Sueco, Lda:

ILUSTRAÇÃO 6.2 – OBRIGAÇÕES AUTO-SUECO, LDA / 2014-18

RESUMO DE FICHA TÉCNICA

1	**Emitente**	Auto-Sueco, Lda
2	**Modalidade**	Emissão de obrigações a taxa variável por oferta particular e directa
3	**Moeda**	Euro (€)
4	**Montante**	2.500 (duas mil e quinhentas) Obrigações no montante total de € 25.000 000 (vinte e cinco milhões de Euros)
5	**Representação das obrigações**	Escriturais nominativas, exclusivamente materializadas pela sua inscrição em contas abertas em nome dos respectivos titulares, de acordo com as disposições legais em vigor
6	**Valor Nominal e Preço de Emissão**	€ 10.000 (dez mil Euros) por Obrigação
7	**Valor de Subsctrição Mínimo**	€ 100.000 (cem mil Euros) por cada investidor em mercado primário e qualquer oferta, venda ou distribuição das obrigações em mercado secundário deve respeitar sempre as leis e regras aplicáveis na jurisdição relevante em que essa transação é efectuada, incluindo as regras respeitantes a ofertas públicas
8	**Data de Subscrição**	25 de Julho de 2014
9	**Realização**	Pagamento integral na Data de Subscrição
10	**Taxa de Juro**	A taxa de juro anual nominal aplicável a cada período de contagem de juros será variável e igual à "Euribor 6 meses", cotada no segundo "Dia Útil Target" imediatamente anterior à data de início de cada período de juros, acrescida de um spread de 3% (três por cento)

11	**Contagem, Pagamento e Período de Juros**	Os juros contar-se-ão diariamente, na base Actual/360. Os juros serão pagos semestral e postecipadamente em [25] de Janeiro e em [25] de Julho de cada ano. O primeiro período de juros terá início (incluindo) na Data de Subscrição, ou seja, em [25] de Julho de 2014, e maturidade (excluindo) na 1ª Data de Pagamento de Juros, ou seja, em [25] de Janeiro de 2015. Cada período de juros, com excepção do primeiro, terá início (incluindo) numa Data de Pagamento de Juros e maturidade (excluindo) na Data de Pagamento de Juros imediatamente seguinte
12	**Prazo Máximo**	4 (quatro) anos a contar da Data de Subscrição
13	**Reembolso**	O reembolso das Obrigações será efectuado ao seu valor nominal, de uma só vez, na data de pagamento do 8º cupão, ou seja, em [25 de Julho] de 2018, salvo se ocorrer reembolso antecipado nos termos previstos na Ficha Técnica

Fonte: Ficha Técnica das Obrigações Auto-Sueco Lda / 2014-18

A ilustração acima mostra que nesse caso concreto, os elementos essenciais dessa obrigação são os seguintes:

- Valor nominal: € 10 000 por título (cfr, ponto 6. da Ficha Técnica).
- Preço de emissão: igual ao Valor Nominal (ie, € 10 000) (cfr. Ponto 6.).
- Taxa de juro de cupão: taxa variável indexada, correspondente à Euribor a 6 meses + 3% (cfr. Ponto 10).
- Periodicidade de pagamento de juros: semestral (cfr. Ponto 11).
- Valor de reembolso: igual ao Valor Nominal (cfr. Ponto 13).
- Prazo da obrigação: 4 anos, vencendo-se a 25 de Julho de 2018 (cfr. Ponto 13).

6.3 Alguns Tipos de Obrigações

Existe na prática uma grande variedade de obrigações, procurando responder a distintas necessidades das emitentes ou dos próprios investidores. Alguns dos tipos de obrigações mais vulgares são os seguintes.

Obrigações clássicas: o que caracteriza este tipo de obrigações é a existência de uma taxa de juro fixa, juros pagos periodicamente e um único reembolso na maturidade do título. São por vezes também designadas de "*plain vanilla*" ou de "*straight bonds*"). A existência de um único reembolso no final é uma característica também frequentemente apelada de "*bullet*". Assim, nestas obrigações, todos os fluxos financeiros (cupões e valor de reembolso) assim como a taxa de juro são conhecidos à *priori* e não existem certas cláusulas ou garantias especiais encontradas em obrigações de outro tipo.

Obrigações de cupão-zero: o que distingue este tipo de obrigações é que, contrariamente à anterior categoria, não existe uma taxa de juro contratualizada nem está previsto o pagamento de quaisquer juros. Assim, todo o rendimento do investidor neste título deriva exclusivamente de um ganho de capital correspondente à diferença entre o preço de compra (ou de emissão) da obrigação e o valor de reembolso. Visto de outra forma, estes instrumentos são um título que configuram uma promessa de pagamento no futuro de um certo valor (o valor de reembolso, ou valor nominal) sendo que esse título é vendido a desconto (abaixo do par) no momento da emissão por forma a assegurar ao investidor um certo rendimento esperado.

Obrigações de capitalização automática (OCA): neste tipo de obrigações, os juros vencidos não são pagos periodicamente mas apenas na maturidade do título, vencendo juros (de juros) à medida que se vencem e sendo integrados no capital em dívida. Desta forma, o investidor beneficia de um reinvestimento automáticos dos juros vencidos, à taxa de juro estipulada para essa obrigação.

Obrigações perpétuas: nestes instrumentos não existe uma data de vencimento dado que não está previsto o capital ser reembolsado, sucedendo deste modo que os juros periódicos serão pagos de forma perpétua[1]. Um exemplo desta variedade de obrigações é apresentado na ilustração 6.3.

[1] Mas nada impedirá em princípio, que de sua iniciativa a emitente possa adquirir no mercado todas as obrigações deste tipo e proceda ao seu cancelamento posterior.

ILUSTRAÇÃO 6.3. – OBRIGAÇÕES DO TESOURO – CONSOLIDADO 1943

1	**Emitente**	Tesouro Português
2	**Ano de Emissão**	1943
3	**Valor Nominal e Preço de Emissão**	1000$00
4	**Taxa de Cupão**	2,75% (Fixa)
5	**Periodicidade dos juros**	Trimestral a 15 de Março, Junho, Setembro e Dezembro
6	**Reembolso**	Não amortizável

Este género de títulos, dado o horizonte em questão, é tipicamente emitido por Estados com elevada credibilidade financeira dado que os investidores terão que ter alguma garantia que a sua situação financeira será a muito longo prazo suficientemente estável. No entanto, dada a sua característica de não serem sujeitos a reembolso (subordinando-se, por conseguinte, tal como o capital próprio de acionistas, ao pagamento prioritário das demais responsabilidades da empresa), estes instrumentos contribuem para os rácios de capital mínimo das entidades financeiras. Deste modo, é frequente observar emissões de obrigações perpétuas também por parte de instituições financeiras (ver ilustração 6.4). Mas é compreensível que sendo esses títulos mais arriscados do que a generalidade dos restantes tipos de obrigações, a sua taxa seja relativamente elevada.

ILUSTRAÇÃO 6.4 – OBRIGAÇÕES PERPÉTUAS CAIXA GERAL DE DEPÓSITOS 2017

Caixa paga 10,75% pela emissão de dívida perpétua

A Caixa Geral de Depósitos fechou o preço da emissão de dívida com elevada subordinação. A procura excedeu em quatro vezes os 500 milhões em oferta.

O banco liderado por Paulo Macedo fechou a taxa final para emitir dívida subordinada que conta como capital (AT1). Para convencer os investidores a apostar nestes títulos perpétuos, a Caixa Geral de Depósitos vai pagar 10,75%, segundo dados avançados pela Bloomberg. O valor indicado inicial era de entre 11% e 11,5%. No entanto, o juro elevado atraiu um nível de procura que triplica o montante em oferta. A liquidação da operação está prevista para 30 de março.

As intenções de compra registadas no livro de ordens ultrapassaram em mais de quatro vezes os 500 milhões de euros da oferta, ou seja, atingiram mais de 2 mil milhões de euros.

De acordo com um comunicado do banco do Estado colocado na CMVM, os títulos de dívida foram subscritos por mais de 160 investidores.

A Caixa revelou também a distribuição da colocação dos títulos, quer por tipo de investidores, quer por geografia. As gestoras de ativos ficaram com praticamente metade dos títulos, sendo que os *hedge funds* compraram 41%. Uma distribuição explicada pelo risco elevado dos títulos colocados, que atraem os investidores mais propensos ao risco, como é o caso dos *hedge funds*.

Os investidores do Reino Unido compraram mais de metade dos títulos (59%), sendo que os portugueses ficaram apenas com 14%.

A Caixa encerrou esta quarta-feira o *roadshow*, indicando que participaram 120 investidores nessa operação. E o banco tinha considerado que os institucionais mostraram um "forte interesse na operação". Logo após essas apresentações, o banco público colocou a operação a decorrer a partir das 9:00 desta quinta-feira.

Caixa justifica juros elevados com risco dos AT1 e por não estar cotada

Para cumprir com esta emissão, que é crucial para o plano de capitalização já que foi exigida por Bruxelas, a CGD teve de aceder a pagar uma taxa elevada. Num comunicado enviado à CMVM, o banco explica, em relação ainda ao intervalo inicial de preço, que isso teve "em consideração os referenciais recebidos nos contactos com os investidores".

Acrescentou que "estes referenciais foram influenciados pelo facto da CGD não ser um banco cotado, pela ausência de emissões similares por parte de bancos nacionais, dificultando a sua comparabilidade, e sobretudo pelos riscos intrínsecos a este tipo de instrumentos". Os analistas contactados pelo Negócios previam, antes da operação que o banco público tivesse de acenar com um prémio generoso, apesar de reconhecerem que era difícil encontrar entidades que emitiram em condições semelhantes à da CGD.

Além desses motivos, enumeravam ainda a necessidade da CGD fazer essa emissão para cumprir com as diretrizes da Comissão Europeia como algo que os investidores iriam fazer refletir no preço. "Como a emissão de obrigações AT1 é parte do plano de recapitalização, é importante que tenha êxito. E os investidores irão, provavelmente, ter isso em conta quando decidirem qual deverá ser o preço desses instrumentos", tinha referido Pauline Lambert, diretora da *Scope Ratings*, ao Negócios.

Fonte: Jornal de Negócios, 23.03.2017

Obrigações de taxa variável: estas obrigações têm com frequência as características de uma obrigação clássica, mas a sua taxa de juro é variável em vez de fixa. A taxa variável pode estar indexada a uma referência como a Euribor (média das taxas praticadas no mercado interbancário Europeu do Euro) acrescida de um *spread*. As ilustrações 6.2. e 6.5. são exemplos deste tipo de títulos. Mas por vezes também poderão ser emitidas obrigações em que seja estipulado por exemplo, taxas crescentes que são conhecidas à *priori* (contrariamente às taxas indexadas, que são dependentes da evolução, apenas conhecida à *posteriori*, do indexante de referência)[2].

[2] Poderão existir outras formas de indexação de taxas variáveis mesmo não ligadas a taxas de juro de referência. É o caso de emissões de obrigações indexadas à inflação (*"inflation-indexed bonds"*,

ILUSTRAÇÃO 6.5 – OBRIGAÇÕES DO TESOURO DE RENDIMENTO VARIÁVEL (OTRV)

AGOSTO 2022

1	**Emitente**	República Portuguesa
2	**Tipo de Oferta**	Oferta Pública de Subscrição de OTRV
3	**Montante Máximo da OPS**	€1 200 000 000 (mil e duzentos milhões de euros) conforme decisão do emitente no dia 21 de Julho de 2017
4	**Período de Subscrição da OPS**	Das 08h30 do dia 17 de Julho de 2017 até às 15h00m do dia 28 de Julho de 2017
5	**Preço Unitário de Subscrição e Reembolso**	€ 1
6	**Ordem Mínima de Subscrição**	As ordens de subscrição serão expressas em montante, correspondente a 1 OTRV
7	**Ordem Máxima de Subscrição**	€ 1 000 000, correspondente a 1000 OTRV, devendo as limitada ao processo de rateio, caso exista. Qualquer ordem de subscrição que exceda o montante máximo ordem de subscrição que exceda o montante máximo será considerada como referindo-se a € 1 000 000, correspondente a 1000 OTRV.
8	**Data Limite para Alteração / Revogação das Ordens de Subscrição**	Cada investidor apenas poderá ter associada uma ordem de subscrição, podendo revogá-la ou alterá-la até às 15h00m do dia 25 de Julho de 2017 (inclusive), hora e data a partir da qual as ordens de subscrição serão irrevogáveis e não poderão ser alteradas.
9	**Prazo**	5 anos
10	**Data de Reembolso**	2 de Agosto de 2022
11	**Taxa de Juro Variável**	Euribor 6M + 1,60%*, com uma taxa de juro mínima de 1,60%*
		*Taxa Anual Nominal Bruta, com um mínimo de 1,60%, sujeita ao regime fiscal em vigor
12	**Pagamento de Juros**	Semestral e postecipado, em 2 de Fevereiro e 2 de Agosto de cada ano

por vezes também designadas de *"linkers"* nos EUA ou ainda de *"Treasury Inflation Protected Securities"* (*TIPS*) no Reino Unido). Também existem, por exemplo, obrigações cujo rendimento está indexado à evolução do PIB-Produto Interno Bruto de um País.

13	**Rateio**	Caso a procura seja superior ao valor nominal global das OTRV objecto da Oferta, proceder-se-á a rateio, nas condições descritas no Memorando de Informação
14	**Data de Emissão e de Liquidação da Subscrição**	2 de Agosto de 2017
15	**Admissão à Negociação em Bolsa**	Será solicitada a admissão à negociação das OTRV no mercado regulamentado Euronext Lisbon, sendo previsível que o início da negociação das OTRV ocorra a 2 de Agosto de 2017, caso a respectiva admissão venha a ser aprovada pela entidade competente ("Euronext").

Fonte: Ficha Técnica OTRV / Agosto 2022

Obrigações convertíveis: esta classe de obrigações tem características idênticas a outros tipos de obrigações exceto que está previsto que o reembolso do título não seja efetuado em dinheiro, mas sim pela entrega de ações da empresa emitente[3]. Assim, na data de reembolso, o título perde a qualidade de dívida e converte-se num (ou mais) título(s) representativo(s) do capital social da emitente[4].

Obrigações com warrants: estas obrigações são semelhantes às convertíveis, mas contrariamente a estas, permitem meramente que o seu detentor adquira (pagando um certo valor) outros títulos (designadamente ações da emitente) sem perder com isso a qualidade de obrigacionista. Ou seja, enquanto que as obrigações convertíveis se extinguem com a entrega de ações (ou outros títulos), as obrigações com *warrants* limitam-se a incorporar um direito de aquisição de novos títulos. O exercício desse direito (o *warrant*) ou a sua venda (quando tal seja possível) não faz, todavia, extinguir a obrigação original.

[3] Repare-se que a conversão pode ser compulsiva se assim estiver estipulado nas condições da emissão destes títulos, mas por vezes é apenas dada aos obrigacionistas a opção de receber um valor de reembolso em dinheiro ou optar pela conversão em ações. A forma de conversão da obrigação em ações pode estar pré-definida nas condições de emissão (por ex. serão entregues X ações por cada obrigação detida) ou ser dependente da aplicação de uma fórmula (por exemplo, dependente da cotação das ações da empresa na altura da conversão). Curiosamente, saliente-se que em alguns casos particulares a conversão pode ser efetuada não em ações mas sim em novos títulos de dívida da emitente.

[4] Em alguns casos especiais a conversão poderá ser efetuada em títulos (ações ou mesmo nova dívida) de uma outra empresa que não a emitente das obrigações originais (por exemplo uma empresa participada por esta).

6.4 Princípios gerais de avaliação de obrigações e fórmula geral de cálculo

Os seguintes princípios gerais aplicam-se no domínio da avaliação de obrigações:

(i) Em primeiro lugar, e como qualquer outro instrumento financeiro, *a avaliação de uma obrigação deve ser realizada através da atualização dos fluxos financeiros relevantes esperados no futuro.*

No caso das obrigações, estes fluxos financeiros resumem-se aos juros periódicos (quando existentes) e ao(s) valor(es) de reembolso (quando ocorram).

(ii) Um segundo princípio é que *a atualização dos fluxos financeiros relevantes da obrigação deverá ser feita de acordo com uma taxa de juro que seja adequada ao risco dessa dívida.*

É de salientar que a taxa de juro adequada para a atualização poderá nem sempre coincidir com a taxa de juro contratualmente praticada. Por exemplo, é admissível, no caso de emissões a taxa fixa, que as condições, quer do mercado quer da empresa, se possam ter alterado desde a data de emissão. Nesse caso, e num momento em que um investidor pretenda avaliar uma certa obrigação emitida no passado, poder-se-á dar o caso de a taxa de juro praticável nessa altura para novas emissões de obrigações de risco semelhante seja diferente da que foi contratualizada na data de emissão original. Repare-se que tal pode suceder não apenas quando a emissão original foi efetuada em condições de taxa de juro fixa, mas também pode suceder em presença de taxas de juro variáveis: por exemplo quando o nível de risco da empresa se alterou, justificando a prática de um *spread* diferente do inicial.

Assim, a taxa de atualização dos juros e reembolsos de uma obrigação deve basear-se nas *condições que seriam praticadas hoje, no mercado primário*[5]*, para novas emissões de obrigações com prazos idênticos e características de risco as mais semelhantes possíveis*[6]. À taxa

5 Por oposição ao chamado *mercado secundário,* que consiste em bolsas organizadas onde se transacionam títulos (de dívida ou capital próprio) já emitidos entre investidores, no *mercado primário* são colocados à venda novos títulos que estão a ser emitidos e onde o encaixe financeiro é tipicamente recebido pela empresa emitente (de obrigações ou de ações).

6 Porquê usar o mercado primário de novas emissões de obrigações como referência para a definição desta taxa de juro adequada? A resposta é que é mais que natural que as condições praticadas nessa venda reflitam de forma mais adequada o sentimento do mercado. Assim, se a taxa de juro numa nova emissão for demasiado baixa, haverá dificuldade em vender a emissão.

de juro determinada nessas condições chamaremos *taxa de juro adequada* (R) ou meramente *taxa de juro de mercado* (i.e., que o mercado entende como apropriada ao risco do título em questão).

Uma forma de aferir qual a taxa de juro adequada aplicável na avaliação de uma certa obrigação consiste na identificação, no mercado primário, de uma obrigação que tenha a mesma notação de risco (*rating*) dada por uma agência de risco especializada e uma maturidade e demais condições contratuais da obrigação o mais parecidas possível. A fórmula geral de cálculo do valor teórico (ou intrínseco) de uma obrigação é a seguinte.

Sendo:
V = Valor teórico da obrigação (no momento zero)
C_t = Cupão (juro) a pagar no período t
VR_t = Valor de Reembolso da obrigação no período t
n = número de períodos até à maturidade
R = taxa de juro adequada ao risco da obrigação

Então, a *fórmula geral de avaliação de uma obrigação* é

$$V = \sum_{t=1}^{n} \frac{C_t + VR_t}{(1+R)^t} . \qquad [6.1]$$

(iii) Determinado o valor da obrigação como o valor atual dos juros e dos reembolsos futuros que ela irá proporcionar (V), é possível então comparar esse valor com o da sua cotação (ou preço, P) atual da seguinte forma:

Sendo, pelo contrário, excessivamente elevada, haveria nesse caso um excesso de procura dos títulos. Os intermediários financeiros que colocam uma emissão de obrigações não gostariam certamente que a emissão fosse um insucesso no primeiro caso. Mas também não desejariam que a sua reputação fosse negativamente afetada perante potenciais novas empresas emitentes pelo facto de terem definido taxas de juro demasiado elevadas. Deste modo, é pouco expectável que hajam grandes divergências entre a taxa de juro do mercado e a taxa de juro de novas emissões de obrigações. Acresce que a concorrência entre intermediários financeiros que prestam serviços de montagem e colocação de obrigações também auxiliaria a que as divergências entre essas duas taxas fossem mínimas. A utilização de taxas de juro praticadas no mercado primário tem ainda, em relação ao benefício de taxas observadas no mercado secundário, o facto de que os volumes de venda de títulos de uma nova emissão serem mais elevados do que os volumes que um título comparável já emitido no passado possa ter no mercado secundário nesse mesmo momento do tempo.

- Se $P < V$, a cotação atual está abaixo do seu valor intrínseco, pelo que a obrigação está *subavaliada*;
- Se $P > V$, a obrigação transaciona-se acima do seu valor teórico, pelo que ela está *sobreavaliada*;
- Se $P = V$, diz-se que a obrigação está *em equilíbrio* (transaciona-se a um valor "justo", dado o seu nível de risco).

(iv) Finalmente, e como alternativa a (iii) pode-se ainda aferir se o preço corrente (P) de uma obrigação em bolsa (ou numa transação entre investidores) é igual ao valor intrínseco da mesma *comparando o rendimento implícito na cotação atual com a taxa de juro adequada (R)*. Definindo esse rendimento implícito como o *rendimento até à maturidade* (ou *YTM*, *Yield to Maturity*[7]), pode-se apresentar essa taxa de acordo com a fórmula geral seguinte[8]:

$$P = \sum_{t=1}^{n} \frac{C_t + VR_t}{(1+YTM)^t} . \qquad [6.2]$$

Deste modo, é possível interpretar o rendimento implícito até à maturidade como a taxa de rendimento que um investidor em obrigações iria usufruir se adquirisse o título ao preço P e o detivesse até â maturidade, reinvestindo os juros periódicos e eventuais reembolsos parcelares recebidos de acordo com a mesma taxa *YTM* até ao final da vida da obrigação[9]. Uma vez obtida a *YTM*, pode-se então comparar esta com a taxa de juro adequada por forma a averiguar a justeza do preço corrente da obrigação:

- Se $YTM > R$, a obrigação está *subavaliada* (o rendimento implícito é superior à taxa de juro adequada);
- Se $YTM < R$, o título está *sobreavaliado* (possui um rendimento implícito inferior à taxa de juro exigível);

---

[7] Por vezes designado simplesmente como *yield*, como se poderá observar aliás no quadro da ilustração 6.6.

[8] Note-se que o conceito de *Yield to Maturity* é em tudo idêntico ao da Taxa Interna de Rentabilidade vista no capítulo 3.

[9] Para confirmar esta observação sobre a necessidade de assegurar o reinvestimento dos juros e eventuais reembolsos intercalares como condição para a validade da *YTM*, bastará multiplicar ambos os membros da fórmula [6.2] pelo factor $(1+YTM)^n$.

- Se $YTM = R$, o rendimento implícito corresponde à taxa de juro adequada, pelo que o título está em *equilíbrio*[10].

É de referir que, quando existam obrigações já cotadas numa bolsa com características de risco e maturidades semelhantes, o rendimento implícito das mesmas poderá ser uma boa aproximação também à taxa de juro adequada atrás mencionada (desde que exista um adequado volume de transações e de liquidez nesse mercado). A Ilustração 6.6 mostra os rendimentos implícitos e a Ilustração 6.7 as notações de *rating* de um conjunto de obrigações de diferentes maturidades e níveis de risco, ambas retiradas do mercado secundário de obrigações norte-americano.

ILUSTRAÇÃO 6.6 – YIELDS DE OBRIGAÇÕES COTADAS

INVESTMENT GRADE | HIGH YIELD | CONVERTIBLES — 09/20/2018

Issuer name (symbol)	Coupon %	Maturity	Credit rating Moody's	S.&P.	Fitch	Price Last	Change	Yield %
Ge Cap Intl Fdg Co Medium Term Nts Book GE4373444	2.34%	Nov '12020	A2	A	A	97.824	+0.036	3.40%
Verizon Communications Inc VZ4214179	4.86%	Aug '12046	Baa1	BBB+	BBB+	99.301	−1.63	4.91%
Wells Fargo & Co Medium Term Sr Nts Book WFC4519778	2.63%	Jul '12022	A2	A-	A-	96.439	+0.046	3.63%
Fedex Corp FDX4593525	4.05%	Feb '12048	Baa2	BBB	BBB	90.642	+0.68	4.64%
Cvs Health Corp CVS4607885	5.05%	Mar '12048	Baa1	BBB	BBB	102.262	+0.99	4.90%
Bank Nova Scotia B C BNS4584804	2.50%	Jan '12021	Aa2	A+	A+	98.165	+0.291	3.34%
United Technologies Corp UTX4666720	4.13%	Nov '12028	Baa1	BBB+	BBB+	99.346	+0.293	4.21%
Jpmorgan Chase & Co JPM.NAN	4.40%	Jul '12020	A3	A-	A-	102.105	−0.086	3.20%
At&t Inc T4104754	2.30%	Mar '12019	Baa2	BBB	BBB	99.891	+0.013	2.54%
Cvs Health Corp CVS4608034	4.10%	Mar '12025	Baa1	BBB	BBB	99.571	+0.097	4.18%

Fonte: New York Times, 21.09.2018

[10] É fácil de notar que quando $YTM = R$, isto é, quando a taxa de rendimento implícito até à maturidade é equivalente à taxa de juro adequada (de mercado), a implicação matemática é que $P = V$ (o preço será igual ao valor teórico).

ILUSTRAÇÃO 6.7 NÍVEIS DE RATING

Moody's		S&P (Standard & Poor´s)		Fitch		
Longo prazo	**Curto prazo**	**Longo prazo**	**Curto prazo**	**Longo prazo**	**Curto prazo**	**Observação**
Aaa	P-1	AAA	A-1+	AAA	F1+	*Prime*
Aa1		AA+		AA+		Grau elevado
Aa2		AA		AA		
Aa3		AA-		AA-		
A1		A+	A-1	A+	F1	Grau médio elevado
A2		A		A		
A3	P-2	A-	A-2	A-	F2	
Baa1		BBB+		BBB+		Grau médio baixo
Baa2	P-3	BBB	A3	BBB	F3	
Baa3		BBB-		BBB-		
Ba1	Sub prime	BB+	B	BB+	B	Grau de não-investimento especulativo
Ba2		BB		BB		
Ba3		BB-		BB-		
B1		B+		B+		Altamente especulativo
B2		B		B		
B3		B-		B-		
Caa1		CCC+	C	CCC	C	Risco substancial
Caa2		CCC				Extremamente especulativo
Caa3		CCC-				Em moratória com uma pequena expectativa de recuperação
Ca		CC				
		C				
C		D	/	DDD	/	Em moratória
/				DD		
/				D		

Fonte: Agências de Rating

6.5 Avaliação de Obrigações Cupão-Zero

Atendendo aos princípios básicos de avaliação enumerados, a avaliação de uma obrigação de cupão-zero é a situação mais simples possível dada a existência de apenas um único fluxo financeiro (o valor de reembolso na maturidade do título).

Assim, tomando em atenção a localização no tempo do valor de reembolso, e definindo

VN = Valor Nominal (e de Reembolso) da obrigação
R = Taxa de juro adequada
V = Valor teórico da obrigação
n = número de períodos até à maturidade da obrigação

teremos

$$V = \frac{VR}{(1+R)^n}. \qquad [6.3]$$

Por sua vez, o cálculo da *Yield to Maturity* no caso de uma obrigação de cupão-zero é também particularmente fácil. Assim, sendo

$$P = \frac{VR}{(1+YTM)^n}, \qquad [6.4]$$

ou, de uma forma mais prática e expedita,

$$YTM = \left(\frac{VR}{P}\right)^{\frac{1}{n}} - 1. \qquad [6.5]$$

Exemplo 6.1 – Cálculo do Valor de uma Obrigação de Cupão-Zero

Suponhamos que a empresa ZT tem obrigações emitidas que se vencem daqui a 6 anos, não pagam juros e possuem um valor de reembolso de € 1000.

a) Se a taxa de juro de mercado adequada ao risco e maturidade deste título for de 3%, quanto estará um investidor disposto a pagar hoje por ela?

b) Admitindo que o investidor adquiriu hoje o título por € 820 diga se terá sido um bom negócio e quando espera o obrigacionista ganhar se detiver o título até à maturidade

a) O valor que o investidor estará disposto a pagar corresponde ao valor teórico da obrigação *(V)*. Sendo o valor de reembolso (*VR*) 1000 e a taxa de juro adequada (*R*) de 3%, e o prazo até à maturidade (*n*) de 6 anos, esse valor pode ser calculado de acordo com a fórmula [6.3] como

$$V = \frac{1000}{(1+3\%)^6} = 837,48$$

b) Sendo o Preço (*P*) de € 820 inferior ao valor teórico (*V*) de € 837,48 então será certamente um bom negócio. Uma outra forma de verificar isso consiste na determinação do *Yield to Maturity* (*YTM*), o rendimento até à maturidade, que segundo a fórmula 6.5 pode ser obtido como

$$YTM = \left(\frac{1000}{820}\right)^{\frac{1}{6}} - 1 = 3,36\%$$

Assim, conclui-se de novo que o investidor está a fazer um bom investimento pois que, numa altura em que em investimentos de risco e prazos semelhantes a taxa de juro no mercado é de 3%, ele conseguiu neste caso concreto assegurar um rendimento até à maturidade de 3,36% ao ano, sem sequer depender da necessidade de reinvestimento de juros ou reembolsos parcelares (uma vez que se está perante uma obrigação de cupão-zero).

6.6 Avaliação de Obrigações clássicas (de taxa fixa)

Pegando na fórmula geral [6.1] e aplicando-a ao caso de uma obrigação clássica de taxa fixa, recorde-se que esses títulos terão juros (ou cupões) periódicos constantes (iguais a *C*) e um único valor de reembolso (*VR*), este último a pagar no final do período *n*. Assim, o valor dessa obrigação pode ser escrito, recordando a fórmula [3.3] do capítulo 3 para a determinação do valor atual de capitais constantes no tempo, como

$$V = C\left[\frac{1-(1+R)^{-n}}{n}\right] + \frac{VR}{(1+R)^n}. \qquad [6.6]$$

Por outro lado, a *YTM* aplicável a uma obrigação clássica pode naturalmente ser determinada de acordo com a expressão seguinte:

$$P = C\left[\frac{1-(1+YTM)^{-n}}{n}\right] + \frac{VR}{(1+YTM)^n}. \qquad [6.7]$$

Exemplo 6.2 – Cálculo do Valor de uma Obrigação Clássica

Admita que um investidor tenciona adquirir a 22.07.2018 um dos títulos da ilustração 6.6 (obrigações *Wells Fargo*) cuja maturidade ocorrerá (informação adicional) a 22.07.2022. Notando que a taxa de cupão anual é de 2,625% (arredondada para 2,63% na tabela da ilustração 6.6) e assumindo que a *Yield to Maturity* indicada na tabela (3.63%) corresponde à taxa de juro adequada, verifique se o preço indicado (96,439% do Valor Nominal) é ou não próximo do valor teórico nessa data. Assuma para esse efeito que o valor nominal seria de \$ 100 e que os juros são pagos anualmente.

No caso concreto temos que

$$VR = 100$$

$$C = 2,625\% \times 100 = 2,625$$

$$n = 4$$

$$V = 2,625\left(\frac{1-(1+3,63\%)^{-4}}{3,63\%}\right) + \frac{100}{(1+3,63\%)^4} = 96,34$$

O valor teórico determinado é assim muito próximo da cotação de \$ 96,439.

Exemplo 6.3 – Cálculo do Valor de uma Obrigação Clássica com juros contados

Considere agora o mesmo título do exemplo 6.3. (obrigações *Wells Fargo*) cuja maturidade ocorrerá a 22 .07. 2022. Notando que a taxa de cupão anual é de 2,625% (arredondada para 2,63% na tabela da ilustração 6.6) assuma que o *Yield to Maturity* indicado na tabela é, mais rigorosamente, 3,6334%) e corresponde à taxa de juro adequada. Pressupondo que o investidor terá que pagar a 21.09.2018 o preço da obrigação mais os juros contados numa base de ano de 360 dias, confirme se o preço indicado (96,439% do Valor Nominal) é consistente com estes dados. Tal como anteriormente, pode assumir para esse efeito que o valor nominal seria de $ 100 e que os juros são pagos anualmente.

Nesta situação temos que proceder da seguinte forma:

i) Determinar o valor da obrigação na próxima data de vencimento de juros (22.07.2019).

ii) Adicionar ao valor obtido em i) o montante dos juros vencidos nessa data.

iii) Descontar o valor obtido em ii) para a data de 21.09.2018 considerando o número de dias reais.

iv) Obter o preço teórico da obrigação retirando a iii) o valor dos juros contados a entregar em 21.09.2018 ao vendedor da obrigação.

Assim, ter-se-á

i) $V_{21/07/2019} = 2,625\left(\frac{1-(3,6334\%)^{-3}}{3,6334\%}\right)+\frac{100}{(1+3,6334\%)^{3}} = 97,18$ (notar que a 21.07.2019 faltam 3 anos para o vencimento)

ii) Juro vencido a 21.07.2019 = 2,625

Logo,

$$2,625+97,18=99,81$$

iii) Valor Atual a 21.09.2018 do valor obtido em ii): notando que decorrem 304 dias reais entre 21.09.2018 e 22.07.2019[11], pode-se calcular então

$$V = \frac{97,18}{(1+3,6334\%)^{\frac{304}{365}}} = 96,884$$

iv) Juros contados (base de ano comercial de 360 dias) entre 22.07.2018 e 21.09.2018 = 2,625 × 61 / 360 = 0,445

Logo, 96,884 – 0,445 = 96,439 (exatamente o valor indicado na Tabela da ilustração 6.6.)

6.7 Avaliação de Obrigações de capitalização automática (OCAs)

Dado que nesta categoria de obrigações, os juros vencidos são imediatamente reaplicados até à maturidade, o respetivo valor teórico na data da maturidade é dado, assumindo uma taxa de juro de cupão *i* constante, e recordando a fórmula [3.1] do valor futuro de pagamentos constantes vista no capítulo 3, por

$$V_n = C\left[\frac{(1+i)^n - 1}{i}\right] + VR\,. \qquad [6.8]$$

Seguidamente, o valor assim obtido deve ser descontado para a data presente (momento zero) de acordo com a taxa de juro adequada *R*:

$$V = \left[C\left[\frac{(1+i)^n - 1}{i}\right] + VR\right] \times \frac{1}{(1+R)^n}\,. \qquad [6.9]$$

[11] Note-se que para um investidor o ano terá sempre 365 dias e não os 360 dias formais do ano comercial onde se baseia o cálculo dos juros contados.

Em simultâneo, a *YTM* deste género de obrigações pode ser obtida através da fórmula seguinte:

$$P = \left[C\left[\frac{(1+i)^n - 1}{i} \right] + VR \right] \times \frac{1}{(1+YTM)^n}. \qquad [6.10]$$

Exemplo 6.4 – Cálculo do Valor de uma Obrigação de Capitalização Automática

Suponha que a obrigação OCA 2020 é um título de capitalização automática emitido a 30 de junho de 2016 com juros anuais à taxa anual nominal fixa de 3%, e com um valor de reembolso de capital (e valor nominal) igual a € 1000. Assumindo que os juros se vencem a 30 de junho de cada ano, determine o valor da obrigação a 30.06.2018 se a taxa de juro adequada efetiva ao ano for de 2,25%.

Primeiro, repare-se que o valor futuro da obrigação na data da maturidade equivale ao valor capitalizado à taxa de 3% de todos os juros e do reembolso previsto para essa data, ou seja,

$$V_{30/6/2020} = 30\left(\frac{(1+3\%)^4 - 1}{3\%} \right) + 1000 = 1251,02.$$

Seguidamente, esse valor a receber a 30.06.2020, deve ser descontado 2 anos de acordo com a taxa de juro adequada de 2,25%, isto é

$$V_{30/6/2018} = \frac{1251,02}{(1+2,25\%)^2} = 1196,57.$$

6.8 Avaliação de uma obrigação perpétua

Finalmente, um caso simples será também o das obrigações perpétuas. Nesta situação, e considerando o valor atual de uma perpetuidade visto na fórmula [3.4] do capítulo 3, o valor dessa obrigação é simplesmente dado por

$$V = \frac{C}{R}. \qquad [6.11]$$

A respetiva *yield to maturity* pode ser obtida, então, por

$$P = \frac{C}{YTM}. \qquad [6.12]$$

Ou, de um modo mais prático, por

$$YTM = \frac{C}{P}. \qquad [6.13]$$

Exemplo 6.5 – Cálculo do Valor de uma Obrigação Perpétua

Considere a obrigação do Tesouro Consolidado 1943 apresentada na ilustração 6.3. Suponha que pretende avaliar esse título a 15.03.2019, imediatamente após o pagamento do juro dessa data.

a) Se a taxa de juro adequada trimestral for de 0,75%, quanto valerá (em euros) essa obrigação (note que € 1 = 200$482)?

b) E se a taxa fosse alternativamente de 0,85%?

c) Assumindo que adquiriu a obrigação em 15.03.2019 por € 3,95 (ou seja, 781$88), qual o respetivo *yield to maturity* anual?

a) Sendo a taxa de juro de cupão anual nominal i de 2,75% e o Valor Nominal (VN) de 1000$00, então o cupão trimestral C será de 2,75% × 1000$00 / 4 = 6$875

Deste modo, o valor teórico da obrigação, para uma taxa R trimestral = 0,75% é, considerando a fórmula [6.11], de

$$V = \frac{6,875}{0,75\%} = 916,67$$

$$V(\text{em euros}) = \frac{916,67}{200,482} = 4,572$$

b) Se a taxa *R* trimestral = 0,85%, então

$$V = \frac{6,875}{0,85\%} = 808,82$$

$$V(\text{em euros}) = \frac{808,82}{200,482} = 4,034$$

É de salientar que a comparação entre os resultados de a) e de b) mostra que o valor (e preço) deste tipo de títulos é muito sensível às variações das taxas de juro de mercado. Neste caso, uma variação de apenas 0,1 pontos percentuais na taxa trimestral (de 0,75% para 0,85%) causou um impacto de cerca de –12% no valor do título (ie, 4,034/4,572 – 1).

c) Considerando a fórmula [6.13], *YTM* pode ser obtido como

$$YTM_{trimestral} = \frac{6,875}{781,88} = 0,879\%$$

$$YTM_{anual} = (1 + 0,879\%)^4 - 1 = 3,564\%$$

6.9 Relação entre a taxa de cupão (*i*), *yield to maturity* (*YTM*) e o preço da obrigação (*P*)

Conforme referido anteriormente, uma condição para o equilíbrio de uma obrigação no mercado é que o seu preço seja equivalente ao valor teórico determinado com base numa das fórmulas apresentadas. Num mercado eficiente, essa igualdade dar-se-ia em teoria a todo o tempo.

Uma questão diferente será, todavia, a relação entre a taxa de juro de cupão e a taxa de juro de mercado. Intuitivamente, se uma obrigação tem nas suas condições de emissão iniciais uma taxa de juro de cupão fixa (por razões já discutidas, em princípio igual à taxa de juro de mercado do momento da emissão), o que sucederá ao valor do título quando haja uma alteração subsequente na taxa de juro adequada?

Pensemos no caso em que a taxa de juro adequada se tornou superior à taxa de juro de cupão. Sendo o valor nominal da obrigação a base sobre a qual os juros são apurados, podemos assumir que no momento da emissão o preço (*P*) seja igual ao valor nominal (*VN*), por sua vez igual ao valor de reembolso (*VR*), e que a taxa de juro adequada seja igual a *Yield to Maturity*. Mas se a taxa de juro adequada sobe posteriormente (mantendo-se o juro do cupão), então por força da fórmula geral [6.1] verificar-se-á que o seu valor iá descer (a obrigação passa a vender-se abaixo do par, ou a desconto).

De forma simétrica, caso a taxa de juro de mercado baixasse, seria natural esperar que o valor da obrigação subisse (o título passaria a transacionar-se acima do par, ou a prémio).

Ou seja, a *detenção de uma obrigação de taxa de cupão fixa num ambiente de flutuações subsequentes da taxa de juro adequada torna o investimento suscetível de registar ganhos (mais-valias) ou perdas de capital (menos-valias)* ao longo da vida do título.

Assim, podemos dizer que:

- Se *R (taxa de juro adequada) > i (taxa de juro do cupão)*, o valor de mercado da obrigação deverá ser abaixo do par (i.e., a obrigação deverá ser vendida *a desconto* em relação ao valor nominal).
- Se $R < i$, o valor de mercado da obrigação deverá ser acima do par (i.e., a obrigação deverá ser vendida *a prémio* em relação ao valor nominal, ou acima do par).
- Se $R = i$, o valor de mercado da obrigação deverá ser igual ao par (i.e., a obrigação deverá ser vendida ao valor nominal, *ao par*).

No entanto, registe-se igualmente que apesar do exposto, todas as obrigações irão tender no final para um valor que será idêntico ao valor do reembolso na maturidade (*VR*). Uma implicação desse facto é que, depois de uma alteração na taxa de juro de mercado, e assumindo que esta não sofrerá mais variações até à maturidade do título, obrigações que se encontram a desconto em relação ao valor nominal (supostamente o valor de reembolso) registarão mais-valias periódicas. Pelo contrário, nas obrigações que se encontram cotadas a prémio irão observar-se periodicamente menos-valias até à maturidade (pois nessa data todos os títulos terão um valor igual ao valor nominal ou de reembolso)[12].

[12] Nesto ponto estamos a ignorar o efeito dos chamados *juros contados*. Isto é, na prática das transações de obrigações em bolsa é costume fazer uma separação entre o preço do título e o valor

Exemplo 6.6 – Exemplo de impacto de flutuação das taxas de juro de mercado no valor das obrigações

Suponha que a obrigação RNC possui uma taxa de cupão anual fixa de 5%, tem um valor nominal (igual ao valor de venda na data de emissão) e de reembolso de € 1000 e faltam exatamente 15 anos até à sua maturidade.

a) Qual o seu valor hoje se a taxa de juro adequada for de 2%? E se for de 8%?

b) Repita os cálculos de a) mas na circunstância em que falta apenas 1 ano para o seu vencimento. O que pode concluir sobre a volatilidade dos preços das obrigações a longo prazo em relação às de curto prazo?

c) Admita que comprou a obrigação 2 anos antes do vencimento pelo seu valor teórico nessa data na situação em que a taxa de juro adequada era de 8%. Diga como vai materializar a *Yield to Maturity* (ou a taxa de juro adequada) se o investidor em causa decidisse, pelo contrário, vender o titulo 1 ano após a sua aquisição.

d) Repita os cálculos em c) para o caso em que o obrigacionista quisesse, pelo contrário, manter o título até à sua maturidade.

a) Se $R = 2\%$, $n = 15$, $i = 5\%$ e $VR = VN =$ € 1000 então o cupão anual $C = 5\% \times$ € 1000 = € 50 e o valor da obrigação é dado por

$$V = 50\left(\frac{1-(1+2\%)^{-15}}{2\%}\right)+\frac{1000}{(1+2\%)^{15}} = 1385,48 .$$

Deste modo, a baixa superveniente das taxas de juro de mercado em relação ao valor da taxa de juro de cupão levou a obrigação a valorizar cerca de +38,5% (1385,48/1000 – 1).

dos juros decorridos desde a data do último pagamento de juros e a data de transação em bolsa. Assim, quando se verifica uma aquisição de um título obrigacionista, o comprador irá entregar ao vendedor o preço do título mais o valor dos denominados *juros contados* (segundo uma regra proporcional simples numa base de ano com 360 dias), ou seja, os juros supostamente decorridos entre a data do último pagamento de juros e a da transação.

Se, todavia, $R = 8\%$ então

$$V = 50\left(\frac{1-(1+8\%)^{-15}}{8\%}\right) + \frac{1000}{(1+8\%)^{15}} = 743,22$$

Ou seja, nesta situação uma subida de taxas de juro em relação à taxa de juro de cupão levou a uma desvalorização da obrigação em cerca de – 25,7% (743,22/1000 – 1).

b) Se $n = 1$ obtêm-se os seguintes valores teóricos para a obrigação para o caso de $R = 2\%$

$$V = \frac{1050}{(1+2\%)} = 1029,41$$

e para o caso de $R = 8\%$

$$V = \frac{1050}{(1+8\%)} = 972,22\,.$$

Logo, a descida das taxas de juro na primeira situação levou a uma valorização da obrigação em +2,9% e a subida, no segundo caso, a uma redução do valor em cerca de –2,8%. Uma implicação óbvia, comparando com os resultados de a), é que os valores das obrigações flutuam de modo muito mais acentuado quando se está perante títulos de longas maturidades (15 anos no caso) do que quando se enfrentam prazos curtos (1 ano neste exemplo). Desta forma, pode-se afirmar que o risco associado a oscilações da taxa de juro de mercado será tanto maior quanto mais elevado for o prazo da obrigação.

Graficamente poderemos observar o seguinte:

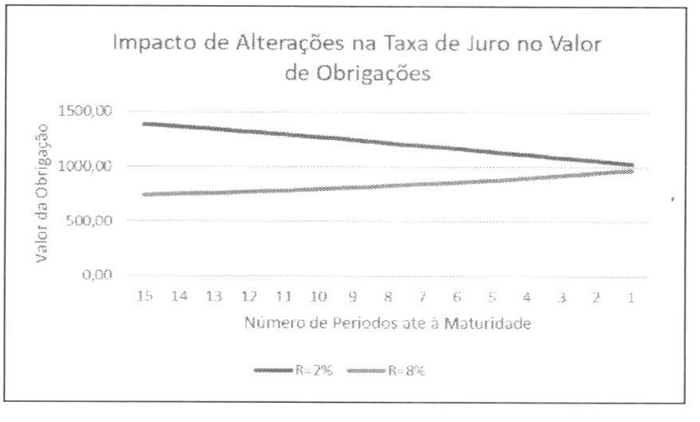

O gráfico acima mostra que ao longo do tempo o valor da obrigação vai-se aproximando tendencialmente de € 1000, o valor de reembolso na maturidade, independentemente do estado presente da taxa de juro adequada. Adicionalmente pode observar-se que quando a taxa de juro adequada é de 2% (abaixo da taxa de cupão de 5%) a obrigação registará uma quebra periódica de valor (menos-valia), observando-se, em contraste, incrementos de valor (mais-valias) quando a taxa de juro adequada é de 8% (inferior à taxa de cupão).

c) Primeiro, calcule-se o valor teórico dois anos antes da maturidade ($n = 2$) para o caso em que $R = 8\%$:

$$V = 50\left(\frac{1-(1+8\%)^{-2}}{8\%}\right)+\frac{1000}{(1+8\%)^2} = 946,50\,.$$

Um ano depois da aquisição o investidor terá um rendimento que terá duas origens, a saber,

- um rendimento-juro equivalente a 50/946,50 = +5,283%
- um rendimento ganho de capital equivalente à mais-valia esperada na venda do título. Sendo o valor esperado da obriação a 1 ano da maturidade 1050/(1+8%) = 972,22, então este ganho percentual será (972,22 – 946,50)/946,50 = +2,717%.

Assim verifica-se que 5,283% + 2,717% = 8,000%, perfazendo de forma exata a taxa de juro adequada pretendida.

d) Note-se que ainda faltam ocorrer dois pagamentos de juros de € 50. Para assegurar o rendimento pretendido, o investidor terá que reinvestir os rendimentos recebidos durante o seu horizonte de investimento. Isso significa que irá acumular nas duas formas de rendimento:

  - rendimento-juro: $\dfrac{50(1+8\%)+50}{946,50} = 10,987\%$;
  - rendimento ganho de capital: $\dfrac{1000-946,50}{946,50} = 5,652\%$.

Somando os dois rendimentos, 10,987% + 5,652% = 16,64%.

Finalmente, é fácil verificar que os 16,64% acumulados nos dois anos correspondem exatamente a um rendimento anual efetivo de $(1+16{,}64\%)^{1/2} - 1 = 8{,}0\%$, ou seja, precisamente a taxa de juro adequada anual.

Sumário

- Uma obrigação é um título de dívida (negociável) que confere ao seu detentor o direito ao recebimento de um juro periódico e de um valor de reembolso.
- O valor de uma obrigação pode ser determinado como o valor atualizado de todos os fluxos financeiros que irão ser recebidos no futuro por um investidor.
- A taxa de atualização adequada a utilizar na avaliação de uma obrigação deve refletir o risco da mesma e ser baseada na taxa de juro praticada no mercado primário de obrigações de risco e maturidades semelhantes.
- A *yield to maturity* (rendimento até à maturidade) consiste na taxa de rendimento que um investidor vai usufruir caso adquira uma obrigação a um determinado preço e a detenha até à maturidade, reinvestindo qualquer juro ou reembolso recebido durante todo esse período.
- Para uma obrigação estar em equilíbrio, o seu preço teórico deve ser idêntico ao preço no mercado, sendo também que a *yield to maturity* deverá ser igual à taxa de juro adequada (taxa de mercado).
- As obrigações de taxa fixa devem transacionar a desconto (abaixo do par) em relação ao seu valor nominal quando a taxa de juro adequada for superior à taxa de juro de cupão. Inversamente, o seu preço deve registar um prémio (acima do par) quando se verifique que a taxa de juro adequada é menor que a taxa de cupão.
- Tudo o mais constante, as obrigações que estejam a desconto devem tender para o valor de reembolso na data de maturidade, registando desse modo mais-valias periódicas. Da mesma forma, títulos que estejam a prémio registam menos-valias em cada período até ao final do prazo da obrigação.

PROBLEMAS

1. Considere uma obrigação de cupão-zero com um valor nominal de € 1000, um prazo de 20 anos e uma taxa de desconto adequada de 6% ao ano.
   a) Qual o valor da obrigação no momento 0?
   b) Se, em face da descida generalizada das taxas de juro, a taxa de desconto adequada para remunerar esta obrigação passar a ser 5%, qual o novo valor teórico da obrigação?
   c) Admitindo que o preço de mercado se fixou em € 380, qual a *YTM*?
   d) Admitindo que o detentor de uma carteira de 500 obrigações considera que o nível de risco adequado para este instrumento financeiro justifica uma taxa de rendibilidade de 5,5%, o que é que ele deve fazer?

2. Assuma que adquiriu uma obrigação com valor nominal € 1 000 e taxa de cupão fixa de 8%. A obrigação paga juros semestralmente e a maturidade da obrigação era de 20 anos. O valor da obrigação no mercado é de € 1012,5, faltando atualmente 12 anos para o seu vencimento. Calcule o valor da *YTM*.

3. Suponha os seguintes dados para duas obrigações:

	Obrigação A	Obrigação B
Cupão	Anual	Anual
Maturidade	3 anos	3 anos
Taxa de Cupão	10%	6%
YTM	10,65%	10,75%
Preço	98,40	88,34

   Suponha as seguintes taxas de desconto adequadas para os diferentes prazos:

Prazo	1 ano	2 anos	3 anos
Taxa	5%	8%	11%

   Utilizando a informação disponível, e sabendo que as duas obrigações são do mesmo emitente, qual das duas obrigações recomendaria?

4. Em Junho de 2008 as *U.S. government bonds*, de Dezembro de 2009, com uma taxa de cupão de 6,375%, eram transacionadas a 99,3125% do par ($ 1000) [*Wall Street Journal*]. Sabendo que tais obrigações vencem juros semestralmente:

a) Quais os *cash-flows* (montante e data) esperados entre Junho de 2008 e a data de amortização?
b) Qual o seu valor teórico (*V*) se a taxa de juro adequada for 8% (a.n.)?
c) Qual o seu valor teórico (*V*) se a taxa de juro adequada for 6,375% (a.n.)?
d) Qual o seu valor teórico (*V*) se a taxa de juro adequada for 4% (a.n.)?
e) Qual a *YTM* (taxa anual efetiva) implícita na cotação atual?

5. Considere a Obrigação do Tesouro com maturidde em 16/06/14, taxa de cupão 4,375%, listada no MEDIP, e sabendo que a obrigação vence juros apenas uma vez por ano. Situado em 16 de Outubro de 2004, responda:
a) Quais os *cash-flows* estimados pelo detentor da dívida equivalente a um valor nominal de € 10 000?
b) Quanto vale a posição deste investidor, admitindo uma *YTM* de 5%?
c) Qual a *YTM* se o preço de mercado daquela posição for € 9363,68?

6. A empresa BOND tem obrigações emitidas com as seguintes caraterísticas:
- dimensão da emissão: 100 000 obrigações (valor nominal = € 50)
- maturidade: 15 anos
- taxa de cupão (fixa): 5%

A *Yield to Maturity* para uma obrigação clássica com o mesmo risco é hoje de 7%. A obrigação deverá transacionar:
a) Ao par.
b) A desconto.
c) A prémio.
d) Nenhuma das anteriores.

7. Uma obrigação acaba de ser transacionada por € 950, i.e., abaixo do par (€ 1000). O prazo remanescente é de 10 anos, a *YTM* é de 10,843% e a obrigação vence cupões anualmente.
a) Qual o valor da taxa de cupão?
b) Qual seria a sua resposta à questão anterior se a obrigação vencesse cupões semestralmente?

8. Uma obrigação com valor nominal € 10 000, relativamente à qual os investidores exigem uma remuneração nominal de 10% ao ano, acaba de ser transacionada

por € 9231,4. Sabendo que a taxa de cupão é de 9% e que a obrigação paga juros de 6 em 6 meses, calcule o prazo de vida da obrigação (maturidade).

9. Os preços para três obrigações de cupão-zero emitidas pelo Tesouro são os que constam da tabela seguinte:

Prazo	1 ano	3 anos	5 anos
Preço	952,38	816,30	649,93

Com base nesta informação pode afirmar-se:

a) A *Yield to Maturity* é crescente com a maturidade das obrigações.
b) A *Yield to Maturity* é decrescente com a maturidade das obrigações.
c) A *Yield to Maturity* é constante para todas as maturidades das obrigações.
d) Nenhuma das alíneas anteriores está correta.

10. Para uma obrigação que vence um cupão anual de 5% (taxa fixa), pode afirmar-se que:

a) A obrigação deverá transacionar a desconto se a taxa de juro de mercado adequada for 6%.
b) A obrigação deverá transacionar a desconto se a taxa de juro de mercado adequada for 4%.
c) A obrigação deverá transacionar a prémio se a taxa de juro de mercado adequada for 6%.
d) Nenhuma das alíneas anteriores está certa.

11. A empresa Olá, SA está a ponderar a emissão de um empréstimo obrigacionista, a taxa fixa, com cupão anual, valor nominal e de reembolso de € 1000 e com um prazo de 4 anos. Esta empresa tem uma notação de rating BBB+ (nível de risco). De entre emitentes de empréstimos atualmente existentes no mercado, apenas a empresa Olé, SA tem idêntica classificação de risco. Esta última empresa tem cotados no mercado dois empréstimos (A e B) com as características da tabela seguinte:

	Obrigação A	Obrigação B
Valor Nominal	€ 1000	€ 5000
Taxa de cupão	0%	10%
Prazo para Reembolso	2 anos	6 anos
Cotação	85,734%	?
YTM	?	8%
Próximo pagamento	Hoje a 2 anos	Hoje a 1 ano

a) Complete a tabela, calculando os valores omitidos. Justifique a sua resposta.
b) Qual a taxa de cupão com que devem ser emitidas as obrigações pela Olá, SA para que estas sejam colocadas ao par. Justifique a sua resposta, mas não apresente cálculos.
c) Assumindo uma estrutura de prazos das taxas de juro horizontal, e sabendo que o preço a que foi colocado o empréstimo foi de 106,624%, diga qual terá sido a taxa de cupão escolhida pela Olá, SA. Justifique a sua resposta.

12. Uma obrigação de cupão-zero a cinco anos foi emitida no final de 2017 e tem um valor nominal e de reembolso de € 2000. Se a taxa de juro efetiva semestral e adequada ao risco for de 2%, então o valor de venda da obrigação no final de 2017 terá sido (arredondado às unidades):
a) € 1641.
b) € 1644.
c) € 2438.
d) € 1811.

13. A empresa PAGAPOUCO, SA pretende emitir hoje obrigações com maturidade de 5 anos ao preço de € 1000 e com reembolso na totalidade no final de vida do empréstimo obrigacionista. Tendo em atenção o seu interesse em não ter um grande esforço financeiro durante a vida do empréstimo, pretende a PAGAPOUCO que a taxa de juro do cupão semestral (incidente sobre o valor nominal de € 1000 seja apenas de 0,5% em vez dos 2% de remuneração semestral efetiva exigida pelos obrigacionistas, dado o risco da dívida a emitir.
a) Qual o prémio de reembolso acima do valor nominal que as obrigações deverão proporcionar de forma a garantir a remuneração pretendida pelos obrigacionistas?
b) Qual será a remuneração anual, em %, esperada pelos obrigacionistas no primeiro ano de vida das obrigações, decomposta em rendimento-juro e rendimento ganho de capital?
c) Qual será a variação do valor das obrigações entre a data de hoje e daqui a um ano se precisamente daqui a um ano as taxas de juro efetivas exigíveis para obrigações desse tipo subirem inesperadamente para 2,5% por semestre?

14. Uma obrigação de cupão-zero com valor nominal de € 2000 tem uma cotação de 87,47%. Sabendo que a taxa de desconto anual adequada para este título é de 5,5%, quanto tempo falta até à sua maturidade?

a) 2,0 anos.
b) 2,5 anos.
c) 3,0 anos.
d) 3,5 anos.

15. Uma obrigação, que foi emitida há dois anos a desconto, ao preço de € 800, tem um valor nominal e de reembolso de € 1000 e uma taxa de cupão anual de 2%. O reembolso ocorrerá de hoje a três anos e acabou de ser pago o juro anual. A taxa de juro anual para dívida de igual risco e maturidade no mercado é de 6%. O valor teórico dessa obrigação hoje, após o pagamento do cupão, é de:
a) € 893,08.
b) € 882,39.
c) Menos de € 800.
d) Outro valor.

16. Se uma obrigação clássica, que há anos foi emitida ao par, tem uma taxa de cupão fixo anual de 5% numa altura em que a taxa de juro do mercado para empréstimos de risco e duração semelhantes se situa em 8% ao ano, então é de esperar que, se a taxa de mercado se mantiver aos atuais níveis:
a) Essa obrigação registará mais-valias periódicas até à maturidade.
b) Essa obrigação registará menos-valias periódicas até à maturidade.
c) Essa obrigação não registará nem menos-valias nem mais-valias periódicas até à maturidade.
d) Essa obrigação não merecerá o interesse de nenhum investidor.

17. Ao longo deste exercício considere uma estrutura de prazos das taxas de juro horizontal.
a) O Estado XPTO emitiu obrigações de cupão-zero com valor nominal igual a € 100 e reembolso no prazo de 10 anos. Sabendo que a *Yield to Maturity* desta obrigação é igual a 10%, calcule a cotação da obrigação.
b) Passado um ano, todas as empresas de notação financeira diminuíram o rating do Estado XPTO. Qual o impacto sobre a *Yield to Maturity* das obrigações? Justifique em não mais do que duas linhas.
c) Passado mais um ano, o Estado XPTO foi obrigado a reestruturar a sua dívida. Em troco de auxílio financeiro, os credores exigiram as seguintes condições: (i) o valor da dívida será pago integralmente; (ii) a amortização da dívida será

feita a uma taxa fixa igual a 10%, num prazo de 8 anos através de pagamentos constantes. Indique o valor de todas as prestações que o Estado XPTO fará. Acha que as condições da reestruturação foram benéficas para o Estado XPTO (responda em não mais do que 5 linhas)?

18. Uma obrigação com uma maturidade de um ano, tem valor nominal de € 100 e paga juros anualmente. A obrigação está a cotar a € 110, o que corresponde a uma *YTM* de 10%. A taxa de cupão da obrigação é:
    a) 10,00%
    b) 10,50%
    c) 21,00%
    d) Nenhuma das alternativas anteriores está correta

19. Considere uma obrigação com cupões fixos anuais, com uma taxa de cupão igual a 10%, data de vencimento dentro de 5 anos, valor nominal igual a € 100 e preço de emissão igual a € 103,89. A sua *Yield to Maturity* é igual a:
    a) 9%
    b) 10%
    c) 11%
    d) 12%

20. As obrigações A, emitidas pela empresa OIPT, são obrigações de cupão-zero, com maturidade de 5 anos a contar de hoje e com valor nominal de € 100.
    a) Sabendo que o preço dessas obrigações é de € 80,245, calcule a respetiva taxa de rendibilidade implícita (*Yield to Maturity*).
    b) A empresa OIPT tenciona fazer uma emissão de obrigações B com as seguintes características:
       - maturidade de 10 anos;
       - taxa de cupão de 5% ao ano;
       - pagamento semestral de cupões;
       - valor nominal de € 250;
       - reembolso ao par.

    Sendo as obrigações B da mesma empresa, o risco a elas associado é semelhante ao das obrigações A. Calcule o valor que os investidores estão dispostos a pagar por cada obrigação B.

Soluções

1.

a) $V = 1000/(1{+}6\%)^{-20} = 311{,}80$.

b) $V = 1000/(1{+}5\%)^{-20} = 376{,}89$.

c) $380 = 1000(1{+}YTM)^{-20}$. Donde $YTM = (1000/380)^{1/20} - 1 = 4{,}96\%$.
$V = 1000(1{+}5{,}5\%)^{-20} = 342{,}73$ (< preço de mercado de 380). Logo, o investidor deverá vender as obrigações (notar que o rendimento esperado dado o atual preço é de 4,96% < rendimento de 5,5% exigido pelo investidor),

2. *YTM* semestral = 3,9187%, equivalente a uma *YTM* efetiva anual = 7,991%.

3.

O valor teórico da obrigação A é
$V = 10/(1{+}9\%) + 10/[(1{+}9\%)(1{+}11\%)] + 110/[(1{+}9\%)(1{+}11\%)(1{+}12\%)] = 98{,}466$, ie, 0,067% acima do preço de mercado.
O valor teórico da obrigação B é
$V = 6/(1{+}9\%) + 6/[(1{+}9\%)(1{+}11\%)] + 106/[(1{+}9\%)(1{+}11\%)(1{-}12\%)] = 88{,}598$, ie, 0,292% acima do preço de mercado. Donde, do ponto de vista de um potencial adquirente, B é preferível.

4.

a) $CF_1 = CF_2 = 31{,}875$ e $CF_3 = 1031{,}875$.

b) 977,45.

c) 1000,00.

d) 1034,25.

e) 6,98% anual efetiva.

5.

a) $CF_1 = CF_2 = \ldots = CF_9 = 437{,}5$ e $CF_{10} = 10\,437{,}5$.

b) Valor da obrigação em 16/06/2004 = 9517,39. Valor da obrigação capitalizado para 16/10/2004 (4 meses) = 9673,44.

c) Aproximadamente 5,43%.

6. Para uma obrigação que vence um cupão anual de 5% (taxa fixa), pode afirmar-se que a obrigação deverá transacionar a desconto se a taxa de juro de mercado adequada for 7%. (superior à taxa de cupão). Logo, a alínea b) está correta.

7.
   a) Cupão anual = € 100, pelo que a taxa de cupão é de 10% ao ano.
   b) Cupão semestral = € 48,71, pelo que a taxa de cupão é de 9,743% ao ano.

8. $n = 30$ semestres.

9.

Prazo (anos)	1	2	3
Preço	952,38	816,3	649,93
YTM	5%	7%	9%

10. Para uma obrigação que vence um cupão anual de 5% (taxa fixa), pode afirmar-se que a obrigação deverá transacionar a desconto se a taxa de juro de mercado adequada for 6% (superior à taxa de cupão). Deste modo, a alínea correta é a).

11.
   a) $857{,}34 = 1000/(1+R)^2$. Donde $R = 8\%$.
   $V = 500\frac{1-(1+8\%)^{-6}}{8\%} + \frac{5000}{(1+8\%)^6} = 5462{,}288.$
   Cotaão = (5462,288/5000) × 100% = 109,264%.
   b) A *YTM* deverá ser de 8% ao ano, dado que a Olá, SA tem o mesmo risco que a Olé, SA. Assim, para que a cotação do empréstimo coincida com o valor nominal, a taxa de cupão tem de ser igual à *YTM*. Donde, neste caso a taxa de cupão tem de ser 8% ao ano.
   c) $106{,}624\% \times 1000 = C\,\frac{1-(1+8\%)^{-4}}{8\%} + \frac{1000}{(1+8\%)^4}$. Resolvendo em ordem a C obtém-se $C = 100$. Donde, a taxa de cupão é 100/1000 = 10%.

12. $P_0 = 2000 \times (1 + 2\%)^{-10} = 1641$. A alínea a) é correta.

13.
   a) $1000 = 5 \times [1 - (1 + 2\%)^{-10}] / 2\% + (1000 + PR) \times (1 + 2\%)^{-10}$. Logo, $PR = 164{,}25$.
   b) $P_0 = 1000$, $P_1 = 5 \times [1 - (1 + 2\%)^{-8}] / 2\% + (1164{,}25) \times (1 + 2\%)^{-8} = 1030{,}30$.

Rendimento ganho de capital = (1030,30 − 1000) / 1000 = 3,03%.
Rendimento-juro = [5 × (1 + 2%) + 5] / 1000 = 1,01%.
Remuneração anual = 3,03% + 1,01% = 4,04%.

c) $P_1 = 5 \times [1 - (1 + 2,5\%)^{-8}] / 2,5\% + (1164,25) \times (1 + 2,5\%)^{-8} = 991,40$.
O valor das obrigações diminuirá 1000 − 991,40 = 8,60.

14. $(1 + 5,5\%)^{-n} = 0,8747$ logo $n = 2,5$ anos. A alínea b) é correta.

15. $V = 20 \times (1 + 6\%)^{-1} + 20 \times (1 + 6\%)^{-2} + 1020 \times (1 + 6\%)^{-3} = 893,08$.
A alínea a) está correta.

16. À medida que nos aproximamos da maturidade o valor da obrigação vai aumentando. A alínea a) é a correta.

17.

a) $100/(1+10\%)^{10}$ = € 61,39.

b) Com um risco superior, aumenta a taxa de desconto aplicada. Tal leva a uma diminuição da cotação e conduz a um aumento da *YTM*.

c)

C_8=100 e temos $P \times [(1+10\%)^8 - 1]/0,8 = 100$ Logo, P = € 8,7444.
A *YTM* na dívida reestruturada é igual a 10% e, antes da reestruturação, a YTM era superior. Do ponto de vista do custo, foi uma operação favorável.
No entanto, a reestruturação implica a antecipação de pagamentos aos credores. Tais pagamentos podem ser difíceis de executar e colocar problemas de liquidez durante a vida do empréstimo.

18. 110 = (X+100)/(1+10%). X = 21 = 100 × 21%. A alínea c) está correta.

19. Como a emissão foi feita acima do par, a *YTM* tem de ser inferior à taxa de cupão. A alínea a) está correta.

20.

a)

$80,245\ (1 + YTM)^5 = 100$. Logo, *YTM* = 4,5% ao ano.

b) Taxa semestral efetiva equivalente a 4,5% ao ano:
$(1 + i)^2 = (1 + 4,5\%)$, donde $i = 2,225\%$ ao semestre.

Valor de cada cupão: $C = 250 \times 5\%/2 = € 6{,}25$.

Valor teórico da obrigação B:

$V = 6{,}25 \times [1 - (1 + 2{,}225\%)^{-20}] / 2{,}225\% + 250 \times (1 + 2{,}225\%)^{-20} = € 261{,}00$.

CAPÍTULO 7

—

APLICAÇÃO DO CÁLCULO FINANCEIRO À AVALIAÇÃO DE AÇÕES

Objetivos do Capítulo

Após a leitura deste capítulo o leitor deverá estar apto a:

i) Compreender a noção de ação, dividendo e taxa de remuneração exigida para um investimento nesse instrumento financeiro;

ii) Identificar os fluxos financeiros relevantes no domínio de um investimento em ações;

iii) Aplicar o conceito de atualização ao contexto de avaliação de ações;

iv) Entender as propriedades e características de modelos simples de desconto de dividendos futuros perpétuos para os casos de crescimento nulo, de crescimento a uma taxa constante, e de diferentes fases de crescimento;

v) Compreender as propriedades inerentes ao modelo de *Gordon-Shapiro* no que respeita ao rendimento-dividendo e aos ganhos de capital esperados;

vi) Relacionar o modelo de *Gordon-Shapiro* com os conceitos de *Price-Earnings Ratio* (*PER*) e *payout ratio* (rácio de distribuição de dividendos).

7.1 Introdução

Uma ação é um instrumento financeiro que representa a propriedade de uma fração do capital social de uma sociedade anónima (que pode ser cotada em bolsa ou não). O valor nominal de uma ação corresponde à parcela do capital social que essa ação representa, sendo esse capital social, por conseguinte, igual ao somatório dos valores nominais de todas as ações emitidas[1].

A posse de uma ação ordinária[2] confere ao seu proprietário (o "acionista") diversos direitos, entre os quais se destacam os seguintes:

(a) Um direito de voto (geralmente na proporção que o valor nominal das ações represente sobre o valor do capital social emitido) nas assembleias gerais de acionistas;

(b) O direito ao recebimento de dividendos periódicos. O dividendo corresponde à quota-parte do lucro apurado em cada exercício que será distribuído aos acionistas por cada ação detida, e é sujeito a uma deliberação pela Assembleia Geral de Acionistas por proposta da Administração;

(c) Um direito ao recebimento de novas ações (gratuitas) por incorporação de reservas no capital;

(d) Direitos de preferência especiais, por exemplo no tocante à subscrição de novas ações em que os acionistas existentes poderão usufruir de um preço de subscrição tipicamente mais reduzido do que no caso de emissões para terceiros;

(e) Direito de recebimento de uma quota-parte do valor da liquidação da empresa em caso de encerramento das suas atividades.

O investimento em ações cotadas em bolsas é uma das formas mais comuns de investimento em ativos de risco por parte de investidores particulares ou institucionais. Isto deriva, por um lado, do facto de que os mercados podem assegurar uma elevada liquidez aos títulos que se pretende comprar ou vender. Por outro, a cotação em bolsa proporciona a existência de uma significativa transparência informativa

---

[1] O Decreto-Lei nº 49/2010 de 19 de Maio introduziu a possibilidade de ações sem valor nominal.

[2] Contrariamente às *ações ordinárias* (ou *comuns*), as mais vulgares em Portugal, poderão existir ainda as chamadas *ações preferenciais*. Estas distinguem-se das primeiras pelo facto de não conferirem direito de voto, usufruindo em compensação de um dividendo prioritário em relação ao das ações comuns, reembolso prioritário em caso de liquidação da sociedade e podendo ainda estar comtemplada a sua remissão (ver artigos 341º a 345º do Código das Sociedades Comerciais).

assim como uma segurança nas transações que poderão ajudar a proteger os interesses dos investidores.

Não obstante, nada impede que se possam negociar ações (ou quotas societárias) de empresas não cotadas, sendo cada vez mais importantes os investimentos dessa natureza realizados pelas chamadas empresas de *Private Equity* ou por parte dos chamados *Business Angels*, assim como, naturalmente, por parte de outras entidades empresariais. Estas últimas estão frequentemente interessadas na obtenção de sinergias operacionais, financeiras ou algumas vantagens estratégicas com a aquisição de outras sociedades.

Para quem detenha o controle de uma empresa, o acesso aos seus recursos humanos ou materiais e a capacidade de influenciar as decisões operacionais e estratégicas são fatores geralmente fundamentais na decisão de aquisição de uma firma. Nesse contexto, tais investidores têm um interesse especial em analisar e valorizar a capacidade da empresa em utilizar os seus ativos de forma a libertar de uma forma sustentável a médio e longo prazo recursos financeiros excedentários em relação às necessidades de exploração e de investimento, os chamados fluxos financeiros livres (*Free Cash-Flows*). Esses fluxos devem servir para remunerar todos os capitais investidos na empresa por parte não só de acionistas como de detentores de dívida remunerada.

Já em relação a acionistas minoritários particulares, que geralmente não têm uma grande influência nas decisões societárias ou de gestão da empresa em cujo capital participam, a sua expectativa está geralmente limitada ao recebimento de dividendos e à obtenção de um ganho de capital aquando da venda das ações.

Naturalmente, qualquer investidor em ações (seja particular, institucional ou empresarial) enfrenta nesse investimento um conjunto de riscos que são potencialmente mais gravosos do que os investimentos analisados nos capítulos 4 (empréstimos) e 5 (obrigações). Isto resulta de vários fatores:

(a) Por um lado, porque de um modo geral em caso de liquidação de uma empresa os acionistas são os derradeiros investidores a ser pagos, pois os credores da empresa gozam de um direito de preferência legal em caso de insuficiência de ativos para satisfazer todas as responsabilidades da empresa;

(b) Por outro lado, e ao contrário dos investimentos em empréstimos ou obrigações, não está convencionado para o investidor em ações nenhuma garantia ou expectativa contratualizada de uma taxa de remuneração. Deste modo o acionista é um mero beneficiário dos lucros residuais da empresa, uma vez pagos todos os custos operacionais e remunerados os demais instrumentos de financiamento. Nessas circunstâncias, o retorno do seu investimento está muito mais condicionado pelo desempenho económico-financeiro da empresa do que no caso dos investidores em capitais alheios (empréstimos e obrigações);

(c) Finalmente, ao analisar-se o nível de volatilidade dos rendimentos dos investidores em ações de empresas cotadas verifica-se, historicamente, que os níveis de volatilidade das rentabilidades bolsistas dos acionistas são de um modo geral muito superiores às das restantes classes de investidores (por exemplo, aqueles que investem em obrigações cotadas emitidas por entidades publicas ou privadas).

Uma consequência do referido é que a taxa de desconto ou atualização dos fluxos financeiros recebidos por investidores em ações deve, dados os maiores riscos envolvidos, ser superior à taxa correspondente para empréstimos ou investimentos em obrigações. Existindo diversos modelos possíveis para a determinação da taxa de remuneração exigível por um acionista, não se irá nesta obra detalhar ou discutir os pormenores destes modelos. Não obstante, é importante reter que, tudo o mais constante, um investimento em ações deve estar associado a uma taxa de atualização de fluxos financeiros (uma "taxa de remuneração exigida") que esteja sintonizada com o risco dessa aplicação, devendo ser superior à utilizada para instrumentos de menor risco, particularmente os empréstimos e as obrigações.

Nas secções seguintes são apresentados modelos de avaliação de ações baseados na atualização de dividendos. Essa abordagem está porventura mais próxima da ótica atrás referida de um investidor minoritário que irá beneficiar de um fluxo de dividendos futuros e de uma venda dos seus títulos no final de um certo horizonte de investimento. No entanto, os princípios de atualização e os modelos de desconto são igualmente aplicáveis, com algumas adaptações, aos casos em que a perspetiva de avaliação privilegie os já atrás referidos *Free Cash-Flows*.

7.2 Modelo de Atualização de Dividendos

Considere-se uma situação simples em que um investidor decidiu comprar hoje (momento 0) uma ação com a expectativa de a vender daqui a um período (no momento 1). Se ele antecipa que, com elevada probabilidade, a ação irá pagar um dividendo D_1 no momento 1 (imediatamente antes de vender a ação), e se ele estima que poderá vender a ação por um preço P_1 logo de seguida, então se a taxa de remuneração exigida pelo investidor for de R, o preço que ele está disposto a pagar hoje (P_0) é teoricamente de

$$P_0 = \frac{D_1 + P_1}{(1+R)}. \qquad [7.1]$$

Mas naturalmente para haver uma venda terá de existir um comprador. Se se admitir que um outro investidor estará disposto a comprar a ação no momento 1 e a deter a mesma até à sua venda no momento 2 (depois de receber o dividendo desse período), então o valor da ação para esse investidor no momento 2 é igual a

$$P_1 = \frac{D_2 + P_2}{(1+R)}. \qquad [7.2]$$

Substituindo na equação [7.1] a expressão da equação [7.2], teremos

$$P_0 = \frac{D_1 + \frac{D_2 + P_2}{(1+R)}}{(1+R)} = \frac{D_1}{(1+R)} + \frac{D_2}{(1+R)^2} + \frac{P_2}{(1+R)^2}. \qquad [7.3]$$

Se se repetir o mesmo raciocínio para o investidor que hipoteticamente adquirisse a ação no momento 2 para a manter durante igualmente um período, é fácil concluir que

$$P_0 = \frac{D_1}{(1+R)} + \frac{D_2}{(1+R)^2} + \frac{D_3}{(1+R)^3} + \frac{P_3}{(1+R)^3}. \qquad [7.4]$$

E para um período n genérico

$$P_0 = \sum_{t=1}^{n} \frac{D_t}{(1+R)^t} + \frac{P_n}{(1+R)^n}. \qquad [7.5]$$

Se n for suficientemente distante (talvez localizado no infinito), é de admitir que o segundo termo da equação anterior (o valor atualizado de P_n) seja tão distante do momento zero que o seu valor seja quase nulo. Nessas condições, a fórmula anterior reduz-se a

$$P_0 = \sum_{t=1}^{+\infty} \frac{D_t}{(1+R)^t} \, . \qquad [7.6]$$

A expressão [7.6] refere que, de um ponto de vista do conjunto agregado de todos os investidores (ou, se se quiser, do ponto de vista de uma família que mantém indefinidamente na sua posse a mesma ação de geração em geração), as transações de ações entre estes mais não são do que uma transmissão de direitos de recebimento de dividendos. Deste modo, numa avaliação apenas se afigurará relevante o fluxo global de dividendos futuros (infinito neste caso).

Mas tal como é apresentada, a fórmula [7.6] é demasiado genérica para poder ser útil. Desta forma, considerar-se-á de seguida um conjunto de situações específicas de pressupostos de comportamento dos dividendos ao longo do tempo. Esse procedimento permite desenvolver fórmulas práticas de atualização com vista à determinação de uma estimativa do valor das ações em situações onde esses pressupostos sejam vistos como apropriados.

(i) Dividendos Constantes

Uma primeira situação é aquela em que os dividendos são constantes durante todo o período (considerado infinito), ou seja,

$$P_0 = \frac{D}{R} \, . \qquad [7.7]$$

Nesse caso, recordando a fórmula do valor atual de uma perpetuidade constante vista no capítulo 3 (equação [3.4]), obtém-se

$$D_1 = D_2 = D_3 = \ldots = D_n = \ldots = D_{+\infty} = D \, . \qquad [7.8]$$

Exemplo 7.1 – Cálculo do Valor de uma Ação: Modelo de dividendos constantes

Suponha que a ação SOMAI tem vindo a pagar um dividendo anual de € 2,50. Se se assumir (i) que os investidores consideram que uma taxa de rentabilidade adequada ao risco desse título é de 8%, (ii) que não se perspetiva que o dividendo venha a aumentar no longo prazo, e (iii) que o próximo dividendo será pago daqui a exatamente um ano, quanto valerá a ação?

Neste caso torna-se evidente que os parâmetros relevantes são os seguintes:

$$D_1 = D_2 = \ldots = D_n = \ldots = D = 2,50$$
$$R = 8\%$$

Donde, poderemos aplicar a fórmula [7.8] para obter

$$P_0 = \frac{2,50}{8\%} = 31,25 \cdot$$

(ii) Dividendos crescentes a uma taxa constante g

Uma segunda hipótese baseia-se no pressuposto de que os dividendos vão crescer indefinidamente de acordo com uma taxa constante de crescimento igual a g. Assim,

$$D_1 = D_o(1+g)$$
$$D_2 = D_1(1+g) = D_o(1+g)^2$$
$$D_3 = D_2(1+g) = D_o(1+g)^3$$
$$\ldots$$

Ou seja, verifica-se que, para qualquer período genérico t, o dividendo desse período é dado por

$$D_t = D_{t-1}(1+g), \qquad [7.9]$$

ou ainda,

$$D_t = D_0(1+g)^t, \qquad [7.10]$$

Neste contexto, é possível aplicar a fórmula [3.6] vista no Capítulo 3 e obtém-se

$$P_0 = \frac{D_1}{R-g}, \qquad [7.11]$$

De uma forma mais genérica, o modelo anterior pode também escrever-se como

$$P_t = \frac{D_{t+1}}{R-g}, \qquad [7.12]$$

O modelo apresentado nas fórmulas [7.11] e [7.12] é designado de *Modelo de Gordon-Shapiro* (ou apenas, abreviadamente, como *Modelo de Gordon*). Adiante serão apresentadas algumas propriedades relevantes deste modelo.

EXEMPLO 7.2 – CÁLCULO DO VALOR DE UMA AÇÃO: MODELO DE *GORDON-SHAPIRO*

Considere os dados do exemplo 7.1 mantendo-se o mesmo valor do dividendo esperado para daqui a um ano (€ 2,50) mas admitindo agora que os dividendos crescerão posteriormente ao ritmo médio anual de 3%.

(a) Como será agora o valor da ação SOMAI?

(b) Que valor terá a ação daqui a 5 anos?

(c) Qual a riqueza acumulada pelo acionista ao final desses 5 anos caso tenha adquirido a ação hoje e reinvestido os dividendos recebidos de forma a receber o mesmo rendimento anual exigido de 8%?

a) Neste caso, aplica-se o Modelo de *Gordon-Shapiro* descrito na fórmula [7.11] pelo que o valor da ação hoje é

$$P_0 = \frac{2,50}{8\% - 3\%} = 50\,.$$

b) Por sua vez, daqui a 5 anos, o preço esperado, por aplicação da fórmula [7.12] será calculado como segue:

$$t = 5 \Rightarrow D_{t+1} = D_6$$

$$D_6 = D_1(1+g)^5 = 2,50(1+3\%)^5 = 2,90$$

$$P_5 = \frac{2,90}{8\% - 3\%} = 58,00$$

c) Considerando que o investidor reinvestiu os dividendos recebidos entre o período 1 e o período 5 a uma taxa anual de 8%, pode-se calcular primeiro o valor atual desses dividendos (usando a fórmula [3.5] do capítulo 3) e depois o seu valor futuro:

Valor atual dos próximos cinco dividendos:

$$\frac{2,5}{8\%-3\%}\left[1-\left(\frac{1+3\%}{1+8\%}\right)^5\right]=10,55$$

O Valor Futuro dos próximos cinco dividendos é igual a

$$10,55(1+8\%)^5=15,50\,.$$

Somando agora o valor anterior à cotação esperada para o ano cinco (58,00, como se viu) tem-se que o valor acumulado = 58,00 + 15,50 = 73,50. (Note-se, sem coincidência, que o valor de 73,50 é também igual a $50(1+8\%)^5$).

(i) Crescimento Faseado dos Dividendos

Um modelo mais geral resulta da adoção do pressuposto de que a evolução dos dividendos terá mais do que uma fase de evolução, existindo uma primeira fase de um crescimento "anormal" a uma taxa g_1 durante n períodos à qual se segue uma estabilização de acordo com uma taxa constante "normalizada" g_2. Um exemplo de aplicação desse modelo seria em novos negócios onde existe tipicamente uma fase inicial de grande crescimento à qual se sucede uma estabilização de lucros e dividendos de acordo com uma velocidade cruzeiro espelhada na taxa g_2. O modelo apresenta-se então como segue:

$$D_1 = D_0(1+g_1)$$
$$D_2 = D_1(1+g_1) = D_0(1+g_1)^2$$
$$\ldots$$
$$D_n = D_{n-1}(1+g_1) = D_0(1+g_1)^n$$
$$D_{n+1} = D_n(1+g_2) = D_0(1+g_1)^n(1+g_2)$$
$$\ldots\ \ldots$$

Assim, entre 0 e n tem-se uma situação correspondente, nos termos do capítulo 3, a uma renda de n termos que cresce à taxa g_1, e cujo valor atual (*no momento 0*) é

$$\frac{D_1}{R-g}\left[1-\left(\frac{1+g_1}{1+R}\right)^n\right] \qquad [7.13]$$

Por sua vez, entre o período *n* e o infinito, tem-se uma perpetuidade cujo primeiro termo é o dividendo do período *n+1* (ou seja, D_{n+1}), cuja taxa de crescimento em perpetuidade é de g_2 e cujo valor (*no momento n*) é

$$\frac{D_{n+1}}{R-g}. \qquad [7.14]$$

Mas como se pretende determinar o valor da ação no momento 0, há que atualizar a expressão em [7.14] para esse período 0:

$$\frac{D_{n+1}}{R-g}\times\frac{1}{(1+R)^n}. \qquad [7.15]$$

Da combinação das expressões [7.13] e [7.15] resulta o seguinte modelo de crescimento faseado dos dividendos:

$$P_0=\frac{D_1}{R-g}\left[1-\left(\frac{1+g_1}{1+R}\right)^n\right]+\frac{D_{n+1}}{R-g}\times\frac{1}{(1+R)^n}. \qquad [7.16]$$

EXEMPLO 7.3 – CÁLCULO DO VALOR DE UMA AÇÃO: MODELO DE CRESCIMENTO FASEADO DOS DIVIDENDOS COM DOIS PERÍODOS DE CRESCIMENTO CONSTANTE

Admita-se de novo o caso da empresa SOMAI dos exemplos 7.1 e 7.2 mas considerando agora que a empresa atravessará um primeiro período de crescimento constante à taxa de 7% durante 5 anos, seguido de um período em que crescerá anualmente e indefinidamente no tempo à taxa de 3%. Qual seria nesse caso o valor da ação hoje?

Note-se que o dividendo esperado para o período 6 (o primeiro ano da segunda fase de crescimento) é igual a:

$$D_6 = D_1(1+g_1)^5 = 2,50(1+7\%)^5 = 3,51.$$

Por aplicação da fórmula [7.16], e sendo g_1 = 7% e g_2 = 3%, obtém-se

$$P_0 = \frac{2,50}{8\%-7\%}\left[1-\left(\frac{1+7\%}{1+8\%}\right)^5\right]+\frac{3,51}{8\%-3\%}\times\frac{1}{(1+8\%)^5} = 11,36+47,73 = 59,09$$

Finalmente, note-se que, caso nos primeiros n períodos não seja aplicável uma taxa de crescimento constante, pode-se determinar cada dividendo individualmente e depois calcular o valor da ação de uma forma mais genérica como sendo igual a

$$P_0 = \sum_{t=1}^{n}\frac{D_t}{(1+R)^t}+\frac{D_{n+1}}{R-g}\times\frac{1}{(1+R)^n}. \qquad [7.17]$$

Exemplo 7.4 – Cálculo do Valor de uma Ação: Modelo de crescimento faseado dos dividendos com período de crescimento inconstante

Retome-se o caso SOMAI mas considerando agora que nos próximos 5 anos se antecipam os seguintes dividendos, sendo que posteriormente estes deverão crescer a uma taxa constante igual a 3%:

Ano	Dividendo
1	2,50
2	3,50
3	5,00
4	6,50
5	7,00

Nesta situação, há que fazer a atualização simples dos dividendos dos primeiros 5 anos e depois adicionar o valor atual de uma perpetuidade de dividendos cujo primeiro termo se inicia no ano 6, tal como indica a fórmula [7.17].

Sendo o dividendo no momento 6 (o primeiro termo da perpetuidade) igual a $7,00(1+3\%) = 7,21$, tem-se

$$P_0 = \frac{2,50}{(1+8\%)^1} + \frac{3,50}{(1+8\%)^2} + \frac{5,00}{(1+8\%)^3} + \frac{6,50}{(1+8\%)^4} + \frac{7,00}{(1+8\%)^5} + \frac{7,21}{(8\%-3\%)} \times \frac{1}{(1+8\%)^5}$$
$$= 2,31 + 3,00 + 3,97 + 4,78 + 4,76 + 98,14$$
$$= 116,97$$

7.3 Algumas Propriedades do Modelo de *Gordon-Shapiro*

Considere-se agora o modelo de *Gordon-Shapiro* tal como apresentado na fórmula [7.11]. Se o Preço atual (P_0) for conhecido e o investidor puder dispor de uma estimativa de D_1 e de g, pode-se deduzir o rendimento esperado pelo investidor (que poderá designar-se por $\hat{R}$). Tendo em consideração os três parâmetros conhecidos (P_0, D_1 e g), este rendimento esperado é obtido da seguinte maneira:

$$P_o = \frac{D_1}{\hat{R} - g}$$
$$\Rightarrow P_o(\hat{R} - g) = D_1$$
$$\Rightarrow P_o\hat{R} - P_o\, g = D_1$$
$$\Rightarrow P_o\hat{R} = D_1 + P_o g$$

Donde

$$\hat{R} = \frac{D_1}{P_0} + g \cdot \qquad [7.18]$$

A expressão da fórmula [7.18] mostra que o rendimento esperado de uma ação tem duas componentes:

a) a primeira corresponde ao rácio entre o dividendo esperado no próximo período (D_1) e a cotação atual da ação (P_0). É costume designar-se esta parcela como rendimento-dividendo (*dividend yield*);

b) a segunda, por óbvia exclusão de hipóteses, apenas poderá dever-se à segunda fonte de ganhos para um acionista, que é o rendimento ganho de capital (ou mais-valia). Para demonstrar isso, basta pensar que sendo

$$P_1 = \frac{D_2}{R - g}$$

e uma vez que

$$P_0 = \frac{D_1}{R-g}$$

mas também sabendo, de resultados anteriores, que

$$D_2 = D_1(1+g),$$

temos que

$$P_1 = \frac{D_1(1+g)}{R-g} = P_0(1+g),$$

o que implica que

$$g = \frac{P_1}{P_0} - 1. \qquad [7.19]$$

Ou seja, pode-se concluir que *g* é a taxa de crescimento do valor da ação no período em causa, ou seja a taxa de rendimento de ganho de capital esperado para o período. Dados os pressupostos do modelo de *Gordon-Shapiro*, isso significa que uma das propriedades deste é que a *taxa de crescimento esperada dos dividendos* é *igual à taxa esperada de mais-valias periódicas* antecipada para o mesmo horizonte temporal.

Repare-se finalmente que em termos mais genéricos, dada a fórmula [7.12],

$$P_t = \frac{D_{t+1}}{R-g},$$

sendo também verdade que

$$P_{t+1} = \frac{D_{t+2}}{R-g}$$

assim como

$$D_{t+2} = D_{t+1}(1+g),$$

então também se verifica, em termos mais gerais, e segundo o Modelo de *Gordon-Shapiro*, que o aumento de valor de uma ação em qualquer período corresponde à taxa de crescimento constante esperada dos dividendos, para qualquer *t* genérico:

$$g = \frac{P_{t+1}}{P_t} - 1 \cdot \qquad [7.20]$$

Exemplo 7.5 – Determinação da taxa de rendimento esperada segundo o modelo de *Gordon-Shapiro*

Suponha-se que a ação ANÓNIMA se transaciona atualmente ao preço de € 25,00, sendo que o seu dividendo anual mais recente (acabado de pagar) foi de € 1,50 e que a Administração da Empresa anunciou o propósito de fazer aumentar o valor dos dividendos a um ritmo médio anual de 2%. Nessas circunstâncias, que rendimento anual poderá esperar um investidor que adquira a ação ao preço atual?

Primeiro, note-se que

$$D_0 = 1,50$$
$$D_1 = 1,50(1+3\%) = 1,545$$
$$P_0 = 25,00$$
$$g = 2\%$$

Logo, fazendo uso da expressão [7.18], tem-se

$$\hat{R} = \frac{1,50}{25} + 2\% = 8\% .$$

Exemplo 7.6 – Determinação da taxa de rendimento esperada segundo o modelo de *Gordon-Shapiro* (caso real)

A SONAE é uma empresa portuguesa cotada em Bolsa desde 1986 e cuja atividade se reparte entre retalho, serviços financeiros, tecnologia, centros comerciais e telecomunicações. Nos últimos anos a empresa pagou os dividendos apresentados na tabela seguinte:

Ano	2011	2012	2013	2014	2015	2016	2017
Dividendo	0,0331	0,0331	0,0348	0,0365	0,0385	0,0400	0,0420

Considerando que a cotação de fecho das ações a 28 de Maio de 2018 (data em que as ações deixaram de ter direito ao dividendo de 2017) foi de € 1,057, e que um acionista estima que a taxa de crescimento futura dos dividendos será igual à taxa média de crescimento (geométrica) observada no período de 2011 a 2017, determine qual o rendimento esperado para um investidor que adquira uma ação a 28 de Maio de 2018.

Primeiro, calcule-se g, a taxa de crescimento (geométrica) dos dividendos da empresa:

$$g = \left[\frac{0,042}{0,0331}\right]^{\frac{1}{6}} - 1 = 4,05\% .$$

Seguidamente, pode-se estimar o dividendo relativo ao ano de 2018 como

$$D = D\,(1 + g) = 0,042(1 + 4,05\%) = 0,0437$$

Finalmente, utiliza-se a fórmula [7.18] para obter o rendimento esperado pelo acionista:

$$\hat{R} = \frac{0,0437}{1,057} + 4,05\% = 8,18\% .$$

Note-se que nesta análise caso o investidor considere que a taxa de remuneração adequada face ao risco da empresa é inferior a 8,18%, ele deve adquirir o título. Caso seja superior, ele não deve investir nessa ação. Com uma taxa de remuneração exigida de 8,18%, ele é indiferente em relação à compra do título ou não.

EXEMPLO 7.7 – DETERMINAÇÃO DA TAXA DE CRESCIMENTO ESPERADA DOS DIVIDENDOS SEGUNDO O MODELO DE *GORDON-SHAPIRO* (CASO REAL)

Considere-se de novo o caso SONAE do exemplo 7.6, assumindo-se agora que um acionista decidiu que a taxa de remuneração adequada para um investimento naquela ação é de 9%. Atendendo a que a cotação a 28 de Maio era de €1,057 e que o último dividendo pago foi de € 0,042, qual seria a taxa de crescimento dos dividendos necessária para justificar o investimento a esse preço nas ações da empresa?

Utilizando a expressão [7.18], ter-se-á

$$\hat{R} = \frac{D_1}{P_0} + g = \frac{D_0(1+g)}{P_0} + g$$

$$9\% = \frac{0,042(1+g)}{1,057} + g$$

$$1,057 \times 9\% = 0,042(1+g) + 1,057g$$

$$0,05313 = 1,099g$$

$$g \approx 4,83\%$$

Uma outra e interessante propriedade do Modelo de *Gordon-Shapiro* relaciona--se com um indicador muito utilizado pelos investidores em ações, o chamado *Price-Earnings Ratio (PER)*, que se define como o quociente entre a cotação atual de uma ação (P_0) e o valor dos seus resultados líquidos por ação (*Earnings Per Share*) esperados para o período seguinte (EPS_1).

Assim, definindo o *PER* como

$$PER = \frac{P_0}{EPS_1}, \qquad [7.21]$$

ter-se-á, substituindo P_0 pela fórmula [7.11],

$$PER = \frac{\frac{D_1}{R-g}}{EPS_1},$$

o que conduz a

$$PER = \frac{D_1}{EPS_1} \times \frac{1}{R - g} \qquad [7.22]$$

A fórmula [7.22] indica-nos que o *Price-Earnings Ratio* é tanto mais elevado quanto, tudo o mais constante,

(a) O crescimento esperado (g) for alto;

(b) A rentabilidade exigida pelo investidor (R) for baixa (ou seja, o risco antecipado da empresa é relativamente baixo);

(c) O rácio de distribuição de lucros sob a forma de dividendos (*payout ratio*, $\frac{D_1}{EPS_1}$) for elevado. Note-se, a esse propósito, que um *payout ratio* elevado tem geralmente um impacto negativo em g. Isto porque é de esperar que empresas que paguem uma elevada percentagem dos seus lucros aos acionistas dificilmente podem manter os capitais próprios suficientes para sustentar os investimentos necessários a um crescimento elevado das suas atividades. Aliás, é frequente observar que as empresas que maiores níveis relativos de dividendos pagam aos acionistas são tipicamente aquelas que atingiram um estado de elevada maturidade dos seus negócios (ou seja, as que apresentam precisamente um g mais baixo).

Do referido atrás pode-se concluir que, contrariando a perceção intuitiva de muitos investidores, *um PER alto ou baixo resulta das características da ação,* não podendo facilmente ser visto como um indicador simples da sub- ou de sobre-valorização de um determinado título. Note-se que na análise anterior assumiu-se sempre que o valor P_0 seria o valor teoricamente correto para avaliar uma ação na base do valor atualizados dos fluxos financeiros futuros do acionista.

Sumário

- Uma ação é um título (negociável) representativo de uma parte do capital social de uma Sociedade Anónima que confere, entre outros direitos, a possibilidade de receber dividendos e de usufruir de mais (ou menos) valias (variação do preço) quando este instrumento é transacionado.
- Um princípio básico de avaliação de ações é que o valor destas é equivalente ao valor atualizado dos cash-flows futuros proporcionados por esse título.
- Para avaliar ações é necessário estimar os cash-flows futuros (dividendos), conhecendo não apenas o seu valor como o momento da sua localização temporal, e descontar os montantes em questão a uma taxa apropriada ao risco da empresa (e do acionista).
- Se os dividendos forem tratados como uma renda perpétua, podem-se aplicar diversos modelos de atualização, particularmente aqueles que assumem (i) um fluxo constante de dividendos, (ii) um fluxo de dividendos crescentes a uma taxa constante (Modelo de *Gordon Shapiro*), ou (iii) a existência de diversas fases de crescimento (constante ou não) dos dividendos.
- O Modelo de *Gordon-Shapiro*, segundo o qual o preço de uma ação é dado pela expressão $P_0 = \frac{D_1}{R-g}$, possui diversas propriedades, entre as quais a existência de um rendimento esperado ($\hat{R}$) que é o resultado da soma do rendimento dividendo com o rendimento ganho de capital segundo a fórmula $\hat{R} = \frac{D_1}{P_0} + g$, sendo nesse caso a mais valia periódica igual à taxa de crescimento constante dos dividendos (g).
- Adicionalmente, o modelo de *Gordon-Shapiro* mostra que o chamado *Price-Earnings Ratio* (rácio entre a cotação de uma ação e o valor esperado dos resultados líquidos por ação EPS_1) é função de três características fundamentais dessa ação, a saber, a taxa de crescimento esperada dos dividendos (g), o *pay-out ratio*, e o seu risco (expresso por R, a taxa de remuneração exigida pelo acionista).

Problemas

1. A empresa XPTO acaba de pagar um dividendo de € 4,00 por ação. A empresa prevê vir a aumentar o montante do dividendo 5% ao ano durante os próximos 5 anos, estimando que a partir desta data a taxa de crescimento se fixe eternamente em 3% ao ano.
   a) Qual o valor anual dos dividendos esperados para os próximos 10 anos?
   b) Quanto está disposto a pagar por esta ação, admitindo que exige uma taxa de retorno de 8% ao ano?

2. A Empresa da Luz, SA pratica atualmente (data zero) um dividendo de € 1,50 por ação. Os analistas esperam que o dividendo da empresa venha a crescer eternamente a um ritmo de 3% ao ano. A taxa de retorno anual efetiva adequada ao perfil de risco desta empresa, segundo os mesmos analistas, é de 9%.
   a) Qual o dividendo esperado para o ano 5?
   b) Qual o valor atual dos dividendos da empresa?
   c) Qual o valor atual dos dividendos, considerando apenas os dividendos a distribuir nos próximos 50 anos?

3. As ações Comum, SA acabam de pagar um dividendo de € 2,00. A expectativa dos analistas é a de que o dividendo venha a crescer a 8% ao ano nos próximos três anos, e a 4% ao ano a partir daí. A taxa de desconto apropriada é de 12%. Pode afirmar-se que:
   a) Os dados não permitem calcular o valor de cada ação.
   b) O valor de cada ação é € 28,89.
   c) O valor de cada ação é € 17,29.
   d) O valor de cada ação é € 42,38.

4. Suponha que uma ação irá pagar um dividendo de €1,80 dentro de um ano. A taxa de retorno exigida para essa ação é de 15% e espera-se que a taxa de crescimento dos dividendos seja de 4% ao ano. Qual o valor desta ação?
   a) € 12,00.
   b) € 45,00.
   c) € 16,36.
   d) € 10,71.

5. Um investidor está a considerar investir numa empresa que só irá pagar o primeiro dividendo daqui a 5 anos. O montante do dividendo é de €1,50 por ação. Espera-se que a partir daí os dividendos cresçam à taxa de 8% ao ano. Supondo que a taxa de retorno exigida é de 15%, qual o preço que o investidor pagaria hoje pela ação?
   a) € 21,43.
   b) € 18,63.
   c) € 19,80.
   d) € 12,25.

6. Espera-se que uma empresa pague um dividendo de € 5,00 dentro de um ano. O preço da ação no mercado é de € 71, esperando-se que a empresa apresente uma taxa de crescimento do dividendo de 6% ao ano. Qual a taxa de retorno exigida para esta ação?.
   a) 10%.
   b) 11%.
   c) 12%.
   d) 13%.

7. A Assembleia Geral de Acionistas da empresa AAA estipulou que os dividendos por ação a distribuir nos próximos dois anos deverão ser iguais aos distribuídos este ano (€ 0,85). Espera-se, contudo, que nos anos seguintes os dividendos passem a crescer à taxa de 3%. Sabe-se, ainda, que a taxa de desconto adequada é de 5% e que a ação se encontra cotada precisamente pelo seu valor teórico. O valor teórico da ação da empresa AAA:
   a) É igual a € 42,50.
   b) É igual a € 41,30.
   c) Não pode ser calculado na medida em que, sendo igual ao seu preço de mercado, ele é ditado pelo confronto entre a oferta e a procura do título.
   d) Nenhuma das alternativas anteriores está correta.

8. Uma dada empresa pagará um dividendo de € 2,0 de hoje a um ano. A partir daí o dividendo crescerá eternamente a uma taxa de 5% ao ano. O mercado requer um retorno de 12% para esta ação. Em face disto pode afirmar-se que:
   a) O valor atual da ação é de € 28,57 e que dentro de 10 anos cada ação valerá € 46,54.

b) O valor atual da ação é de € 28,57 e que dentro de 10 anos cada ação valerá € 88,73.
c) O valor atual da ação é de € 14,98 e que dentro de 10 anos cada ação valerá € 46,54.
d) Nenhuma das alíneas anteriores está certa.

9. Suponha que a Empresa CC pagará um dividendo de € 1,15 por ação no ano de 2003. Para 2004 espera-se que o dividendo seja de € 1,5, em 2005 espera-se que seja de € 1,77 e em 2006 o dividendo esperado é de € 2,00. Espera-se ainda que a partir desse ano os dividendos cresçam a uma taxa anual de 8%. Supondo uma taxa de retorno exigida de 20%, qual o valor das ações CC em 2002?

10. A empresa XPTO acaba de pagar um dividendo de € 4,00 por ação. O analista Dr. Adivinho tem a expectativa de que os dividendos desta empresa venham a registar no futuro um crescimento de 4% ao ano. Todavia, um outro analista (o Dr. Mago) afirma que a sua convicção é a de que a empresa irá aumentar o montante do dividendo 5% ao ano durante os próximos 5 anos, mas a partir desta data a taxa de crescimento se irá fixar em 3% ao ano. Todos os analistas concordam que o nível de risco desta empresa justifica uma taxa de rendibilidade de 8% ao ano.
a) Qual o valor de cada ação na hipótese de os dividendos registarem um crescimento nulo?
b) Qual o montante anual dos dividendos estimados pelo Dr. Adivinho para os próximos 10 anos?
c) Qual o valor de cada ação na hipótese de os dividendos crescerem de acordo com as expectativas do Dr. Adivinho?
d) Qual o valor da ação estimado pelo Dr. Adivinho para o instante imediatamente anterior ao pagamento do dividendo do ano 5? E após o pagamento deste dividendo?
e) Qual o valor dos dividendos esperados para os próximos 10 anos pelo Dr. Mago?
f) Quanto vale atualmente cada ação de acordo com a expectativa do Dr. Mago?
g) Qual o valor da ação estimado pelo Dr. Mago para o instante imediatamente anterior ao pagamento do dividendo do ano 5? E após o pagamento deste dividendo?

11. A empresa Simples, SA acabou de pagar um dividendo de € 2,50. Espera-se que os dividendos da empresa venham a crescer à taxa de 5% ao ano. Se a taxa de desconto adequada for de 12% ao ano, o valor teórico de cada ação é:
   a) € 28,25.
   b) € 34,30.
   c) € 35,71.
   d) € 37,50.

12. A empresa Sodiv acabou de pagar um dividendo de € 0,35 por ação. Admitindo que os dividendos crescem 3% todos os anos e que a taxa de desconto adequada é de 6,5%, a cotação desta ação é:
   a) € 10,30.
   b) € 10,65.
   c) € 12,02.
   d) € 12,30.

13. As ações da Sonae SGPS transacionam-se atualmente por um valor correspondente a € 0,868 e o último dividendo pago pela empresa foi de € 0,0385. Admita que os acionistas exigem uma remuneração anual efetiva de 9% e que o próximo dividendo anual será pago dentro de exatamente 1 ano.
   a) Qual a taxa de crescimento esperada g dos dividendos em perpetuidade que seria necessária para justificar a cotação atual?
   b) Assumindo ser correta a taxa de crescimento apurada em a), se conseguisse comprar a ação da empresa pelo preço de € 0,84, quanto seria a sua remuneração esperada anualmente?
   c) Considerando a cotação de € 0,868, suponha que se prevê que os dividendos irão crescer nos próximos 5 anos a uma taxa anual constante y, e que após esse período registarão uma taxa de crescimento de 2% em perpetuidade. Indique, sem fazer contas, a expressão que lhe permitiria calcular y a partir dos dados existentes?

14. A empresa TECFIN, SA tem uma cotação de € 5,00 por ação, já depois de pago hoje o dividendo anual, e os analistas consideram que a sua avaliação pelo mercado é a correta atendendo à taxa anual de remuneração exigida pelos acionistas de 10% e o crescimento constante perpétuo dos dividendos estimado em 3%. Embora a empresa necessitasse de emitir novas ações para se financiar, atendendo à conjuntura económica, entendeu antes emitir obrigações de cupão zero

com uma maturidade de 5 anos e convertíveis em ações da TECFIN. Assim, em vez dos investidores receberem o valor previsto para essas obrigações na maturidade, cada uma delas irá converter-se nessa data em 5 ações da TECFIN ao preço justo esperado nessa altura para as ações da empresa, descontado de 20%. Considere que os investidores exigem uma remuneração anual de 6% nas obrigações da TECFIN.

a) Qual o valor do dividendo que foi pago hoje?
b) Qual o valor da cotação esperada para a ação daqui a 5 anos?
c) Qual o valor teórico de cada obrigação que será vendida hoje?

15. Considere uma ação onde se prevê que não vai haver dividendos nos próximos dois anos, que o dividendo, a pagar daqui a exatamente três anos, será de € 2,00, e que subsequentemente crescerá a uma taxa anual perpétua de 2%. Se a taxa de retorno exigida pelos investidores for de 10%, a ação valerá hoje aproximadamente:
a) € 25,00
b) € 18,78
c) € 20,66
d) € 23,56

16. Uma ação pagou hoje um dividendo de € 5. Se se prever que o dividendo irá crescer anualmente à taxa de 10% durante 5 anos e a 3% depois disso, então, se a taxa de retorno exigida pelo acionista for de 12%, o valor da ação hoje (depois de pago o dividendo de € 5) será:
a) € 73,83
b) € 72,31
c) € 74,46
d) € 75,98

17. Admita que a ação SOCAI acabou de pagar um dividendo de € 3 que posteriormente crescerá durante 10 anos à taxa de 15%, seguido de mais 10 anos com um crescimento de 7,5%, e depois um crescimento perpétuo à taxa de 2%.
a) Qual o valor atual dessa ação se a taxa de retorno exigida pelo acionista for de 11%?
b) Decomponha o rendimento esperado do acionista no 21° ano em rendimento-dividendo e rendimento-ganho de capital (em valor absoluto e em percentagem).

c) Se os dividendos de uma ação pagos durante os primeiros 20 anos forem sendo depositados num banco rendendo juros à taxa de 3% efetiva anual, qual o valor que o investidor irá acumular no banco ao fim desse período?

18. Uma ação vai pagar daqui a um ano um dividendo de € 8, que irá posteriormente crescer anualmente a uma taxa constante de 2%, e os investidores exigem uma remuneração anual de 10% para esse título. Deve-se esperar que, se o mercado for eficiente:
a) O valor da ação hoje seja de € 80
b) O valor da ação depois de pagar o primeiro dividendo seja de € 110
c) O valor da ação depois de pagar o primeiro dividendo seja de € 102
d) Nenhuma das respostas anteriores está correta.

19. Considere a ação Z, que está hoje com uma cotação de € 20 no mercado e que se espera que venha a pagar um dividendo de € 1 daqui a um ano, o qual deverá crescer à taxa de 20% nos três anos seguintes, período após o qual o crescimento estabilizará em 3%. A taxa de retorno que os investidores exigem numa ação deste tipo é de 10%.
a) Qual a cotação esperada da ação daqui a três anos, logo após o pagamento do dividendo do terceiro ano?
b) Qual o valor justo para a ação no momento atual? Se encontrar algum desequilíbrio em relação à cotação atual, explique como se processará um eventual reequilíbrio no mercado.
c) Decomponha o rendimento esperado dessa ação no decurso do quarto ano em ganhos de capital e dividendos, exprimindo essa remuneração quer em valor quer em percentagem.

20. A Academia de Praia, SA vai pagar um dividendo de € 1 por ação daqui a dois anos. Espera-se que os dividendos da empresa cresçam à taxa de 5% no ano seguinte e à taxa de 2% ao ano daí em diante. Se a taxa de desconto adequada for de 11% ao ano, o valor teórico de cada acção é:
a) € 14,34.
b) € 15,92.
c) € 11,64.
d) € 10,28.

Soluções

1.

a)

Ano	Dividendo	Valor	Taxa crescim.
1	D_1	4,200	5,0%
2	D_2	4,410	5,0%
3	D_3	4,631	5,0%
4	D_4	4,862	5,0%
5	D_5	5,105	5,0%
6	D_6	5,258	3,0%
7	D_7	5,416	3,0%
8	D_8	5,579	3,0%
9	D_9	5,746	3,0%
10	D_{10}	5,918	3,0%

b) $V = [4{,}20/(8\% - 5\%)] \times [1 - ((1+5\%)/(1+8\%))^5] + [5{,}258/(8\% - 3\%)]\ (1+8\%)^{-5} =$
$= 18{,}394 + 71{,}574 = 89{,}968$

2.

a) $D_5 = 1{,}50\ (1+3\%)^5 = 1{,}7389$.

b) $V = 1{,}50\ (1+3\%)/(9\% - 3\%) = 25{,}75$.

c) $V = [1{,}50(1+3\%)/(9\%\text{-}3\%)] \times [1 - ((1+3\%)/(1+9\%))^{50}] = 24{,}23$ ($\approx$ 94% do valor anterior).

3. A resposta correta é b).

$V_{(1-3)} = D_1 / (1+R) + D_2 / (1+R)^2 + D_3 / (1+R)^3 = 2{,}16 / (1+12\%) + 2{,}33 / (1+12\%)^2 + 2{,}52 / (1+12\%)^3 = 5{,}58$

$V_{(4-\infty)} = [D_4 / (R - g)] / (1+R)^3 = [2{,}62 / (12\% - 4\%)] / (1+12\%)^3 = 23{,}31$.

$P = 5{,}58 + 23{,}31 = 28{,}89$.

4. A resposta correta é c). De facto, $V = 1{,}80/(15\% - 4\%) = 16{,}36$.

5. A alí resposta nea correta é d). De facto, $V = [1{,}50/(15\% - 8\%)]\ (1+15\%)^{-4} = 12{,}25$.

6. A resposta correta é d). De facto, $R = D_1/P_0 + g = 5/71 + 6\% = 13{,}0\%$.

7. A alínea correta é b).
$P_0 = 0{,}85/(1+5\%) + 0{,}85/(1+5\%)^2 + [0{,}85 ´(1+3\%) / (5\% - 3\%)] / (1+5\%)^2 = 41{,}30$.

8. A resposta correta é a).
$P_0 = D_1 / (R - g) = 2 / (12\% - 5\%) = 28{,}57$.
$P_{10} = D_{11} / (R - g) = 2 \times (1+5\%)^{10} / (12\% - 5\%) = 46{,}54$.

9. $P_0 = 1{,}15/(1+20\%) + 1{,}5/(1+20\%)^2 + 1{,}77/(1+20\%)^3 + 2{,}00/(1+20\%)^4 +$
$+ [2{,}00 \times (1+8\%) / (20\% - 8\%)] / (1+20\%)^4 = 12{,}67$.

10.

a) $P_0 = 4/8\% = 50$.

b) $g = 4\%$

D_1	D_2	D_3	D_4	D_5	D_6	D_7	D_8	D_9	D_{10}
4,16	4,33	4,50	4,68	4,87	5,06	5,26	5,47	5,69	5,92

c) $P_0 = 4{,}16/(8\% - 4\%) = 104$.

d) Após o pagamento de D5 = $D_6/(8\% - 4\%) = 5{,}06/(8\%-4\%) = 126{,}53$.
Antes do pagamento de D5 = $D_6/(8\% - 4\%) + D_5 = 126{,}53 + 4{,}87 = 131{,}40$.

e) $g_1 = 5\%$ e $g_2 = 3\%$

D_1	D_2	D_3	D_4	D_5	D_6	D_7	D_8	D_9	V_{10}
4,20	4,41	4,63	4,86	5,11	5,26	5,42	5,58	5,75	5,92

f) $P_0 = [4{,}20/(8\% - 5\%)] \times [1 - ((1+5\%)/(1+8\%))^5] + [5{,}26/(8\% - 3\%)] \times (1+8\%)^{-5}$
$= 89{,}96$.

g) Após o pagamento de $D_5 = D_6/(8\% - 3\%) = 5{,}06/(8\% - 3\%) = 105{,}17$.
Antes do pagamento de $D_5 = D_6/(8\% - 3\%) + D_5 = 105{,}17 + 5{,}11 = 110{,}27$.

11. A resposta correta é d). De facto, $P = 2{,}50 \times (1+5\%) / (12\% - 5\%) = 37{,}50$.

12. A resposta correta é a). De facto, $P = 0{,}35$ ´ $(1 + 3\%) / (6{,}5\% - 3\%) = 10{,}30$.

13.

a) $0{,}868 = [0{,}0385 \times (1 + g)] / (9\% - g)]$. Logo, $g = 4{,}37\%$.

b) $0{,}84 = [0{,}0385 \times (1 + 4{,}37\%)] / (R - 4{,}37\%)]$. Logo, $R = 9{,}154\%$.

c) $0{,}868 = [0{,}0385\times (1+y)/(9\% - y)] \times [1 - ((1+y)/(1+9\%))^5] + [(0{,}0385\times(1+y)^5 \times (1+2\%)/(9\% - 2\%)] \times (1+9\%)^{-5}$.

14.

a) $5{,}00 = D_0 \times (1 + 3\%) / (10\% - 3\%)$. Logo, $D_0 = 0{,}34$.

b) $P_5 = 5{,}00 \times (1 + 3\%)^5 = 5{,}80$. Alternativamente, $P_5 = D_6 / (10\% - 3\%) = 0{,}34 \times (1 + 3\%)^6 / (10\% - 3\%) = 5{,}80$.

c) Daqui a 5 anos, por cada obrigação são recebidas 5 ações que valem 5,80, com um desconto de 20%, ou seja, $(5 \times 5{,}80) \times (1 - 20\%) = 23{,}20$. Valor teórico da obrigação hoje $= 23{,}20 \times (1 + 6\%)^{-5} = 17{,}34$.

15. A resposta correta é c). De facto, $P_0 = [2 / (10\% - 2\%)] \times (1 + 10\%)^{-2} = 20{,}66$.

16. A resposta correta é d).

$$P_0 = \frac{5\,(1+10\%)}{12\%-10\%}\left[1-\left(\frac{1+10\%}{1+12\%}\right)^5\right]+\left(\frac{5\,(1+10\%)^5(1+3\%)}{12\%-3\%}\right)(1+12\%)^{-5} = 75{,}98.$$

17.

a) Valor atual dos dividendos dos anos 1 a 10:

$$\frac{3\times(1+15\%)}{11\%-15\%}\times\left[1-\left(\frac{1+15\%}{1+11\%}\right)^{10}\right] = 36{,}64.$$

Valor atual dos dividendos dos anos 10 a 20:

$$\frac{3\times(1+15\%)^{10}\times(1+7{,}5\%)}{11\%-7{,}5\%}\times\left[1-\left(\frac{1+7{,}5\%}{1+11\%}\right)^{10}\right]\times(1+11\%)^{-10} = 35{,}99.$$

Valor atual dos dividendos dos anos 21 a ∞:

$$\frac{3\times(1+15\%)^{10}\times(1+7{,}5\%)^{10}\times(1+2\%)}{11\%-2\%}\times(1+11\%)^{-20} = 35{,}16.$$

$P_0 = 36{,}64 + 35{,}99 + 35{,}16 = 107{,}79$.

b) $P_{20} = [3 \times (1+15\%)^{10} \times (1+7{,}5\%)^{10} \times(1+2\%)] / (11\% - 2\%) = 283{,}49$.

$P_{21} = [3 \times (1+15\%)^{10} \times (1+7{,}5\%)^{10} \times (1+2\%)^2] / (11\% - 2\%)] = 289{,}16$.

Rendimento-ganho de capital $= 289{,}16 - 283{,}49 = 5{,}67$ ou $5{,}67/283{,}49 = 2\%$.

Rendimento-dividendo $= D_{21} = 25{,}51$ ou $25{,}51/283{,}49 = 9\%$.

Rendimento total $= 5{,}67 + 25{,}51 = 31{,}18$ ou $31{,}18/283{,}49 = 11\%$.

c) Valor futuro dos dividendos 1 a 10 (no momento 20):

$$3\times(1+15\%)\times\frac{(1+3\%)^{10}-(1+15\%)^{10}}{3\%-15\%}\times(1+3\%)^{10} = 104{,}38.$$

Valor futuro dos dividendos 11 a 20 (no momento 20):

$$3 \times (1 + 15\%)^{10} \times (1 + 7{,}5\%) \times \frac{(1+3\%)^{10} - (1+7{,}5\%)^{10}}{3\% - 7{,}5\%} = 207{,}91.$$

$C_{20} = 104{,}38 + 207{,}91 = 312{,}30.$

18. A resposta correta é c).

$P_0 = 8 / (10\% - 2\%) = 100$

$P_1 = 8{,}16 / (10\% - 2\%) = 102.$

19.

a) $D_4 = 1 \times (1+20\%)^3 = 1{,}728.$ $P_3 = 1{,}728 / (10\% - 3\%) = 24{,}69.$

b) $P_0 = \frac{1}{10\% - 20\%} \times \left[1 - \left(\frac{1+20\%}{1+10\%}\right)^3\right] + \frac{1{,}728}{10\% - 3\%}(1 + 10\%)^{-3} = 21{,}53.$

Dado que o preço (cotação) da ação é 20 e o seu valor é 21,53 haverá interesse em comprar ações, o que será feito até a cotação atingir 21,53.

c) $P_3 = 24{,}69$ e $P_4 = 25{,}43$.

$D_4 = 1{,}728$ (ou $1{,}728/24{,}69 = 7\%$) e ganho de capital $= 25{,}43 - 24{,}69 = 0{,}74$ (ou $0{,}74/24{,}69 = 3\%$).

20. A resposta correta é d).

$$P_0 = \frac{1{,}00}{(1+11\%)^2} + \frac{1{,}00 \times (1+5\%)}{(1+11\%)^3} + \frac{1{,}00 \times (1+5\%) \times (1+2\%)}{11\% - 2\%} \times \frac{1}{(1+11\%)^3} = 10{,}28.$$

CAPÍTULO 8

—

APLICAÇÃO DO CÁLCULO FINANCEIRO A DECISÕES DE PROJETOS DE INVESTIMENTO

Objetivos do Capítulo

Após a leitura deste capítulo o leitor deverá estar apto a:

i) Conhecer e distinguir os conceitos de investimento e de projeto de investimento;

ii) Distinguir e caracterizar as diferentes fases de um projeto de investimento;

iii) Saber o que significa adotar a ótica de tesouraria e a ótica incremental na determinação dos fluxos monetários (*cash flows*) de um projeto de investimento;

iv) Conhecer os conceitos de efeitos derivados, custo de oportunidade e custos afundados no contexto de projetos de investimento;

v) Distinguir a ótica da firma da ótica dos acionistas na determinação dos *cash flows* do projeto;

vi) Conhecer o conceito de valor residual, distinguindo o valor de continuidade do valor de salvado, e saber calcular o valor de continuidade;

vii) Conhecer o conceito de taxa mínima requerida, de taxa de atualização ou de capitalização no contexto de projetos de investimento;

viii) Saber calcular o custo de capital de um projeto de investimento;

ix) Saber calcular e interpretar o valor atual líquido, a taxa interna de rentabilidade, o índice de rentabilidade, o *cash flow* anual equivalente e o prazo de recuperação de um projeto de investimento;

x) Conhecer as limitações do valor atual líquido, da taxa interna de rentabilidade, do índice de rentabilidade e do *cash flow* anual equivalente no contexto da tomada de decisões de investimento;

xi) Conhecer o conceito de análise de sensibilidade e proceder à sua aplicação para aferição do risco de projetos de investimento;

xii) Conhecer o conceito de ponto crítico e proceder à sua aplicação para aferição do risco de projetos de investimento.

8.1 Introdução

Este capítulo destina-se a explicar e a ilustrar de que forma o cálculo financeiro pode ser aplicado na tomada de decisões de investimento. Trata-se, pois, da aplicação de critérios de decisão de investimento, baseados em instrumentos de cálculo financeiro apresentados nos capítulos precedentes. Não se abordarão, porém, todas as temáticas que a análise de projetos de investimento e a sua decisão abrangem. Donde, por exemplo, não se abordarão matérias como a determinação dos fluxos monetários (*cash flows*), a modelização de investimentos com base em opções reais ou os modelos de determinação do custo de capital. Estas matérias requerem o domínio de conceitos e instrumentos que não fazem parte do escopo deste livro.

Importa começar por estabelecer o conceito de investimento e de projeto de investimento.

Um *investimento* é uma qualquer aplicação de recursos com vista à sua recuperação, acrescida de um rendimento, em uma ou em várias datas futuras. Aqui cabem, já terá o leitor concluído, muitas realidades. Por exemplo, quando alguém constrói uma fábrica para produzir um bem está a realizar um investimento. Quando alguém compra um ativo financeiro (isto é, uma ação, uma obrigação ou qualquer outro instrumento financeiro) igualmente está a realizar um investimento. Todavia, se porventura o leitor está a tirar um MBA igualmente está a realizar um investimento (tem, seguramente, a expectativa de vir a recuperar o dinheiro gasto em propinas, bem como a compensar o esforço e o tempo despendidos a estudar, acedendo a rendimentos mais elevados do que aqueles que obteria sem o curso). Há, pois, muitos tipos de investimento. Em outros capítulos este livro trata de alguns tipos de investimento financeiro (designadamente, ações e obrigações). Neste ponto tratar-se-á daqueles que habitualmente são designados por *projetos de investimento*. Isto é, investimentos em ativos reais (ou capital fixo), sejam estes corpóreos ou incorpóreos.

Os projetos de investimento são, pois, aquisições, construção ou desenvolvimento de ativos reais, que implicam um dispêndio de dinheiro num momento inicial (e, eventualmente, em vários momentos subsequentes), na expectativa de, em contrapartida, com a utilização desses ativos no processo produtivo se gerarem subsequentemente fluxos monetários. A análise e avaliação destes projetos consiste em estimar todos os fluxos monetários (de saída/investimento e de entrada/contrapartida do investimento) e na aplicação de um conjunto de metodologias de avaliação que permitem concluir se o projeto é criador ou destruidor de riqueza. Estas metodologias são, por isso, ferramentas de auxílio à tomada de decisões, na medida em que evidentemente apenas os projetos economicamente viáveis devem ser concretizados, e entre estes (existindo escassez de recursos para aplicar) devem ser selecionados os mais rentáveis. Estas metodologias de avaliação dos projetos de investimento são, como antes referido, o objeto deste capítulo.

Os projetos de investimento podem ser de diferentes tipos e resultar de distintas motivações. Assim, pode tratar-se da criação de uma nova empresa, ou simplesmente de um novo projeto de uma empresa já existente. Quer num caso, quer no outro, pode tratar-se de produzir e/ou comercializar um novo produto ou serviço, ou simplesmente oferecer um produto ou um serviço em concorrência com outros operadores. Neste último caso, pode tratar-se da oferta de um produto ou serviço que se diferencie da concorrência, ou simplesmente oferecer o mesmo produto ou serviço a um preço distinto. Tratando-se de um projeto englobado numa empresa já existente, pode visar-se expandir a capacidade produtiva (por exemplo, comprando uma nova máquina idêntica a uma outra de que já se dispõe, de modo a duplicar a capacidade de produção), pode visar-se substituir equipamento que se tornou obsoleto (por exemplo, substituir uma máquina que avariou por uma outra com idêntica capacidade produtiva), pode visar-se aumentar a eficiência produtiva (por exemplo, substituir uma máquina por outra com idêntica capacidade produtiva, mas menos consumidora de energia; ou substituir uma máquina por outra com maior produtividade por trabalhador/hora), ou pode, para terminar, resultar de um processo de inovação (seja pela criação de novas linhas de negócio, seja pela reformulação dos processos produtivos de negócios já existentes).

Por fim, importa notar que a realização de um projeto de investimento engloba várias fases. Assim, desde logo, antes de concretizar o investimento é necessário proceder à elaboração do respetivo projeto e proceder à sua análise. Se a análise do projeto indicar que o mesmo é criador de riqueza, e que se encontram reunidas condições para a sua concretização, o projeto passou a fase de *pré-investimento*. Ultrapassada esta fase, há que avançar para a sua concretização (*fase de investimento*). Todavia, mesmo aqui, há várias etapas. Antes de concretizar o investimento propriamente dito (aquisição, desenvolvimento e/ou construção de ativos fixos) importa obter as necessárias licenças e autorizações administrativas, bem como assegurar o financiamento (se for necessário recorrer a capital alheio). Uma vez concretizado o investimento, uma nova fase se inicia. Trata-se da *fase de exploração*, isto é, da utilização no processo produtivo dos equipamentos e demais ativos fixos adquiridos ou construídos. A fase de exploração igualmente pode ser subdividida em dois ou mais períodos. Assim, há um *período de arranque*, a que se segue um *período de cruzeiro*. O primeiro respeita aos primeiros anos de exploração (durante os quais, por exemplo, um produto novo se torna conhecido dos consumidores e as suas vendas vão crescendo a um ritmo não estável). O segundo respeita à fase em que o projeto atingiu estabilidade (as vendas do produto, se se tratar disso, passam a evoluir a uma taxa estável). Entre estes dois períodos podem existir outros, dependendo do ritmo de materialização do impacto do projeto. Por exemplo, se se tratar de um produto novo este pode passar por uma fase em que as vendas (e os inerentes *cash flows*) são muito baixas, passando depois por um período de grande crescimento até atingir o período de estabilidade. Em geral, os projetos são modelizados contemplando dois períodos de exploração (arranque e cruzeiro). Todavia, competirá ao analista, em cada caso concreto, concluir qual o número de períodos mais adequado à modelização do projeto.

8.2 Fluxos Monetários de Projetos de Investimento

O fluxo monetário (*cash flow*, na terminologia anglo-saxónica) é a diferença entre o dinheiro que entra (*inflow*) e o dinheiro que sai (*outlow*), num determinado período de tempo (por exemplo, um ano), de uma determinada unidade económica (por exemplo, uma empresa).

Na concretização de projetos de investimento há, evidentemente, entradas e saídas de dinheiro. Assim, por exemplo, quando a empresa promotora do projeto paga os equipamentos que adquiriu, ou paga salários aos trabalhadores, ou liquida as matérias-primas que teve de comprar, há saída de dinheiro. Pelo contrário, quando recebe o valor dos bens que vendeu ou dos serviços que prestou há entrada de dinheiro. Para analisar um projeto de investimento importa estimar as entradas e as saídas de dinheiro e, ano a ano, proceder ao seu confronto. Tipicamente, no primeiro ano (e muitas vezes nos anos subsequentes), o dinheiro que sai excede o dinheiro que entra. Tal deve-se ao facto de neste período se concentrar, em regra, o esforço de investimento. Nos anos subsequentes, em geral, os *cash flows* são positivos, pois trata-se de anos de exploração (e já não de investimento) onde o valor das entradas excede o valor das saídas. Daí que, tipicamente, se estilizem os projetos de investimento considerando que há um *cash flow* negativo inicial (correspondente ao montante do investimento inicial) e que depois, em contrapartida disso, se verifiquem *cash flows* positivos. Também neste livro, sem perda de generalidade, seguiremos em regra esta abordagem.

Note-se que os *cash flows* são entradas e/ou saídas de dinheiro, isto é, recebimentos e/ou pagamentos, e não rendimentos e/ou gastos. Por exemplo, as amortizações são um gasto, mas não são um pagamento. Uma máquina é paga quando é adquirida (salvo o caso da locação financeira, por exemplo) e não ao longo da vida ao ritmo da sua depreciação. Donde, a saída de dinheiro dá-se no momento do pagamento da máquina e não no momento em que o contabilista procede à imputação da sua amortização aos gastos anuais da empresa. Adota-se, pois, uma ótica de tesouraria e não uma perspetiva de resultado contabilístico. Esta outra baseia-se no pressuposto de especialização do exercício, segundo o qual para o resultado de um período devem concorrer todos os rendimentos e todos os gastos gerados nesse período, independentemente do momento em que esses rendimentos e esses gastos se materializaram em recebimentos e pagamentos. Daí que para o apuramento do resultado do exercício se considerem as amortizações e depreciações, enquanto para o apuramento dos fluxos monetários se considerem os pagamentos dos ativos adquiridos nas datas em que estes ocorram.

Acresce que a determinação dos *cash flows* de projetos de investimento deve adotar uma ótica incremental. De facto, apenas relevam os *cash flows* incrementais, isto é, aqueles que resultam da concretização do projeto. Assim, em empresas já em atividade é necessário considerar a diferença dos *cash flows* da empresa com e sem a realização do projeto. Esta é, pois, uma ótica distinta da usada na avaliação de empresas, onde se considera a totalidade dos respetivos *cash flows*. Na avaliação de projetos, apenas os *cash flows* a este imputáveis devem ser considerados.

Note-se, no entanto, que não podem ser ignorados os seus *efeitos derivados* (*side effects*). Isto é, os efeitos colaterais derivados da implementação de um projeto têm de ser considerados, sejam estes positivos (*vg*, sinergias) ou negativos (*vg*, canibalização). Assim, por exemplo, se uma empresa lançar um produto novo, e se este produto for substituto de um outro comercializado pela mesma empresa, esta não pode imputar ao projeto apenas as vendas do novo produto. A diminuição de vendas do produto já comercializado (e, agora, canibalizado) igualmente tem de ser considerada.

Na determinação dos fluxos monetários terão de considerar-se todas as utilizações de recursos de que resultem gastos que deem origem a saídas de dinheiro, mas igualmente se devem considerar outras realidades económicas. Em concreto, os *custos de oportunidade* têm de ser considerados. Por outras palavras, se uma empresa aloca a um projeto de investimento um recurso seu e não paga por isso, não deve deixar de imputar ao *projeto* um *outflow*. Neste caso, deve imputar-lhe o montante que receberia na melhor utilização alternativa a que destinasse esse recurso. Assim, por exemplo, se uma empresa utilizar um espaço de que é proprietária para abrir uma nova loja para comercializar um novo produto, não deve deixar de imputar ao projeto de investimento o valor da renda que receberia na melhor utilização alternativa para esse espaço. Se a melhor utilização alternativa fosse arrendar esse espaço por € 1000 por mês, é esse valor que se deve imputar ao projeto de investimento.

Todavia, não devem ser imputados ao projeto *custos afundados*. Isto é, os custos que ocorreram no passado e que não sofrem alterações com o projeto não relevam, dado que não são incrementais. Assim, por exemplo, se na produção do novo produto a empresa vai utilizar um forno de alta temperatura que já tem instalado e a funcionar por força da sua atividade atual, e se da utilização do forno na produção do novo produto não resulta qualquer custo acrescido, então os custos de funcionamento deste forno não devem ser imputados ao projeto. Estes manter-se-ão seja o projeto concretizado ou não.

Por fim, importa notar que os *cash flows* do projeto podem ser calculados em uma de duas óticas distintas. Na ótica da firma, consideram-se todos os fluxos monetários que são libertados pelo projeto, independentemente destes se destinarem a compensar o financiamento por capital alheio ou se destinarem aos acionistas. Na ótica dos acionistas, consideram-se apenas os fluxos monetários que sobram para os acionistas, e que a estes podem ser destinados. Quer isto dizer que, no primeiro caso, não se consideram nem os encargos financeiros nem as saídas de dinheiro destinadas a reembolsar empréstimos, ou as correspondentes entradas quando há contração de empréstimos. No segundo caso, os fluxos monetários provenientes dos bancos e dos obrigacionistas (no momento da contração de empréstimos) ou a eles destinados (pagamento de juros e reembolso de empréstimos) são considerados. Dependendo da ótica que seja adotada, quer a taxa de atualização, quer a taxa de rentabilidade mínima exigida para considerar o projeto rentável, terão de ser calculadas em conformidade.

8.3 Valor Residual de Projetos de Investimento

Foi já referido que os projetos de investimento, na fase de exploração, têm um período de arranque e um período de cruzeiro. E quando termina o projeto, perguntará o leitor? Os projetos de investimento, em geral, têm uma *vida útil*. De facto, ao fim de alguns anos, dependendo do ciclo de vida do negócio, o projeto atinge estabilidade (período de cruzeiro, como referido). Ao atingir o período de cruzeiro pode calcular-se o seu *valor de continuidade*.

O valor de continuidade é o valor atual de uma perpetuidade com base no *cash flow* do período de cruzeiro. Admitindo uma vida útil de *n* anos:

$$VC = \frac{CF_{n+1}}{(R-g)}. \qquad [8.1]$$

R representa a taxa de custo de capital (taxa de atualização);
g representa a taxa de crescimento dos *cash flows* em período cruzeiro.

Neste caso assume-se, pois, que o projeto durará eternamente e calcular-se-á o valor atual de todos os *cash flows* subsequentes ao ano *n* usando a fórmula do valor atual da perpetuidade com crescimento.

E se o projeto efetivamente deixar de ser explorado ao fim dos *n* anos? Aí, como o leitor certamente concordará, não faz sentido pressupor a perpetuidade dos seus *cash flows*. Neste caso, haverá um último *cash flow*, reportado à data *n* (fim da vida útil do projeto). Este é o valor que se espera obter com a liquidação do projeto, através da venda de ativos (*valor de salvado*) e ressarcimento de passivos.

O valor de continuidade e o valor de salvado são igualmente designados por *valor residual*. Donde, para analisar um projeto de investimento é necessário conhecer o valor do investimento inicial, estimar os seus *n cash flows* subsequentes e por fim determinar o seu valor residual (seja este um valor de continuidade ou um valor de salvado). Estes *cash flows* estão reportados a momentos distintos, e por isso não podem ser somados ou subtraídos sem serem atualizados ou capitalizados para um mesmo momento. Todavia, para isso, é necessária uma taxa de juro para proceder à atualização ou à capitalização dos *cash flows* para uma data comum. Que taxa é essa? Passemos à secção seguinte onde essa questão é tratada.

EXEMPLO 8.1 – CÁLCULO DE UM VALOR DE CONTINUIDADE

Um projeto de investimento entra em período cruzeiro ao fim de *n* anos. Estima-se que o *cash flow* do *n*-ésimo ano seja de € 200 000, e que a partir daí os *cash flows* cresçam ao ritmo de 2% ao ano. A taxa de juro é de 5% ao ano. Qual o valor de continuidade?

O *cash flow* do ano *n+1* é de € 204 000 [= € 200 000 × (1+2%)], sendo este o primeiro termo da renda perpétua. Assim, o valor residual (reportado à data *n*) é:[1]

VC = € 204 000/(5% – 2%) = € 6 800 000.

---

[1] Aplica-se aqui a fórmula [3.6]. Rever, se necessário, o Capítulo 3.

8.4 Taxa de Atualização ou Taxa de Rentabilidade Mínima Requerida

A taxa a que são atualizados ou capitalizados os *cash flows* de um projeto de investimento depende do tipo de *cash flows* que tenham sido calculados. Se se tratar de *cash flows* calculados na ótica dos acionistas (isto é, após terem sido considerados os recebimentos e os pagamentos devidos ao serviço da dívida financeira), terá de ser usado o custo de capital acionista. Se se tratar de *cash flows* calculados na ótica da firma (isto é, sem considerar o dinheiro recebido e pago aos bancos e a outros financiadores de capital alheio) terá de ser considerada uma taxa que represente o custo de capital da empresa, considerando quer o capital próprio quer o capital alheio.

Comecemos pela hipótese de trabalharmos com *cash flows* para acionistas. Neste caso usa-se, como referido, o custo do capital próprio. Que custo é esse?

O custo do capital próprio é a taxa a que os acionistas pretendem ser ou exigem ser remunerados. Se o Sr. Silva, proprietário único de um quiosque na baixa, apenas estiver disposto a abrir um outro quiosque no campus universitário da sua cidade se tiver a perspetiva de obter uma remuneração de pelo menos 10% ao ano, quem o obriga a investir se não houver a perspetiva de que essa rentabilidade será atingida? Ninguém, seguramente. Esta é a taxa mínima requerida pelo Sr. Silva para investir. É simultaneamente a remuneração mínima que ele exige para investir. Donde, é o seu custo de capital próprio.

Donde, quem fornece a taxa de atualização é, em primeira linha, o investidor na medida em que saberá qual a taxa mínima de rentabilidade que exige para investir.

Porém, enquanto o quiosque do Sr. Silva tem um único proprietário, as sociedades comerciais têm múltiplos sócios. No caso das empresas cotadas os seus acionistas podem ser dezenas ou centenas de milhar. Os gestores da empresa não poderão perguntar a cada acionista (a maioria deles nem os conhecerão) qual a rentabilidade mínima que deve ser exigida para a empresa investir. O que fazer então?

Nestes casos, o que os gestores podem perguntar é qual a remuneração que se pratica no mercado para investimentos com risco idêntico ao do projeto que se propõem realizar. Se os investidores do mercado de ações, em equilíbrio, realizam transações remunerando o risco assumido em investimentos similares à taxa de, por exemplo, 8% ao ano, o gestor poderá presumir corretamente que será esta a remuneração mínima que deverá exigir para os seus acionistas. Em princípio, estes não encontrarão disponível no mercado alternativas de investimento como o mesmo risco e rentabilidade mais elevada. Este é, pois, o seu custo de capital. Como podem esses gestores calcular este custo de capital próprio?

Existem muitos modelos para esse efeito. O mais conhecido é o CAPM (*Capital Asset Princing Model*). Todavia, existem outros modelos e vias alternativas de determinação do custo de capital próprio. Essa matéria não será desenvolvida neste livro dado que exige conhecimentos que transcendem o cálculo financeiro e que, provavelmente, muitos dos leitores ainda não adquiriram. Doravante tomar-se-á, pois, o custo de capital próprio como um dado.[2]

Fechada esta porta, abre-se agora a questão da taxa de atualização/capitalização a aplicar quando se dispõe dos *cash flows* calculados na ótica da firma. Referimos já que nesse caso teremos de calcular um custo médio. Trata-se, evidentemente, da média dos custos das diferentes fontes de financiamento. Se limitarmos estas fontes a capital próprio e a capital alheio, trata-se de uma média destes dois custos. Não uma média simples, mas de uma média ponderada, em que cada taxa de custo de capital pesa o que pesar a respetiva fonte de financiamento no capital total. Acresce ainda que neste cálculo se considera o custo líquido de impostos, pelo que o custo do capital alheio terá de ser multiplicado por um menos a taxa de imposto (dado o abatimento dos juros pagos à matéria coletável, não sucedendo o mesmo com os dividendos). Assim, essa média ponderada pode escrever-se como se segue:

$$WACC = \frac{E}{E+D}R_E + \frac{D}{E+D}R_D(1-T), \quad [8.2]$$

onde:

WACC (*Weighted Average Cost of Capital*) é o custo médio ponderado do capital;

R_E representa o custo do capital próprio;

R_D representa o custo de capital alheio;

E representa o valor do capital próprio;

D representa o valor da dívida (capital alheio);

T representa a taxa de imposto.

[2] Os leitores que tenham interesse poderão encontrar esses modelos em múltiplos livros de finanças. Entre estes, para indicar uma referência em língua portuguesa e uma referência anglo-saxónica, ver Fernandes et al. (2018) e Hillier (2013).

Exemplo 8.2 – Custo Médio Ponderado do Capital

A Novo Projeto, Lda. é uma empresa recém-constituída para explorar um projeto relativamente ao qual se conhecem os seguintes elementos.

	Novo Projecto, Lda.
Custo do Capital Próprio	7,86%
Custo Capital Alheio (R_D)	5,00%
Taxa de Imposto (T)	20,00%
Dívida (Milhões de €)	4,00
Capital Próprio (Milhões de €)	4,00

Aplicando a fórmula [8.2] tem-se:

$$WACC_{\text{Novo Projeto, Lda}} = \frac{4}{4+4} \times 7{,}86\% + \frac{4}{4+4} \times 5{,}00\% \times (1 - 20\%) = 5.9\%.$$

Para terminar a temática da taxa de atualização a usar na avaliação de projetos de investimento, falta uma referência à questão dos preços constantes versus preços nominais. Por outras palavras, falta decidir se devemos calcular uma taxa de atualização nominal ou real.

Uma vez mais, tudo depende da forma como os *cash flows* tenham sido calculados. Estes podem ser calculados usando preços constantes (geralmente a preços do ano zero) ou a preços correntes. Neste último caso prevê-se uma taxa de inflação e os preços do ano zero são capitalizados para considerar o efeito da subida de preços. A taxa de desconto tem de ser consistente com a metodologia adotada no cálculo dos *cash flows*. Assim, se os *cash flows* são calculados com inflação, a taxa de atualização deve ser nominal, isto é, deve igualmente incorporar o efeito da inflação. Pelo contrário, se os *cash flows* a preços constantes, então devemos utilizar uma taxa de atualização real e não nominal.[3]

[3] Convidamos o leitor a rever no Capítulo 1 a temática das taxas de juro nominais versus taxas de juro reais.

8.5 Decisão com Base no Valor Atual Líquido

É chegado o momento da tomada de decisões, ou melhor, de tratarmos dos critérios de decisão de investimento. O leitor certamente concordará que um projeto é rentável, isto é, é criador de riqueza se gerar entradas de dinheiro em montante superior ao das saídas. De acordo? Então, a forma mais simples de avaliar a sua viabilidade consiste em comparar (i) o valor atual dos *cash flows* gerados pelo projeto com (ii) o valor do investimento a realizar. A diferença entre (i) e (ii) é o montante da riqueza gerada pelo projeto. A esta diferença chama-se *valor atual líquido* (VAL). Donde,

$$VAL = \sum_{t=0}^{n} \frac{CF_t}{(1+R)^t} = \sum_{t=0}^{n} \frac{Inflow_t}{(1+R)^t} - \sum_{t=0}^{n} \frac{Outflow_t}{(1+R)^t} \qquad [8.3]$$

Se considerado um projeto na sua versão estilizada, com o investimento concentrado num momento inicial (ano zero), teremos:

$$VAL = -I_0 + \sum_{t=1}^{n} \frac{CF_t}{(1+R)^t} \qquad [8.4]$$

Em [8.3] e [8.4] CF_t representa o *cash flow* do ano t (isto é, os *inflows* do ano t menos os *outflows* do ano t), n representa a vida útil do projeto e R representa a taxa de atualização ou capitalização aplicável. Em [8.4], I_0 representa o investimento inicial.

Vejamos um exemplo simples. O investimento inicial é de € 4 100 000. O ativo tem uma vida útil de três anos e produz *um cash flow* anual de € 1 400 000. O valor residual é de € 1 500 000. O custo de capital é 10% ao ano.

Os *cash flows* do projeto e o respetivo valor atual são os que constam da Tabela 8.1. De acordo?

TABELA 8.1 – CASH FLOWS DO PROJETO

	Ano 0	Ano 1	Ano 2	Ano 3
Investimento Inicial	-4 100 000			
Cash Flow de Exploração		1 400 000	1 400 000	1 400 000
Valor Residual				1 500 000
Cash Flow Total	-4 100 000	1 400 000	1 400 000	2 900 000
Valor Actual dos Cash Flows	-4 100 000	1 272 727	1 157 025	2 178 813

Se o leitor tem dúvidas sobre como se chegou aos valores da última linha, vale a pena rever a matéria do Capítulo *1*. Só para recordar, por exemplo, 2 178 813 = 2 900 000 × $(1+10\%)^{-3}$. Lembrava-se?

Assim, o projeto consiste em investir € 4 100 000, no ano zero, e a receber em contrapartida *cash flows* cujo valor total, reportado ao mesmo ano zero, é de € 4 608 565 [= € 1 272 727 + € 1 157 025 + € 2 178 813]. O projeto cria ou destrói riqueza? E quanto? Concordará certamente que o VAL do projeto é de € 508 565 [= € 4 608 565 – € 4 100 000]. É esse o montante de riqueza que o projeto cria. Por outras palavras, estima-se que projeto venha a originar *entradas* monetárias em montante que excede em € 508 565 o valor das *saídas* de dinheiro, contabilizando entre estas todos os custos de oportunidade e uma remuneração do capital investido à taxa de 10% ao ano.

Que decisão tomar? Parece não haver dúvidas que o projeto é viável (o seu VAL é positivo). Donde, o projeto tem luz verde. Certo?

De facto, a regra de decisão com o VAL é a seguinte:

i) VAL > 0: O projeto permite recuperar o capital investido, remunera os capitais investidos à taxa pretendida e ainda gera excedente. Donde, é de aceitar o projeto.

ii) VAL = 0: O projeto permite recuperar o capital investido, remunera os capitais investidos à taxa pretendida. Porém, não gera excedente. A indicação continua a ser a de aceitar o projeto. Todavia, se a taxa pretendida corresponde à taxa de equilíbrio de mercado, provavelmente existirão outros investimentos alternativos que proporcionem a mesma rentabilidade.[4]

[4] Note que uma pequena alteração na taxa de atualização ou um pequeno engano na estimativa dos *cash flows* previsionais poderão levar a que o projeto deixe de ser viável. No entanto, sobre este e outros riscos dedicaremos atenção adiante.

iii) VAL < 0: O projeto não permite recuperar o capital investido e remunerar os capitais investidos à taxa pretendida. Não é, por isso, economicamente viável. Donde, é de rejeitar o projeto.

O leitor gosta desta ferramenta de decisão de investimentos? Provavelmente, sim. É, de facto, muito simples, intuitiva, racional e útil. Porém, também sofre de algumas limitações.

O VAL permite-nos concluir se um projeto é ou não viável. Consequentemente, é muito útil para rejeitar os que não são viáveis (VAL < 0). Porém, sozinho poderá não bastar para tomar decisões quando o VAL é positivo. Se estivermos na presença de um único projeto, não havendo projetos alternativos, o VAL igualmente dá uma indicação inequívoca de investimento. O problema surge, porém, quando há múltiplos projetos com VAL positivo onde investir, e o capital disponível é limitado e insuficiente para os concretizar todos. Neste caso, tendo de escolher um só projeto, não faria sentido optar pelo projeto com o maior VAL?

Imagine dois projetos alternativos A e B cujos VAL são: VAL_A = € 400 000 e VAL_B = € 500 000. O projeto B não é, necessariamente, melhor que o projeto A. Imagine que o montante de investimento inicial de A é € 1 milhão e que o montante do investimento inicial de B é de € 4 milhões. Por outras palavras, o VAL de A é 40% do montante investido, enquanto o VAL de B é somente 12,5% do montante investido. Não parece, pois, avisado escolher entre investimentos alternativos economicamente viáveis considerando apenas o VAL. Se ainda tem dúvidas, continuemos com o exemplo.

Imagine agora que A e B implicam o mesmo investimento inicial. Por hipótese, € 2 milhões. Todavia, o prazo (vida útil) de A é de 3 anos, enquanto o de B é de 9 anos. Trata-se, pois, de projetos com durações diferentes. Note que a riqueza criada por A é menor que a criada por B. Porém, enquanto A demora três anos a libertar € 400 000, B demora 9 anos a libertar € 500 000. Imagine que o projeto A é replicável ao longo do tempo. Em 9 anos este libertaria três vezes € 400 000. Donde, nesse contexto seria preferível A, apesar de o seu VAL ser menor.

Em suma, o VAL é uma ferramenta de enorme utilidade, porém sozinha não permite tomar decisões sobre projetos viáveis alternativos em situações de racionamento de capital, bem como quando se tem de optar entre projetos com vidas úteis diferentes.

Exemplo 8.3 – Valor Atual Líquido

Uma empresa prevê investir € 8 000 000, num novo produto, cujas vendas anuais são estimadas em € 14 000 000. Os custos variáveis anuais são de € 6 000 000 e os custos fixos anuais (incluindo amortizações) ascendem a € 4 400 000. As amortizações anuais são de € 900 000, e a taxa de imposto é de 30%. A produção decorrerá durante 4 anos e o valor residual do projeto é nulo. O custo de capital da empresa é de 10% ao ano. Qual o VAL do projeto?

O investimento inicial é de € 8 000 000. As vendas anuais são de € 14 000 000. Deduzidos os custos variáveis e os custos fixos (incluindo amortizações), o resultado operacional é de € 3 600 000. Sobre este valor incidem impostos de € 1 080 000. Donde, após impostos sobram € 2 520 000. Somadas as amortizações (dado que são um custo, mas não uma despesa) libertam-se anualmente € 3 420 000. Como o valor residual é nulo, atualizando os *cash flows* à taxa de 10% ao ano apura-se um VAL de € 10 840 940. A tabela que se segue sintetiza os cálculos efetuados.

	Ano 0	Ano 1	Ano 2	Ano 3	Ano 4
Receitas		14 000 000	14 000 000	14 000 000	14 000 000
Custos Variáveis		6 000 000	6 000 000	6 000 000	6 000 000
Custos Fixos		3 500 000	3 500 000	3 500 000	3 500 000
Amortizações		900 000	900 000	900 000	900 000
Resultado Operacional [RO]		3 600 000	3 600 000	3 600 000	3 600 000
Impostos		1 080 000	1 080 000	1 080 000	1 080 000
Investimento	8 000 000				
Valor Residual					0
Cash Flow	-8 000 000	3 420 000	3 420 000	3 420 000	3 420 000
Factor de Desconto		0,909091	0,826446	0,751315	0,683013
Cash Flow Actualizado		3 109 091	2 826 446	2 569 497	2 335 906
VAL	10 840 940				

8.6 Decisão com Base na Taxa Interna de Rentabilidade

No ponto anterior vimos um exemplo em que o investimento inicial é de € 4 100 000. O ativo tem uma vida útil de três anos e produz um *cash flow* anual de € 1 400 000.

O valor residual é de € 1 500 000. O custo de capital é 10% ao ano. Os *cash flows* deste projeto constam da Tabela 8.1. Aí constatamos que o VAL do projeto é € 508 565.

O que aconteceria ao VAL deste projeto se o custo de capital fosse de, digamos, 20%. O leitor confirmará os cálculos, e constatará que seria – € 282 870. O projeto deixaria de ser viável. Donde, o mesmo projeto é rentável com um custo de capital de 10% e não o é com um custo de capital de 20%. Podemos perguntar, consequentemente: Qual é o custo de capital máximo que o projeto "aguenta"? Isto é, podemos perguntar qual a taxa de atualização máxima que faz com que o projeto ainda se mantenha viável, recuperando o investimento e remunerando os capitais aplicados à taxa pretendida. Essa é a taxa que faz com que o VAL seja nulo. A sua designação é *taxa interna de rentabilidade* (TIR).[5] Donde, partindo da equação [8.4], pode escrever-se:

$$0 = -I_0 + \sum_{t=1}^{n} \frac{CF_t}{(1+TIR)^t}. \qquad [8.5]$$

Aplicando esta fórmula ao exemplo que nos tem acompanhado vem:

$$0 = -4\,100\,000 + 1\,400\,000(1\text{+TIR})^{-1} + 1\,400\,000(1\text{+TIR})^{-2} + 2\,900\,000(1\text{+TIR})^{3}.$$

Ou, mais simplesmente, aplicando a fórmula de atualização de rendas [3.5], tem-se, equivalentemente:

$$4\,100\,000 = 1\,400\,000\left[\frac{1-(1+\text{TIR})^{-3}}{\text{TIR}}\right] + 1\,500\,000(1+\text{TIR})^{-3}.$$

Infelizmente, como se viu no Capítulo 3, só há duas formas de resolver esta equação. Por erro e tentativa, ou recorrendo a uma calculadora ou uma folha de cálculo que faça esse trabalho por nós. Aconselho o leitor a recorrer ao Excel, utilizando os conhecimentos que adquiriu no Capítulo 5, para confirmar que a TIR deste exemplo é 16,07%.

Em face deste valor o que conclui o leitor relativamente à viabilidade do projeto? A taxa de rentabilidade do projeto é 16,07%, a taxa mínima de rentabilidade exigida é de 10%, pelo que só se pode concluir (em consonância com o que se tinha concluído com o VAL) que é de aceitar o projeto.

---

[5] É o que leitor está a pensar! É a mesma taxa interna de rentabilidade de que falamos em vários capítulos anteriores, e que agora nos surge agora ao serviço da análise de projetos de investimento.

Na realidade, a regra de decisão com a TIR é (notando por *R* o custo de capital ou taxa mínima de rentabilidade exigida):

i) TIR > *R*: O projeto permite recuperar o capital investido, remunera os capitais investidos à taxa pretendida e ainda gera excedente. Donde, é de aceitar o projeto.

ii) TIR = *R*: O projeto permite recuperar o capital investido, remunera os capitais investidos estritamente à taxa pretendida. Donde, é de aceitar o projeto.[6] Porém, o projeto não gera excedente. A indicação continua a ser a de aceitar o projeto. Todavia, se a taxa pretendida corresponde à taxa de equilíbrio de mercado, provavelmente existirão outros investimentos alternativos que proporcionem a mesma rentabilidade.

iii) TIR < *R*: O projeto não permite recuperar o capital investido e remunerar os capitais investidos à taxa pretendida. Donde, é de rejeitar o projeto.

Em suma, aceita-se o projeto quando a TIR é pelo menos igual a *R*. O critério de decisão com a TIR é, pois, consistente com o critério de decisão fundado no VAL. De facto, sempre que a TIR > *R*, o VAL é positivo; com TIR = *R*, o VAL é nulo; e quando a TIR < *R*, o VAL é negativo.

Tal como o VAL, também a TIR apresenta algumas limitações. Vejamos:

Em primeiro lugar, assume o reinvestimento dos *cash flows* à taxa de atualização. Expliquemos melhor. No exemplo que nos tem acompanhado, o investimento inicial é de € 4 100 000 e a TIR é de 16,07%. Quer isto dizer que o promotor terá no final do projeto, um capital de € 6 411 027 [= € 4 100 000 × $(1+16{,}07\%)^3$]? Se isso acontecer, a sua rentabilidade é, de facto, 16,07%. [Com efeito 16,07% = $(€\ 6\ 411\ 027/€\ 4\ 100\ 000)^{1/3} - 1$].[7]

Todavia, para que isso aconteça é necessário que o promotor seja capaz de aplicar os € 1 400 000 libertados no primeiro ano, durante dois anos (entre o ano 1 e o ano 3), à taxa de 16,07%; e aplicar, à mesma taxa, os € 1 400 000 que serão libertados no segundo ano, durante um ano (entre o ano 2 e o ano 3). Imagine que, afinal, o investidor só será capaz de reinvestir essas verbas com uma rentabilidade de 12% ao ano. Nesse caso, no fim do projeto o investidor terá somente: € 6 224 160 [= € 1 400 000 × $(1+12\%)^2$ + € 1 400 000 × (1+12%) + € 2 900 000]. A sua rentabilidade final será, pois, de 14,9% [= $(€\ 6\ 224\ 160/€\ 4\ 100\ 000)^{1/3} - 1$].[8]

---

6 Aplicam-se aqui as observações feitas, no ponto anterior, à decisão com VAL = 0.
7 O leitor reparou, com certeza, que aqui aplicamos a fórmula [1.10].
8 Uma vez mais aplicamos a fórmula [1.10].

A TIR igualmente deve ser usada com cautela quando se trata de escolher entre projetos mutuamente exclusivos. Neste caso, no mínimo, há que considerar também o VAL. De facto, suponham-se os projetos A e B com TIR de, respetivamente, 9% e 10%. Olhando apenas para a TIR escolheríamos o segundo. Suponha, porém, que (por força das diferenças de prazo e de tempo), no primeiro caso o VAL é de € 10 milhões e no segundo é de apenas € 1 milhão. Ao escolher B estaria a perder a oportunidade de ganhar mais € 9 milhões.

Uma outra limitação usualmente apontada à TIR é poderem existir múltiplas taxas que tornam o VAL nulo quando os projetos intercalam *cash flows* positivos e negativos. É verdade que nessas circunstâncias pode existir mais do que uma solução para a equação [8.5]. É, porventura, uma situação muito rara e com pouca expressão prática para que mereça muita atenção da nossa parte. Se algum dia uma situação desta natureza surgir, o leitor terá já ferramentas e experiência suficientes para perceber se o projeto em causa é ou não viável.

A TIR é ainda criticada por não distinguir financiamento de investimento. Por exemplo, um pagamento de 100 na data *0* e *1* recebimento de 130 na data um, leva à mesma TIR que um recebimento de 100 na data *0* e pagamento de 130 na data *1*. A primeira situação é um investimento a segunda é um financiamento, e em ambos a TIR é de 30%. E daí? Tal apenas significa que o cálculo financeiro nos é útil, quer nas situações de investimento, quer nas de financiamento.

8.7 Índice de Rentabilidade

O índice de rentabilidade (IR) compara o valor atual dos *cash flows* com o valor atual do investimento. Em termos de fórmula matemática podemos escrever:

$$IR = \frac{\sum_{t=1}^{n} \frac{CF_t}{(1+R)^t}}{I_0}. \qquad [8.6]$$

Note-se que se em vez do investimento ocorrer de uma só vez no início do projeto, como temos admitido na versão estilizada, houver lugar ao investimento ao longo de toda a vida do projeto, no denominador teremos o valor atualizado de todos os investimentos, e no numerador não serão excluídos os *outflows* relativos ao investimento. A fórmula passaria, pois, a ser:

$$IR = \frac{\sum_{t=0}^{n} CF_t (1+R)^{-t}}{\sum_{t=0}^{n} Inv_t (1+R)^{-t}}. \qquad [8.7]$$

Mantenhamo-nos, porém, focados na versão mais simples constante da fórmula [8.6] e regressemos ao exemplo que nos tem acompanhado. No ponto 8.5 tínhamos já concluído que o projeto consiste em investir € 4 100 000, no ano zero, e a receber em contrapartida *cash flows* cujo valor total, reportado ao mesmo ano zero, é de € 4 608 565 [= 1 272 727 + 1 157 025 + 2 178 813]. Donde, aplicando fórmula [8.6], concluímos que o IR deste projeto é 1,12. Com efeito:

$$IR = € 4\ 608\ 565/€ 4\ 100\ 000 = 1{,}12.$$

Este valor indica, pois, que o valor atual dos *cash flows* de contrapartida do projeto excedem o valor atual do investimento a realizar em 12% do montante deste. Por outras palavras, o projeto permite recuperar a totalidade do investimento e origina um excedente de 12% do valor investido. Nada mau, pois. Evidentemente a indicação que daqui resulta é a da aceitação do projeto. Com efeito:

i) IR > 1: A contrapartida do investimento (numerador) excede o valor do investimento (denominador), e consequentemente é de aceitar o projeto.

ii) IR = 1: A contrapartida do investimento (numerador) é igual ao valor do investimento (denominador), e consequentemente é de aceitar o projeto.

iii) IR < 1: A contrapartida do investimento (numerador) é inferior ao valor do investimento (denominador). Donde, é de rejeitar o projeto.

Note-se que: se IR > 1, o VAL > 0; se IR = 1, VAL = 0; se IR < 1, VAL < 0. Estes resultados decorrem do facto de o VAL consistir na subtração do denominador ao numerador do IR. Donde, a indicação de investimento que resulta do IR é a mesma que resulta do VAL, a qual já tínhamos concluído é também a mesma que resulta da TIR.

Tal como acontece com a TIR, também o IR não deve ser aplicado sozinho para selecionar projetos mutuamente exclusivos. Um projeto A com um IR de 1,10 pode ser preferível a um outro B com um IR de 1,11. Imagine-se, de facto, que o primeiro apresenta um VAL é de € 10 milhões e o segundo um VAL de € 1 milhão.[9] Tal como

[9] Isto pode acontecer, por exemplo, pela diferença de prazos ou de montante de investimento dos dois projetos.

acontecia com a TIR (lembra-se?) ao escolher B estaria a perder a oportunidade de ganhar mais € 9 milhões.

8.8 *Cash Flow* Anual Equivalente

O *cash flow* anual equivalente (CFAE) é o valor do *cash flow* periódico (renda) equivalente ao conjunto de *cash flows* originais. Por outras palavras, o CFAE é o valor do *cash flow* periódico (renda) equivalente ao valor atual líquido (VAL) do conjunto de *cash flows* originais. Assim:

$$CFAE = \frac{VAL}{\frac{1-(1+R)^{-n}}{R}}. \qquad [8.8]^{10}$$

O numerador desta expressão é o VAL. No denominador temos o valor atual de uma renda unitária postecipada de *n* termos (rever, se necessário, o Capítulo 3). Donde, o CFAE não é mais do que o termo da renda. Por outras palavras, o CFAE mais não é do que o excedente gerado pelo projeto expresso em termos de anualidade de valor constante.

Aplicando a fórmula ao caso da Tabela 8.1, temos:

$$\text{CFAE} = \frac{€\ 508\ 565}{\frac{1-(1+10\%)^{-3}}{10\%}} = €\ 204\ 501.$$

Para confirmar que, de facto, se trata de uma renda de três anos e termos constantes de € 204 501, calcule-se o respetivo valor atual:

$$\text{VAL} = 204\ 502\ (1+10\%)^{-1} + 204\ 502\ (1+10\%)^{-2} + 204\ 502\ (1+10\%)^{-3} = 508\ 565.^{11}$$

O CFAE é particularmente útil para comparar alternativas de investimento com períodos de vida diferentes. Imagine, pois, dois projetos A e B, o primeiro com 4 anos de vida e o segundo 8 anos. Se o primeiro puder ser repetido duas vezes, uma no ano zero e outra no ano 4, conseguimos também neste caso investir durante 8 anos. Assim, qual escolher? O que tem o CFAE mais alto. Se for o A, este é também provavelmente aquele que, tudo o resto igual, tem o VAL mais baixo, pois só gera *cash flows* durante

---

[10] Se o leitor observar com atenção esta fórmula é equivalente à [3.3], onde *CFAE* substitui *P* como identificador do termo da renda e *VAL* substitui C_0 como valor do capital inicial (reveja a Tabela 3.1).

[11] É natural que encontre pequenas diferenças se não fizer os cálculos usando casas decimais suficientes no valor do termo da renda.

4 anos. Todavia, se comparar A repetido duas vezes (no período de 8 anos) com B, já concluirá que a repetição da A origina um VAL mais elevado do que o projeto alternativo.

Exemplo 8.4 – *Cash Flow* Anual Equivalente

A transportadora A Tempo & Horas, Lda. tem de definir a sua política de aquisição, manutenção e substituição de camiões. A tabela que se segue apresenta os valores de aquisição (investimento), manutenção e valor de salvado de cada camião para três horizontes distintos de manutenção e substituição dos camiões (2 anos, 3 anos e 4 anos).

Tempo de Serviço	Investimento	Custos de Manutenção				Valor de Salvado
		Ano 1	Ano 2	Ano 3	Ano 4	
2 anos	-50 000	-10 000	-12 000			?
3 anos	-50 000	-10 000	-12 000	-15 000		30 000
4 anos	-50 000	-10 000	-12 000	-15 000	-25 000	25 000

Sabendo que o custo de capital da A Tempo & Horas, Lda. é de 6%, qual tem de ser o valor de salvado quando o tempo de serviço é dois anos, para que este horizonte temporal corresponda à política ótima?

Propomos que se comece por determinar o VAL dos tempos de serviço 3 anos e 4 anos. O leitor confirmará no seu computador que estes são, respetivamente, – € 57 520 e – € 82 708. São negativos, dado que tirando o valor de salvado, só há outflows. Donde, importa escolher a hipótese que implique custos mais baixos. Todavia, não o pode fazer baseando-se no VAL, dado que um cobre os custos de 3 e ou outro de 4 anos. Calculando em seguida os CFAE temos: CFAE (3 anos) = – € 21 519; CFAE (4 anos) = – € 23 869. Torna-se agora claro que entre 3 anos e 4 anos, o prazo mais curto é o preferível. Donde, finalmente podemos dedicar atenção à hipótese dos 2 anos. Para que esta seja política ótima, o seu CFAE tem de ser maior ou igual a – € 21 519. Ora, um tal CFAE é equivalente a um VAL de – € 39 452. De facto, VAL = – € 39 452 = – € 21 519 × $(1+6\%)^{-1}$ – € 21 519 × $(1+6\%)^{-2}$. Donde, finalmente, podemos calcular o valor (mínimo) de salvado. Notando por X esse valor, podemos finalmente escrever:

VAL = – € 39 452 = – € 50 000 – € 10 000 $(1+6\%)^{-1}$ – € 12 000 $(1+6\%)^{-2}$ + X$(1+6\%)^{-2}$. Resolvendo em ordem, a X conclui-se tem de ser pelo menos € 34 452.

8.9 Prazo de Recuperação do Investimento

Um outro critério tradicional de decisão de investimento é o chamado prazo de recuperação do investimento (*payback period*).

Numa versão rudimentar pode calcular-se esse prazo sem considerar o valor do dinheiro no tempo. Assim, regressando ao exemplo, do investimento inicial de € 4 100 000, € 1 400 000 serão recuperados no ano 1 e outro tanto será reavido no ano 2. Quer isto dizer que no início do ano 3 apenas ficam por recuperar € 1 300 000 [= € 4 100 000 – € 1 400 000 – € 1 400 000]. Com exploração do projeto, ao longo do terceiro ano serão libertados mais € 1 400 000.[12] Assim, supondo que ao longo do ano os *cash flows* são libertados a um ritmo linear, demora 11,1 meses [= (€ 1 300 000 / / € 1 400 000) × 12 meses] a recuperar a totalidade do capital investido.

Este procedimento tem o inconveniente óbvio de não considerar que somas monetárias reportadas a momentos distintos do tempo têm de ser atualizadas ou capitalizadas para uma mesma data para poderem ser comparadas. Pode, porém, adotar-se uma versão alternativa que corrige esse problema. Trata-se do *prazo atualizado de recuperação do investimento* (ou, na terminologia anglo-saxónica, *discounted payback period*).

O prazo atualizado de recuperação do investimento corresponde ao número de períodos (anos) necessários para igualar o VAL a zero, ou dito de outro modo, para que os *cash flows* libertados nesse período igualem estritamente o montante investido. Em termos de fórmula matemática, na versão estilizada,

$$0 = \sum_{t=1}^{m} CF_t (1+R)^{-t} - I_0 , \qquad [8.9]$$

onde *m* representa o prazo atualizado de recuperação do investimento.

Esta fórmula tem, todavia, de ser aplicada com algum cuidado, dado pressupor que o *cash flow* do ano *t* é libertado de uma só vez no final desse ano.

Na realidade, no exemplo, subtraindo ao investimento inicial (€ 4 100 000) o valor dos *cash flows* atualizados do ano 1 e do ano 2, respetivamente € 1 272 727 e € 1 157 025,[13] temos:

$$€\,4\,100\,000 - €\,1\,272\,727 - €\,1\,157\,025 = €\,1\,670\,248.$$

---

[12] Admite-se, pois, que o valor residual será libertado de uma só vez no final do terceiro ano e não linearmente ao longo do ano.

[13] Vide Tabela 1.

Quer isto dizer que quando se iniciar o terceiro ano, do total do investimento realizado, ainda falta recuperar € 1 670 248 (reportados à data de início do projeto). Assim, o *cash flow* de exploração do ano três (€ 1 400 000 que reportados ao ano 0 equivalem a € 1 051 840) não chegam para a recuperação do investimento. Isso implica que será necessário mobilizar o valor residual para recuperar o investimento. Donde, como este só é libertado no fim dos três anos, é este o prazo de recuperação do investimento.

Todavia, como o leitor pode verificar na Tabela 8.1, o valor atualizado dos *cash flows* do terceiro ano é de € 2 178 813. Este valor excede € 1 670 248. Donde, se admitir a sua linearização, conclui que bastam 9,2 [= (€ 1 670 248 / € 2 178 813) × 12] meses do terceiro ano para recuperar a totalidade do investimento. Assim, estritamente aplicando a fórmula [8.9], constataria que o prazo de recuperação seria 2 anos, 9 meses e 6 dias. O problema deste cálculo é que o valor residual apenas será libertado no final do terceiro ano, pelo que provavelmente não faz sentido admitir a sua libertação de forma linear ao longo do terceiro ano.

A regra de decisão com *payback*, seja na versão simples, seja na versão com *cash flows* atualizados, é a seguinte:

i) *Payback* $< n$: É recuperado o investimento e ainda são libertados recursos adicionais. É de aceitar o projeto.

ii) *Payback* $= n$: Os *cash flows* permitem recuperar estritamente o investimento. É de rejeitar o projeto.

iii) *Payback* $> n$: Os *cash flows* não permitem recuperar o investimento. É de rejeitar o projeto.

O *payback period* apresenta diversas limitações. A versão mais simples tem, como já referido, o problema de ignorar o valor temporal do dinheiro. Ao fazê-lo pode levar à aceitação de projetos com VAL negativo. A versão *discounted* ultrapassa estas críticas, mas mantém várias que se aplicam às duas versões.

Na realidade, ambos ignoram os *cash flows* libertados após a recuperação do investimento. Donde, dois projetos com o mesmo prazo de recuperação, mas em que um liberta *cash flows* elevados e o outro *cash flows* baixos após esse prazo são igualmente bons por este critério. Além disso, ambos desfavorecem projetos de prazo longo, não obstante a sua rentabilidade poder ser elevada.

8.10 Risco, Análise de Sensibilidade e Ponto Crítico

Os critérios de decisão de projetos de investimento que referimos anteriormente medem a atratividade dos projetos em face de um dado conjunto de pressupostos. Quem garante que esses pressupostos se verificam?

Por exemplo, temos trabalhado com um projeto em que o investimento inicial é de € 4 100 000. E se o montante do investimento derrapar? O mesmo projeto admite que a exploração do projeto permite libertar os *cash flows* constantes da Tabela 8.1. Para chegar a esses valores foi necessário assumir valores para, entre outras variáveis, a quantidade a vender em cada ano, bem como para o preço de venda. Todavia, uma vez mais, quem garante que as quantidades previstas serão vendidas aos preços esperados?

A inexistência de garantia de que os pressupostos adotados serão confirmados pela realidade cria risco. O risco faz parte da vida e os decisores de projetos de investimento têm de viver com isso. O que podem fazer? Escapa aos propósitos deste livro, como explicado na Introdução a este capítulo, explorar todas as temáticas da decisão de investimento. Assim, aqui limitar-nos-emos a explicar de que modo a análise de sensibilidade permite ao decisor ter uma ideia mais precisa dos riscos que corre, sem pretender esgotar a temática da mensuração e gestão do risco de projetos de investimento.

A análise de sensibilidade consiste em tentar perceber o quão sensível é a rentabilidade do projeto face a determinado pressuposto. Se a uma pequena alteração numa dada variável (por exemplo, investimento inicial, quantidade vendida, preço de venda, custo variável unitário ou taxa de crescimento da perpetuidade) corresponder uma grande oscilação do indicador de rentabilidade do projeto (VAL, TIR, IR ou CFAE) pode afirmar-se que o projeto é muito sensível ou muito arriscado. Bastará, nesse caso, uma pequena oscilação nessa variável para que o projeto passe de viável a destruidor de riqueza.

A Tabela 8.2 ilustra a análise de sensibilidade do exemplo que nos tem acompanhado, utilizando como variável chave o montante do investimento inicial. Aí mantêm-se todos os pressupostos do cenário base e simplesmente se faz variar o montante do investimento inicial. Para cada alternativa do valor do investimento inicial calculam-se os respetivos indicadores de rentabilidade.

TABELA 8.2 – ANÁLISE DE SENSIBILIDADE AO INVESTIMENTO INICIAL

Inv. Inicial	ΔI_0	VAL	TIR	IR	CFAE
410 000	-90%	4 198 565	351,72%	11,24	1 688 305
820 000	-80%	3 788 565	177,94%	5,62	1 523 438
1 230 000	-70%	3 378 565	116,61%	3,75	1 358 571
1 640 000	-60%	2 968 565	83,99%	2,81	1 193 704
2 050 000	-50%	2 558 565	63,23%	2,25	1 028 837
2 460 000	-40%	2 148 565	48,60%	1,87	863 970
2 870 000	-30%	1 738 565	37,60%	1,61	699 103
3 280 000	-20%	1 328 565	28,95%	1,41	534 236
3 690 000	-10%	918 565	21,93%	1,25	369 369
4 100 000	0%	508 565	16,07%	1,12	204 502
4 100 000	10%	98 565	11,09%	1,02	39 634
4 920 000	10%	-311 435	6,79%	0,94	-125 233
5 330 000	30%	-721 435	3,02%	0,86	-290 100
5 740 000	40%	-1 131 435	-0,31%	0,80	-454 967
6 150 000	50%	-1 541 435	-3,29%	0,75	-619 834
6 560 000	60%	-1 951 435	-5,97%	0,70	-784 701
6 970 000	70%	-2 361 435	-8,40%	0,66	-949 568
7 380 000	80%	-2 771 435	-10,62%	0,62	-1 114 435
7 790 000	90%	-3 181 435	-12,66%	0,59	-1 279 302

Esta tabela mostra que se o investimento inicial derrapar 20% (passando para € 4 920 000) o projeto passa a ter um VAL negativo de – € 311 435, caindo por isso 161%. A mesma tabela mostra ainda que se a derrapagem do investimento for de 10%, o VAL do projeto cai 81% (passando de € 508 565 para apenas € 98 565). Movimentos idênticos se percebem para os outros indicadores de rentabilidade.

Parece, pois, poder concluir-se que este projeto tem uma sensibilidade elevada face ao valor do investimento inicial. Na realidade, bastará que o investimento inicial aumente 12% (isto é, aumente no montante do VAL do cenário inicial, passando a ser de € 4 608 565) para que o projeto passe a ter VAL nulo.[14] € 4 608 565 é, por isso, o montante do investimento a partir do qual o projeto passa de viável a inviável.

[14] O leitor encarregar-se-á de confirmar que com este montante de investimento inicial o projeto tem VAL nulo.

O valor de uma qualquer variável em que isso acontece, ou seja, o VAL atinge o valor zero e por isso se dá a transição do projeto de viável a inviável é designado *ponto crítico*. Donde, o ponto crítico em matéria de investimento inicial é € 4 608 565.

O ponto crítico, tal como a análise de sensibilidade, pode calcular-se para qualquer variável. Assim, por exemplo se pretendermos saber qual o ponto crítico do projeto relativamente ao valor residual bastará resolver a equação que se segue em ordem à incógnita (X):

$$0 = -4\,100\,000 + 1\,400\,000\,(1+10\%)^{-1} + 1\,400\,000\,(1+10\%)^{-2} + 2\,900\,000\,(1+10\%)^{-3} + X\,(1+10\%)^{-3}.$$

O valor de X é € 823 100. Basta, pois, que o valor residual do projeto atinja este montante (55% do previsto) para que este seja viável.

Sumário

- Um *investimento* é uma qualquer aplicação de recursos com vista à sua recuperação, acrescida de um rendimento, em uma ou em várias datas futuras.
- *Projetos de investimento* são investimentos em ativos reais (ou capital fixo), sejam estes corpóreos ou incorpóreos.
- Um projeto de investimento engloba várias fases. A *fase de exploração* é a fase de utilização no processo produtivo dos equipamentos e demais ativos fixos adquiridos ou construídos.
- A fase de exploração igualmente pode ser subdividida em dois ou mais períodos. Um *período de arranque* e um *período de cruzeiro*. O primeiro respeita aos primeiros anos de exploração. O segundo respeita à fase em que o projeto atingiu estabilidade.
- O fluxo monetário (*cash flow*) é a diferença entre o dinheiro que entra (*inflow*) e o dinheiro que sai (*outlow*), num determinado período de tempo, de uma determinada unidade económica.
- Os *cash flows* são entradas e/ou saídas de dinheiro, isto é, recebimentos e/ou pagamentos, e não rendimentos e/ou gastos.
- Adota-se, pois, uma *ótica de tesouraria* e não uma perspetiva de resultado contabilístico. Acresce que na determinação dos *cash flows* de projetos de investimento se adota uma *ótica incremental*, apenas relevando os *cash flows* que resultam da concretização do projeto.
- Os *efeitos derivados* (*side effects*) são os efeitos colaterais derivados da implementação de um projeto e têm de ser considerados, sejam estes positivos (*vg*, sinergias) ou negativos (*vg*, canibalização).
- Os *custos de oportunidade* correspondem ao valor da melhor utilização alternativa do recurso.
- Os *custos afundados* são os custos que ocorreram no passado e que não sofrem alterações com o projeto, e não relevam dado que não são incrementais.
- Os *cash flows* do projeto podem ser calculados em uma de duas óticas distintas. Na *ótica da firma*, consideram-se todos os fluxos monetários que são libertados pelo projeto, independentemente destes se destinarem a compensar o financiamento por capital alheio ou se destinarem aos acionistas. Na *ótica dos acionistas*, consideram-se apenas os fluxos monetários que sobram para os acionistas, e que a estes podem ser destinados.
- O valor de continuidade é o valor atual de uma perpetuidade com base no *cash flow* do período de cruzeiro.

- O valor de salvado é o valor que se espera obter com a liquidação do projeto, através da venda de ativos, no final da sua vida útil.
- O valor de continuidade e o valor de salvado são igualmente designados por *valor residual*.
- A taxa a que são atualizados ou capitalizados os *cash flows* de um projeto de investimento depende do tipo de *cash flows* que tenham sido calculados. Se se tratar de cash flows calculados na ótica dos acionistas, terá de ser usado o custo de capital acionista. Se se tratar de *cash flows* calculados na ótica da firma terá de ser utilizado o custo médio ponderado de capital da empresa (WACC).
- O *valor atual líquido* (VAL) é a diferença entre o valor atual dos *cash flows* gerados pelo projeto e o valor do investimento a realizar.
- A regra de decisão com o VAL é a seguinte: *i*) VAL > 0 é de aceitar o projeto; *ii*) VAL = 0 é de aceitar o projeto; *iii*) VAL < 0 é de rejeitar o projeto.
- A taxa interna de rentabilidade (TIR) é a taxa de atualização máxima que faz com que o projeto ainda se mantenha viável, recuperando o investimento e remunerando os capitais aplicados à taxa pretendida, ou seja, com que o VAL seja nulo.
- A regra de decisão com a TIR é (notando por R o custo de capital ou taxa mínima de rentabilidade exigida): *i*) TIR > R, é de aceitar o projeto; *ii*) TIR = R é de aceitar o projeto; *iii*) TIR < R é de rejeitar o projeto.
- O *índice de rentabilidade* (IR) compara o valor atual dos *cash flows* com o valor atual do investimento.
- Se IR > 1, o VAL > 0; se IR = 1, VAL = 0; se IR < 1, VAL < 0. Estes resultados decorrem do facto de o VAL consistir na subtração do denominador ao numerador do IR.
- O *cash flow* anual equivalente (CFAE) é o valor do *cash flow* periódico) equivalente ao conjunto de cash flows originais. Isto é, o CFAE é o valor do *cash flow* periódico (renda) equivalente ao valor atual líquido (VAL) do conjunto de *cash flows* originais.
- O prazo de recuperação do investimento corresponde ao prazo de recuperação do investimento sem considerar o valor do dinheiro no tempo.
- O prazo atualizado de recuperação do investimento corresponde ao número de períodos (anos) necessários para igualar o VAL a zero, ou dito de outro modo, para que os *cash flows* libertados nesse período igualem estritamente o montante investido.
- A análise de sensibilidade consiste em tentar perceber o quão sensível é a rentabilidade do projeto face a determinado pressuposto. Se a uma pequena alteração numa dada variável corresponder uma grande oscilação do indicador de rentabilidade do projeto (VAL, TIR, IR ou CFAE) pode afirmar-se que o projeto é muito

sensível ou muito arriscado. Bastará, nesse caso, uma pequena oscilação nessa variável para que o projeto passe de viável a destruidor de riqueza.

- *O ponto crítico* é o valor de uma qualquer variável para o qual o VAL atinja o valor zero, e por isso se dá a transição do projeto de viável a inviável.

Problemas

1. O valor atual líquido de um projeto é ou traduz:
   a) O custo do equipamento.
   b) O investimento inicial menos a soma aritmética dos *cash flows* futuros.
   c) A riqueza criada ou destruída com o projeto.
   d) Nenhuma das alíneas anteriores está certa.

2. Num investimento em equipamento fixo, o custo de oportunidade é:
   a) O valor de amortização do equipamento.
   b) O valor da melhor utilização alternativa que podia ser dada ao equipamento.
   c) O valor residual do equipamento.
   d) Nenhuma das alíneas anteriores está certa.

3. O Diretor Financeiro de uma empresa considera que o valor atual líquido de um dado projeto de investimento é de € 17 milhões. O Administrador Financeiro acha que esse valor atual líquido é, pelo menos, de € 23 milhões. A diferença na avaliação dos dois profissionais pode ser explicada:
   a) *Ceteris paribus*, pela maior experiência do Administrador.
   b) *Ceteris paribus*, pelo facto de o Administrador usar uma taxa de atualização mais elevada.
   c) *Ceteris paribus*, pelo facto de o Diretor usar uma taxa de atualização mais baixa.
   d) Nenhuma das alíneas anteriores está certa.

4. O dinheiro que a empresa já gastou ou que está comprometida a gastar seja o projeto concretizado ou não é designado:
   a) Custo afundado (*sunk cost*).
   b) Custo de oportunidade.
   c) Custo fixo.
   d) Nenhuma das alíneas anteriores está certa.

5. Um investimento de € 100 milhões é esperado gerar um *cash flow* após impostos de € 50 milhões no ano 1, € 70 milhões no ano 2 e € 120 milhões no ano 3. A taxa de rentabilidade exigida é de 10% ao ano. O valor mais próximo do valor atual líquido do projeto é:

a) € 68,7 milhões.
b) € 93,5 milhões.
c) € 98,95 milhões.
d) Nenhuma das alíneas anteriores está certa.

6. Uma empresa está a analisar um projeto de investimento que tem um VAL negativo de € 300 000. Qual o valor líquido de um subsídio a receber no final do segundo ano de exploração que asseguraria a viabilidade do projeto, sabendo que o custo de capital da empresa é de 8% ao ano?
a) Pelo menos € 300 000.
b) Pelo menos € 329 230.
c) Pelo menos € 349 920.
d) Nenhuma das alíneas anteriores está certa.

7. Um investimento de € 180 milhões é esperado gerar um *cash flow* após impostos de € 90 milhões no período 1 e € 120 milhões no período 2. O valor mais próximo da taxa interna de rentabilidade do projeto é:
a) 8,9%.
b) 9,2%.
c) 10,4%.
d) 12,1%.

8. Dados os *cash flows* que se seguem para um dado projeto de investimento, e considerando um custo de capital é de 6%, pode afirmar-se que:

Ano	0	1	2	3	4
Cash Flow	-175.0	50.0	50.0	50.0	150.0

a) O VAL é de 62,3.
b) O Cash Flow Anual equivalente é de 18,56.
c) O Índice de Rentabilidade é de 1,44.
d) A TIR é de 16,75%.

9. Considere os *cash flows* que se seguem de um dado projeto de investimento, cuja taxa de rentabilidade requerida é 8%.

Ano	0	1	2	3	4	5
Cash Flow	-50 000	10 000	15 000	25 000	15 000	15 000

a) Pode afirmar-se que o *discounted payback period* excede o *payback period* em 0,73 anos.
b) Pode afirmar-se que o *discounted payback period* excede o *payback period* em 3,52 meses.
c) Pode afirmar-se que o *payback period* excede o *discounted payback period* em 8,75 meses.
d) Nenhuma das alíneas anteriores está certa.

10. A transportadora A Tempo & Horas, Lda. tem de definir a sua política de aquisição, manutenção e substituição de camiões para os próximos 12 anos. A tabela que se segue apresenta os valores de aquisição (investimento), manutenção e valor de salvado de cada camião para três horizontes distintos de manutenção e substituição dos camiões (2 anos, 3 anos e 4 anos).

Tempo de Serviço	Investimento	Custos de Manutenção				Valor de Salvado
		Ano 1	Ano 2	Ano 3	Ano 4	
2 anos	-50 000	-10 000	-12 000			30 000
3 anos	-50 000	-10 000	-12 000	-15 000		25 000
4 anos	-50 000	-10 000	-12 000	-15 000	-25 000	20 000

Sabendo que o custo de capital da A Tempo & Horas, Lda. é de 8%, qual é a política preferível?
a) 2 anos.
b) 3 anos.
c) 4 anos.
d) Não disponho de dados suficientes para responder a esta pergunta.

11. A estrutura de capital da empresa constituída para desenvolver um novo projeto de investimento é composta em 50% por dívida e em 50% por capital alheio. O seu custo de capital próprio é de 8% e o custo de capital alheio é de 5%. Assumindo que a taxa de imposto é de 20%, qual o custo de capital com que se deve analisar o projeto?

12. A empresa MIF, SA está a considerar realizar um investimento de € 8 milhões, que originará um *cash flow* anual líquido perpétuo de € 800 000. O custo de capital é de 8% ao ano. Quais os valores do Índice de Rentabilidade (IR) e da TIR do projeto?

13. Considere a informação que se segue relativamente a um dado investimento:
Investimento inicial: € 2 000 000.
Valor residual: € 1 000 000.
Custos fixos anuais: € 250 000.
Preço unitário: € 15.
Custo variável unitário: € 8.
Quantidade vendida anualmente: 200 000.
Amortizações: € 500 000.
Vida do projeto: 4 anos.
Taxa de imposto: 34%.

Considerando um custo de capital de 15% ao ano, responda, justificamente, e apresentando a informação de forma adequadamente estruturada, às seguintes questões:
a) Qual o VAL?
b) Qual a TIR do projeto?
c) Qual o ponto crítico das vendas (em número de unidades)?
d) Quão sensível é o projeto à alteração da taxa de custo de capital?

14. Um projeto de investimento proporcionará um aumento das vendas de € 100 milhões por ano eternamente. Os custos variáveis adicionais serão de € 54 milhões para o primeiro ano e aumentarão 8% cada ano a partir daí. O investimento inicial é de € 40 milhões e o valor de salvado é nulo. Qual o prazo de vida do projeto? Ignorando impostos e assumindo um custo de capital de 10%, qual o VAL do projeto?

15. Imagine que investiu € 22 000. Sabe que esse investimento vai proporcionar um *cash flow* anual de € 2500 durante os primeiros 4 anos e € 2000 nos 10 anos seguintes. Qual o *payback* do projeto?

16. Um projeto caracteriza-se por um investimento inicial de € 10 000 e pela libertação de um *cash flow* anual de € 3000 durante quatro anos. Sendo o custo de capital de 6%, qual o *Cash Flow Anual Equivalente* do projeto?

17. Explique as limitações da TIR, do *Payback* e do Índice de Rentabilidade (IR) enquanto critérios de avaliação e de tomada de decisão em projetos de investimento.

18. A Troika, SA gerará *cash flows* de € 300 milhões no ano 1 e € 500 milhões no ano 2. Todavia, se fizer um investimento imediatamente de € 310 milhões, em vez disso, pode esperar *cash flows* de € 550 milhões no ano 1 e de € 630 milhões no ano 2. O custo de capital é de 8% ao ano. Deverá a empresa fazer o investimento? Porquê?

19. Explique no que consiste a análise de sensibilidade no âmbito da tomada de decisões de investimento.

20. A Companhia dos Sabões, S.A. está a ponderar gastar € 15 milhões em publicidade. Com esta iniciativa prevê incrementar o seu *cash flow* em € 1,5 milhões por ano. O custo de capital da empresa para este tipo de projeto é de 8% ao ano. A empresa faz bem em realizar a campanha publicitária?

Soluções

1. A resposta certa é a alínea c).

2. A resposta certa é a alínea b).

3. A resposta certa é a alínea d).

4. A resposta certa é a alínea a).

5. A resposta certa é a alínea b). Na realidade, VAL = $-100 + 50\ (1+10\%)^{-1} + 70\ (1+10\%)^{-2} + 120\ (1+10\%)^{-3} = 93{,}5$.

6. A resposta certa é a alínea c). $X\ (1+8\%)^{-2} - 300\ 000 \geq 0$. Donde, $X \geq$ € 349 920.

7. A resposta certa é a alínea c). $180 = 90(1+TIR)^{-1} + 120(1+TIR)^{-2}$. Donde, TIR = 10,4%.

8. A resposta certa é a alínea c). De facto, os valores certos são: VAL = 77,5; TIR = 20,7%; IR = 1,44; e CFAE = 22,36.

9. A resposta certa é a alínea c). O *payback* é de 3 anos e o *discounted payback* é de 3,73 anos.

10. A resposta certa é a alínea b). Os CFAE para os 12 anos são, respetivamente: -24.577; -23.906; -25.703.
    Para usar o NPV temos de admitir o reinvestimento para um horizonte que torne comparáveis as diferentes alternativas. Fazendo isso para um horizonte de 12 anos, os VAL são: 185 214; -180 160; -193 696.

11. Aplicando a fórmula [8.2] tem-se: $WACC = 50\% \times 8\% + 50\% \times 5\% \times (1\text{-}20\%) = 6\%$.

12. Os valores são, respetivamente, 1,25 e 10,00%. Na realidade: IR = (800 000/8%) / 8 000 000 = 1,25. Além disso, 8 000 000 = 800 000/TIR implica TIR = 10,00%.

13. O VAL é € 1 224 028. A TIR é 39,3%. O ponto crítico das vendas é 107 200 unidades. Em termos de sensibilidade do projeto à taxa de atualização, calculando o

VAL para diferentes taxas de atualização, poderia constar-se, por exemplo, que um aumento do VAL de 15% para 20% provocaria uma redução do VAL para € 887 188, isto é, reduzir-se-ia 27,5%.

14. Em primeiro lugar é preciso calcular o ano em que os custos igualarão as receitas das vendas: $100 = 54\,(1+8\%)^t$, donde t = 8,0065 = 8 anos. Donde, só vale a pena explorar o projeto até ao 9º ano (o primeiro ano e os oito seguintes).
$$\begin{aligned}VAL = &-40 + (100-54)/(1+10\%) + (100-54(1+8\%))/((1+10\%)^2)\\ &+ (100-54(1+8\%)^2)/((1+10\%)^3) + (100-54(1+8\%)^3)/((1+10\%)^4)\\ &+ (100-54(1+8\%)^4)/((1+10\%)^5) + (100-54(1+8\%)^5)/((1+10\%)^6)\\ &+ (100-54(1+8\%)^6)/((1+10\%)^7) + (100-54(1+8\%)^7)/((1+10\%)^8)\\ &+ (100-54(1+8\%)^8)/(1+10\%)^9 = 124{,}9.\end{aligned}$$

15. O *payback* do projeto é 10 anos.

16. Em primeiro lugar é necessário calcular o VAL (€ 395,32). Num segundo passo pode calcular-se o $CFAE = 395{,}32\ /\ [(1-(1+6\%)^{-4}/6\%] = €\ 114{,}09$.

17. Ver limitações nas secções 8.6, 8.7 e 8.9.

18. Sim, porque o VAL do projeto é de cerca de € 33 milhões. O investimento é de € 310 milhões e os *cash flows* incrementais são € 250 milhões, no ano 1, e € 130 milhões, no ano 2. A TIR é de 16,6%.

19. Consiste em determinar o impacto da alteração de uma variável do projeto num critério de avaliação.

20. A empresa deve realizar a campanha pois o projeto tem um VAL de € 3 750 000. VAL = 1 500 000/8% – 15 000 000 = 3 750 000.

CAPÍTULO 9

—

APLICAÇÃO DO CÁLCULO FINANCEIRO ÀS FINANÇAS PESSOAIS

Objetivos do Capítulo

Após a leitura deste capítulo o leitor deverá estar apto a:

i) Identificar e calcular todas as características de um crédito à habitação que têm de constar na Ficha de Informação Normalizada Europeia (FINE): Taxa Anual Nominal (TAN), Taxa Anual de Encargos Efetiva Global (TAEG), montante do empréstimo, montante das prestações, Montante Total Imputável ao Consumidor (MTIC), entre outros;

ii) Reconhecer as características de empréstimos a taxa fixa, a taxa variável e a taxa mista;

iii) Reconhecer a relevância da informação sobre o plano financeiro do empréstimo em cenários de subida da taxa de referência para o cliente que contrai crédito a taxa variável;

iv) Calcular o plano financeiro de um crédito à habitação;

v) Identificar situações de sobre-endividamento em função da taxa de esforço mensal de um agregado familiar;

vi) Identificar as alternativas disponíveis para a restruturação de passivos em casos de sobre-endividamento ou de incumprimento das responsabilidades em vigor;

vii) Calcular o novo plano financeiro do empréstimo decorrente das características da restruturação de passivos;

viii) Compreender a importância da constituição de poupanças de longo prazo que se possam constituir como complementos de reforma;

ix) Distinguir Fundos PPR de Seguros PPR;

x) Reconhecer a importância da adequação das características do plano de poupança e do produto financeiro subscrito aos objetivos de longo prazo que subjazem à sua constituição, por um lado, e à distância ao período de reforma a que o investidor se encontra, por outro;

xi) Calcular o valor acumulado decorrente de um plano de poupança reforma no final da vida ativa de um investidor bem como o montante da prestação mensal/anual que esse valor acumulado proporcionará durante o período esperado de reforma.

Os princípios do cálculo financeiro enunciados nos capítulos anteriores têm aplicação direta às finanças pessoais, em particular, à estruturação de empréstimos à habitação, à restruturação de passivos associados a situações de sobre-endividamento e ao estabelecimento de planos de poupança-reforma, temas abordados neste capítulo.

9.1 Empréstimos à Habitação

O estabelecimento das condições de um empréstimo à habitação é um processo complexo que passa: i) pela avaliação do imóvel em causa e sobre o qual será constituída uma hipoteca em favor do credor como garantia do cumprimento, ii) pela avaliação da capacidade creditícia de quem o pretende contrair (em particular da taxa de esforço que o serviço da dívida representará para o devedor) e que influenciará a taxa de juro a vigorar no empréstimo, iii) pela negociação de outros serviços a prestar ou não pela instituição de crédito financiadora e que determinarão a existência de outros custos relevantes para o empréstimo como, por exemplo, abertura do processo e custos associados, seguros de vida em favor da instituição de crédito, seguros multi-riscos sobre o imóvel, eventual domiciliação de rendimentos do trabalho, entre outros. Na comparação e negociação de diferentes alternativas de financiamento todas estas dimensões devem ser tidas em consideração.

A este respeito, em janeiro de 2018 entrou em vigor a Instrução nº 19/2017 do Banco de Portugal, relativa ao modelo de Ficha de Informação Normalizada Europeia (FINE) aplicável ao crédito à habitação e ao crédito hipotecário, aprovada pelo Decreto-Lei nº 74-A/2017, de 23 de junho. Esta instrução sistematiza as regras a cumprir pelas instituições de crédito no preenchimento da FINE, permitindo a comparação pelo cliente bancário de diferentes propostas de crédito e facilitando uma tomada de decisão informada.

Este modelo de FINE contém informação sobre as principais características do empréstimo, permitindo ao cliente bancário conhecer:

- a taxa anual nominal (TAN) aplicável ao empréstimo de acordo com o tipo de taxa de juro (taxa fixa, variável ou mista) acordada entre o cliente bancário e a instituição de crédito;
- outros encargos associados ao empréstimo, como comissões, despesas, seguros exigidos e outros custos;
- a taxa anual de encargos efetiva global (TAEG);
- o montante do empréstimo e o montante total imputável ao consumidor (MTIC);

- a periodicidade e o montante das prestações;
- a informação sobre os produtos e serviços financeiros contratados como vendas associadas facultativas, se aplicável.

A informação adicional à FINE, exigida pelo Banco de Portugal, contém outros elementos relevantes que as instituições devem transmitir ao cliente bancário relacionados, designadamente, com vendas associadas facultativas, se aplicável, e outras situações suscetíveis de afetar o custo do empréstimo e os quadros de reembolso do empréstimo.

A presente discussão foca-se na estipulação das condições respeitantes ao serviço da dívida a constituir. O valor do empréstimo a contrair bem como o prazo do empréstimo, em geral longo, são função das necessidades de financiamento do devedor da relação e, neste contexto, admitidos como dados.

Apesar de também aqui vigorar o princípio da liberdade contratual entre as partes, no que respeita às modalidades de amortização de empréstimos abordadas no Capítulo 4, a mais frequentemente utilizada no crédito à habitação é a de **pagamentos constantes** (com reembolsos e pagamento de juros periódicos). É esta a modalidade que **será assumida neste capítulo.**

No que respeita ao serviço da dívida a constituir, são abordadas as duas grandes modalidades de juros em empréstimos à habitação: empréstimos a taxa fixa e empréstimos a taxa variável. Tal como o nome o indica, um empréstimo a taxa fixa pressupõe que a taxa de juro em vigor seja constante durante a vida do empréstimo. Nos empréstimos a taxa variável, na data da celebração do contrato de mútuo as partes acordam a fórmula de cálculo da taxa de juro a vigorar, função de um indexante de mercado acrescido de um *spread*. Nas datas de fixação periódica a taxa resultará do valor a que o indexante estiver a cotar e do *spread* previamente estipulado.

A modalidade atualmente mais frequente no mercado português é a de empréstimos a taxa variável, nos quais a taxa de juro periódica do empréstimo acompanha a evolução das taxas de juro no mercado. Relativamente ao risco decorrente da variação das taxas de juro, para o devedor esta modalidade será mais adequada em contextos em que a expectativa seja de descida das taxas de juro na medida em que os juros do empréstimo acompanharão a descida das taxas de juro no mercado. Já a modalidade de empréstimo a taxa fixa será mais adequada quando se espera a subida das taxas de juro no mercado. Dessa forma os juros do empréstimo manter-se-ão constantes ao mesmo tempo que as taxas de juro no mercado estarão a subir.

Justamente por se estar a atravessar um período de expectativas de subida das taxas de juro, é já habitual que as instituições de crédito estejam a oferecer modalidades mistas que combinam taxas fixas, num período inicial mais ou menos alargado, com taxas variáveis daí em diante até à maturidade do empréstimo.

Esta secção analisa as duas principais modalidades de juros, tendo por referência o cliente bancário que:

- pretende obter um empréstimo no valor de € 100 000 por 30 anos (360 meses),
- nasceu em 1995 (relevante para efeitos de cálculo do prémio do seguro de vida),
- ofereceu o imóvel, com valor patrimonial de € 120 000, como garantia hipotecária do empréstimo (condição necessária à concessão do crédito),
- beneficiou de um *spread* de juros de 175pb[1], aplicável em qualquer regime de juros e função do nível de risco e envolvimento do cliente com a Instituição Financeira.

Para tal, detalha-se a informação constante nas FINE das simulações fornecidas em janeiro de 2019 para as duas modalidades, por uma Instituição Financeira a operar no mercado português.

Nestas condições, e independentemente do regime adotado para a taxa de juro, o cliente bancário terá de suportar as seguintes despesas (os seus montantes variam em função da Instituição Financeira selecionada):

[1] pb=pontos base e pp=ponto percentual. 100 pontos base correspondem a 1 ponto percentual (0,01 ou 1%).

TABELA 9.1 – DESPESAS NA TAEG A SUPORTAR PELO MUTUANTE

Tipo de despesa	Montante	Periodicidade
Total de Prémios de Seguro	*€246,71*	*Anual antecipada*
– Seguro de Vida (a)	€ 134,91	Anual antecipada
– Seguro Multi-riscos (b)	€ 111,80	Anual antecipada
Comissão de Processamento da Prestação	€ 2,60	Mensal postecipada
Comissão de Manutenção de Conta de Depósito à Ordem	€ 15,60	Trimestral antecipada
Total das despesas a suportar de uma única vez no início:	*€ 1989,40*	*No início*
– Comissão de Estudo do Crédito Habitação (c)	€ 270,40	No início
– Comissão de Avaliação do Imóvel	€ 220,00	No início
– Comissão de Tramitação	€ 110,70	No início
– Comissão de Solicitadoria	€ 307,50	No início
– Comissão de Formalização do Crédito Habitação (c)	€ 124,80	No início
– Conservatória do Registo Predial (registo)	€ 350,00	No início
– Comissão relativa a Seguro do Imóvel	€ 6,00	No início
– Imposto de Selo (c)	€ 600,00	No início

(a) função da idade do devedor
(b) função do valor do imóvel e recheio segurado
(c) função do montante do empréstimo

Para cada regime de juros analisam-se os seguintes elementos obrigatórios, constantes na FINE:

- TAN;
- TAEG;
- MTIC;
- montante das prestações;
- quadro de reembolso.

Empréstimos à Habitação a Taxa Fixa

Na data em que as simulações foram realizadas a taxa de juro fixa a 30 anos que o banco estava a praticar era de 1,291%[2]. Considerando o *spread* de 175pb a TAN é de:

$$TAN = 3{,}041\% = 1{,}291\% + 1{,}750\%.$$

[2] Taxa *swap* a 30 anos, ou seja, a cotação de um swap de taxa de juro para a referida maturidade, por troca de juros indexados à Euribor a 12 meses.

A taxa de 1,291% corresponde à taxa de juro fixa a que a Instituição estaria disposta a conceder crédito a clientes sem risco de incumprimento. O *spread* de 175pb será a compensação exigida pelo banco para conceder crédito a clientes com um determinado risco de incumprimento associado.

A prestação mensal fixa e postecipada do empréstimo é dada pela Equação [3.3] que aplicada à atual circunstância é:

$$100\,000 = P\frac{1-\left(1+\frac{3,041\%}{12}\right)^{-360}}{\frac{3,041\%}{12}},$$

pelo que P = € 423,82.

Para determinação da TAEG é necessário ter em consideração todos os pagamentos a realizar durante a vida do empréstimo:

- no momento inicial:
  - o total dos custos a pagar uma única vez que ascendem a € 1989,40;
  - a comissão de manutenção da conta de depósitos à ordem de € 15,60 (cobrada antecipadamente);
  - os prémios de seguros de vida e multi-riscos que ascendem a € 246,71(cobrados antecipadamente);
- com periodicidade mensal:
  - a prestação de € 423,82;
  - a respetiva comissão de processamento de € 2,60;
- com periodicidade trimestral:
  - a comissão de manutenção da conta de depósitos à ordem de € 15,60;
- com periodicidade anual:
  - os prémios de seguros de vida e multi-riscos que ascendem a € 246,71.

Designe-se por $TAEG_M$ e por $TAEG_T$ a taxa de juro efetiva mensal e trimestral, respetivamente, equivalentes à TAEG que é determinada por:

$$100\,000 = (1989{,}40 + 15{,}60 + 246{,}71) + (423{,}82 + 2{,}60)\frac{1-(1+TAEG_M)^{-30\times 12}}{TAEG_M} + 15{,}6\frac{1-(1+TAEG_T)^{-(30\times 4-1)}}{TAEG_T} + 246{,}71\frac{1-(1+TAEG)^{-29}}{TAEG}$$

sendo que,

$$(1 + TAEG) = (1 + TAEG_M)^{12} = (1 + TAEG_T)^4.$$

Com auxílio da função financeira do Excel IRR/TIR apresentada no Capítulo 5, a TAEG do empréstimo é igual a 3,79%.

O MTIC é dado pela soma do montante total do crédito e do custo total do crédito para o consumidor (juros, prémios de seguro, comissões, etc.), ou seja, pela soma de todos os pagamentos (não atualizados[3]) a que o devedor fica obrigado durante a vida do empréstimo:

$$164\,773{,}35 = 1989{,}40 + (423{,}82 + 2{,}60) \times 30 \times 12 + 15{,}60 \times 30 \times 4 + 246{,}71 \times 30.$$

O quadro de amortização do empréstimo é apresentado na Tabela 9.1, referindo individualmente as 12 primeiras prestações e os agregados anuais para os 10 primeiros anos e para os 10 últimos. Constata-se o padrão da composição da prestação constante, típica desta modalidade de amortização: a quota-juros começa por ser mais significativa nos primeiros anos e, pela redução do capital em dívida, vai-se reduzindo ao longo da vida do empréstimo. Por sua vez, a quota-capital a partir de determinado momento passa a ser maior que a quota-juros, sendo que nos últimos anos a prestação é maioritariamente constituída por amortizações ao capital em dívida.

TABELA 9.1 – QUADRO DE AMORTIZAÇÃO DUM EMPRÉSTIMO DE € 100 000 A TAXA FIXA DURANTE 30 ANOS (TAN=3,041%)

Tempo / mês	Quota-Capital	Quota-juro	Prestação	Capital em Dívida
0				100 000,00
1	170,40	253,42	423,82	99 829,60
2	170,83	252,98	423,82	99 658,76
3	171,27	252,55	423,82	99 487,50
4	171,70	252,12	423,82	99 315,80
5	172,14	251,68	423,82	99 143,66

[3] Este indicador não tem significado financeiro na medida em que adiciona capitais localizados em diferentes momentos do tempo sem os atualizar, violando o princípio elementar do cálculo financeiro.

6	172,57	251,25	423,82	98 971,09
7	173,01	250,81	423,82	98 798,08
8	173,45	250,37	423,82	98 624,63
9	173,89	249,93	423,82	98 450,75
10	174,33	249,49	423,82	98 276,42
11	174,77	249,05	423,82	98 101,65
12	175,21	248,61	423,82	97 926,44
Total Ano 1	**2 073,56**	**3 012,26**	**5 085,82**	**97 926,44**
13	175,66	248,16	423,82	97 750,78
Total Ano 2	**2 137,51**	**2 948,31**	**5 085,82**	**95 788,93**
25	181,07	242,75	423,82	95 607,85
Total Ano 3	**2 203,42**	**2 882,40**	**5 085,82**	**93 585,50**
37	186,66	237,16	423,82	93 398,85
Total Ano 4	**2 271,37**	**2 814,45**	**5 085,82**	**91 314,13**
49	192,41	231,41	423,82	91 121,72
Total Ano 5	**2 341,41**	**2 744,41**	**5 085,82**	**88 972,72**
61	198,35	225,47	423,82	88 774,37
Total Ano 6	**2 413,62**	**2 672,20**	**5 085,82**	**86 559,10**
73	204,46	219,36	423,82	86 354,64
Total Ano 7	**2 488,05**	**2 597,77**	**5 085,82**	**84 071,05**
85	210,77	213,05	423,82	83 860,29
Total Ano 8	**2 564,77**	**2 521,05**	**5 085,82**	**81 506,28**
97	217,27	206,55	423,82	81 289,01
Total Ano 9	**2 643,86**	**2 441,96**	**5 085,82**	**78 862,42**
109	223,97	199,85	423,82	78 638,45
Total Ano 10	**2 725,39**	**2 360,43**	**5 085,82**	**76 137,02**
121	230,87	192,94	423,82	75 906,15
(...) **Total Ano 21**	**3 806,46**	**1 279,36**	**5 085,82**	**39 999,01**
253	322,45	101,36	423,82	39 676,56

Total Ano 22	3 923,84	1 161,98	5 085,82	36 075,17
265	332,40	91,42	423,82	35 742,77
Total Ano 23	**4 044,84**	**1 040,98**	**5 085,82**	**32 030,33**
277	342,65	81,17	423,82	31 687,68
Total Ano 24	**4 169,58**	**916,25**	**5 085,82**	**27 860,75**
289	353,21	70,60	423,82	27 507,54
Total Ano 25	**4 298,16**	**787,67**	**5 085,82**	**23 562,60**
301	364,11	59,71	423,82	23 198,49
Total Ano 26	**4 430,70**	**655,12**	**5 085,82**	**19 131,90**
313	375,34	48,48	423,82	18 756,56
Total Ano 27	**4 567,33**	**518,49**	**5 085,82**	**14 564,57**
325	386,91	36,91	423,82	14 177,66
Total Ano 28	**4 708,18**	**377,65**	**5 085,82**	**9 856,39**
337	398,84	24,98	423,82	9 457,55
Total Ano 29	**4 853,36**	**232,46**	**5 085,82**	**5 003,03**
349	411,14	12,68	423,82	4 591,89
Total Ano 30	**5 003,03**	**82,79**	**5 085,82**	**0,00**

Empréstimos à Habitação a Taxa Variável

Na data de contratação de empréstimos a taxa variável as partes estipulam a fórmula de cálculo da taxa de juro que será aplicável a todos os períodos de juros. Tipicamente esta fórmula é dada pela soma entre uma taxa de juro de referência (por exemplo, Euribor[4] a 12 meses) e um *spread* de risco análogo ao apresentado na modalidade anterior. Usualmente a taxa de referência é fixada e atualizada na data de aniversário do empréstimo, vigorando durante o ano seguinte. Nessa data é identificado o valor a que a taxa de referência está a cotar que, uma vez acrescida do *spread* estipulado,

[4] Euribor – *Euro Interbank Offered Rate*. As taxas Euribor baseiam-se na média das taxas de juros praticadas em empréstimos interbancários por um grupo representativo de bancos europeus (o painel de contribuintes) para maturidades que vão desde 1 dia até 12 meses. Para a determinação das taxas Euribor são excluídos 15 por cento tanto das percentagens mais altas como das percentagens mais baixas relatadas. Todos os dias úteis, às 11:00 horas Hora Central Europeia, as taxas de juro Euribor são divulgadas.

determina a TAN que irá ser praticada em cada período de juros até à data seguinte de atualização da taxa de referência. A frequência de fixação da taxa de referência é estipulada contratualmente.

Para o caso em análise a taxa de juro do empréstimo estipulada foi:

$$\text{Taxa de juro} = \text{Euribor}_{12M} + \textit{spread}\ (175\ \text{pb})$$

com atualização anual. Na data em que as simulações foram realizadas a Euribor_{12M} era de -0,116%, logo a TAN é de:

$$\text{TAN} = 1{,}634\% = -\ 0{,}116\% + 1{,}750\%,$$

pelo que a taxa de juro que será praticada no empréstimo durante os primeiros 12 meses é igual a 1,634%. **A prestação mensal postecipada do empréstimo é calculada no pressuposto de a taxa de referência se manter inalterada durante toda a vida do empréstimo**, sendo dada pela Equação [3.3]:

$$100.000 = P\frac{1-\left(1+\frac{1{,}634\%}{12}\right)^{-360}}{\frac{1{,}634\%}{12}},$$

pelo que P = 351,59.

Para determinação da TAEG é necessário ter em consideração todos os pagamentos a realizar durante a vida do empréstimo considerados na modalidade anterior, com a exceção da prestação mensal, agora de € 351,59. Assim sendo, a TAEG é determinada por:

$$100\,000 = (1989{,}40 + 15{,}60 + 246{,}71) + (351{,}59 + 2{,}60)\frac{1-(1+TAEG_M)^{-30\times 12}}{TAEG_M}$$
$$+15{,}60\frac{1-(1+TAEG_T)^{-(30\times 4-1)}}{TAEG_T} + 246{,}71\frac{1-(1+TAEG)^{-29}}{TAEG}$$

Com auxílio da função financeira do Excel IRR/TIR apresentada no Capítulo 5, a TAEG do empréstimo é igual a 2,39%. Adicionalmente, o MTIC é dado por:

$$138\,769{,}91 = 1989{,}40 + (351{,}59 + 2{,}60)\times 30\times 12 + 15{,}60\times 30\times 4 + 246{,}71\times 30.$$

O respetivo quadro de amortização do empréstimo é apresentado na Tabela 9.2.

Finalmente, e atendendo ao facto de o valor da prestação mensal ser calculada no pressuposto da taxa de referência não se alterar durante a vida do empréstimo, o que não corresponde à realidade, a Instituição é ainda obrigada a informar o seu cliente sobre o impacto no plano financeiro do empréstimo decorrente de dois cenários alternativos para a evolução da taxa de referência: subida de 1pp e subida de 2pp. Nestes dois cenários a TAN é igual a:

$$TAN_{\text{Cenário A}} = 2{,}634\% = 1{,}634\% + 1{,}000\%;$$
$$TAN_{\text{Cenário B}} = 3{,}634\% = 1{,}634\% + 2{,}000\%.$$

De onde resultaria uma prestação mensal postecipada do empréstimo de, respetivamente:

$$-100\,000 = P\frac{1-\left(1+\frac{2{,}634\%}{12}\right)^{-360}}{\frac{2{,}634\%}{12}} \Leftrightarrow P = 402{,}12;$$

$$-100\,000 = P\frac{1-\left(1+\frac{3{,}634\%}{12}\right)^{-360}}{\frac{3{,}634\%}{12}} \Leftrightarrow P = 456{,}56.$$

Desta forma, o cliente do crédito a taxa variável ficará a conhecer o efeito que uma eventual subida das taxas de juro no mercado terá sobre o serviço da dívida que terá de cumprir. Esta análise é efetuada pela Instituição na data de contratação do empréstimo mas deverá ser repetida pelo cliente informado durante a vida do empréstimo e à medida que as expectativas de evolução das taxas de juro se vão alterando.

TABELA 9.2 – QUADRO DE AMORTIZAÇÃO DUM EMPRÉSTIMO DE € 100.000 A TAXA VARIÁVEL DURANTE 30 ANOS (TAN=1,634%)

Tempo/mês	Quota-Capital	Quota-juro	Prestação	Capital em Dívida
0				100 000,00
1	215,42	136,17	351,59	99 784,58
2	215,71	135,87	351,59	99 568,87
3	216,01	135,58	351,59	99 352,86
4	216,30	135,29	351,59	99 136,56
5	216,60	134,99	351,59	98 919,96
6	216,89	134,70	351,59	98 703,07
7	217,19	134,40	351,59	98 485,89
8	217,48	134,10	351,59	98 268,40
9	217,78	133,81	351,59	98 050,63
10	218,07	133,51	351,59	97 832,55
11	218,37	133,22	351,59	97 614,18
12	218,67	132,92	351,59	97 395,51
Total Ano 1	**2 604,49**	**1 614,55**	**4 219,04**	**97 395,51**
13	218,97	132,62	351,59	97 176,55
Total Ano 2	**2 647,37**	**1 571,67**	**4 219,04**	**94 748,15**
25	222,57	129,02	351,59	94 525,57
Total Ano 3	**2 690,95**	**1 528,09**	**4 219,04**	**92 057,20**
37	226,24	125,35	351,59	91 830,96
Total Ano 4	**2 735,25**	**1 483,79**	**4 219,04**	**89 321,95**
49	229,96	121,63	351,59	89 091,99
Total Ano 5	**2 780,28**	**1 438,76**	**4 219,04**	**86 541,67**
61	233,75	117,84	351,59	86 307,92
Total Ano 6	**2 826,05**	**1 392,99**	**4 219,04**	**83 715,61**
73	237,59	113,99	351,59	83 478,02
Total Ano 7	**2 872,58**	**1 346,46**	**4 219,04**	**80 843,04**
85	241,51	110,08	351,59	80 601,53

Total Ano 8	**2 919,87**	**1 299,17**	**4 219,04**	**77 923,17**
97	245,48	106,11	351,59	77 677,69
Total Ano 9	**2 967,94**	**1 251,10**	**4 219,04**	**74 955,23**
109	249,52	102,06	351,59	74 705,71
Total Ano 10	**3 016,80**	**1 202,24**	**4 219,04**	**71 938,43**
121	253,63	97,96	351,59	71 684,80
Total Ano 21	**3 610,38**	**608,66**	**4 219,04**	**35 289,01**
253	303,53	48,05	351,59	34 985,48
Total Ano 22	**3 669,82**	**549,22**	**4 219,04**	**31 619,19**
265	308,53	43,05	351,59	31 310,66
Total Ano 23	**3 730,24**	**488,80**	**4 219,04**	**27 888,95**
277	313,61	37,98	351,59	27 575,34
Total Ano 24	**3 791,65**	**427,39**	**4 219,04**	**24 097,31**
289	318,77	32,81	351,59	23 778,53
Total Ano 25	**3 854,07**	**364,97**	**4 219,04**	**20 243,24**
301	324,02	27,56	351,59	19 919,21
Total Ano 26	**3 917,52**	**301,52**	**4 219,04**	**16 325,72**
313	329,36	22,23	351,59	15 996,36
Total Ano 27	**3 982,01**	**237,03**	**4 219,04**	**12 343,71**
325	334,78	16,81	351,59	12 008,93
Total Ano 28	**4 047,57**	**171,47**	**4 219,04**	**8 296,14**
337	340,29	11,30	351,59	7 955,85
Total Ano 29	**4 114,20**	**104,84**	**4 219,04**	**4 181,93**
349	345,89	5,69	351,59	3 836,04
Total Ano 30	**4 181,93**	**37,11**	**4 219,04**	**0,00**

9.2 Restruturação de Passivos (Sobre-Endividamento)

Um agregado familiar estará em situação de sobre-endividamento caso os seus rendimentos mensais sejam insuficientes para fazer face às suas despesas mensais. Estas despesas mensais incluem despesas indispensáveis como a alimentação, consumo de água e de eletricidade, entre outras, mas também as despesas com prestações de crédito. Nestas circunstâncias a taxa de esforço da família é excessiva.

A taxa de esforço reflete o peso das prestações mensais de crédito (crédito à habitação, crédito automóvel, crédito pessoal ou cartão de crédito) no rendimento mensal familiar. Pode ser considerada elevada uma taxa de esforço superior a 50%[5] na medida em poderá não permitir acomodar uma situação de diminuição de rendimentos decorrente de desemprego, da deterioração das condições laborais, de cortes salariais, de divórcio ou de doença prolongada.

As situações de sobre-endividamento darão frequentemente origem a situações eminentes, ou efetivas, de incumprimento face às responsabilidades associadas aos créditos em vigor. Nessas circunstâncias é fundamental efetuar o diagnóstico da situação o quanto antes na medida em que será mais fácil intervir e encontrar soluções para o problema.

Quanto mais cedo ocorrer a intervenção (e idealmente em fase anterior a eventual incumprimento) maior será o poder negocial do devedor no processo de renegociação dos créditos em vigor, podendo almejar a obter melhores condições. Em situação de incumprimento ou de incumprimento grave, o poder negocial é praticamente nulo e as novas condições, que seja possível negociar, irão seguramente dar origem a aumento da taxa de juro (TAN) pelo aumento do risco de crédito do devedor.

Tendo em vista a redução das prestações mensais com o crédito e, dessa forma, a redução da taxa de esforço mensal, algumas soluções possíveis para a restruturação dos passivos do agregado familiar incluem:

- reavaliação do crédito nas suas caraterísticas iniciais;
- renegociação do crédito;
- consolidação de créditos.

O novo plano de pagamentos daqui decorrente deverá ser compatível com a alteração dos rendimentos do agregado familiar, o que em muitos casos esteve na origem dos problemas de sobre-endividamento.

[5] O Banco de Portugal aprovou em 30 de Janeiro de 2018 uma medida macroprudencial aos novos créditos à habitação e ao consumo na qual recomenda, entre outros limites à solvabilidade de clientes, que o rácio entre o montante da prestação mensal calculada com todos os empréstimos do mutuário e o seu rendimento (taxa de esforço) não ultrapasse o máximo de 50%.

Reavaliação do crédito nas suas caraterísticas iniciais

Esta possibilidade poderá fazer sentido se o contrato tiver sido negociado há muito tempo e a instituição financeira estiver a praticar na atualidade condições mais favoráveis para os seus clientes (por exemplo, menores *spreads* em empréstimos a taxa variável). Para tal poder acontecer é importante que o cliente tenha algum poder negocial e o facto de não estar ainda em incumprimento é, como referido, muito importante.

Outra forma de reduzir o montante dos encargos mensais com os créditos em vigor por reavaliação nas suas condições iniciais é através da revisão dos prémios de seguros que possam estar associados ao crédito como por exemplo, seguros de vida e multi-riscos. Em particular o seguro de vida é função do montante em dívida pelo que a sua redução durante a vida do empréstimo poderá dar origem à redução do prémio.

Exemplo 9.1 – Reavaliação do crédito nas suas caraterísticas iniciais

A Rosália tem um empréstimo à habitação em curso que foi contratado há 10 anos. Na altura foram estipuladas as seguintes condições para o crédito:

- empréstimo a taxa variável indexada à Euribor_{12M} acrescida de um *spread* de 225 pb;
- vencimento passados 30 anos;
- prémios de seguro (vida e multi-riscos) mensais: € 25.

O montante atual em dívida ascende a € 80 000. Admitindo que o valor da taxa de juro de referência (Euribor_{12M}) é hoje fixado para os próximos 12 meses e que ascende a 1%, a TAN atual do empréstimo é de 3,25% (1%+225pb). Nessa medida, faltando 240 prestações (20 anos) até ao final do empréstimo, o valor da prestação é de (Equação [3.3]):

$$80.000 = P\frac{1-\left(1+\frac{3,25\%}{12}\right)^{-20\times 12}}{\frac{3,25\%}{12}} \Leftrightarrow P = 453,76.$$

Tal determina um encargo total mensal com o empréstimo de € 478,76, quando incluídos os prémios de seguros. No entanto, a Rosália solicitou a reavaliação das condições do empréstimo tendo conseguido reduzir o *spread* para 175 pb e os prémios de seguro para € 21 mensais. Em quanto conseguiu a Rosália reduzir o encargo total mensal do empréstimo?

Após a reavaliação a TAN atual passa a ser de 2,75% (1%+175pb) e logo a nova prestação será de:

$$80\ 000 = P\frac{1-\left(1+\frac{2,75\%}{12}\right)^{-240}}{\frac{2,75\%}{12}} \Leftrightarrow P = 433,73.$$

O valor total dos encargos mensais com o empréstimo passa a ascender a € 454,73 (€ 433,73 + € 21), dando origem a uma redução de € 24,03.

Nas novas condições do empréstimo a taxa de juro mensal equivalente à TAEG passou a ser:

$$80\ 000 = (433,73 + 21)\frac{1-(1+TAEG_M)^{-240}}{TAEG_M} \Leftrightarrow TAEG_M = 0,273\%.$$

E, logo, a TAEG:

$$TAEG = (1 + 0,273\%)^{12} - 1 = 3,32\%.$$

e o MTIC é:

$$MTIC = (433,73 + 21)240 = 109\ 135,2.$$

Renegociação do crédito

Na eminência de incumprimento ou tão cedo quanto possível quando o incumprimento é já efetivo, o devedor deverá contactar o seu credor no sentido de renegociar as caraterísticas do crédito contraído por forma a criar condições de cumprimento.

Uma das condições que poderá ser objeto de renegociação é o alargamento do prazo e/ou a solicitação de um período de carência, o que poderá ter associado, principalmente se o devedor já se estiver em situação de incumprimento, o aumento da TAN. Nestas circunstâncias, apesar da prestação mensal ser menor, o devedor poderá estar a assumir um maior encargo de juros durante a nova vida do crédito.

Exemplo 9.2 – Renegociação do crédito

Depois da reavaliação do empréstimo à habitação apresentado no exemplo 9.1, a Rosália concluiu que a redução nos encargos mensais daí decorrente era insuficiente. Ela pretende solicitar uma licença sem vencimento durante um ano para participar numa missão humanitária em África. Nesse sentido pretende obter um período de carência por esse período durante o qual pagará apenas os juros devidos e suspendendo as amortizações de capital. Simultaneamente, espera uma subida das taxas de juro no mercado o que motivará um aumento da sua taxa de esforço pelo que considera importante alargar o atual período do empréstimo de 20 para 25 anos.

Ao apresentar os seus planos ao seu gestor de conta conseguiu obter aprovação por parte do banco às alterações sugeridas:
- período de carência de 12 meses com pagamento exclusivo de juros;
- alargamento do prazo do empréstimo por mais 5 anos (para 25 anos).

No entanto, tal implicou que o *spread* fosse fixado nos 200 bp (TAN=3,00%) e ficando os prémios de seguro nos mesmos € 21 mensais.

Admitindo que a Euribor$_{12M}$ daqui a 1 ano se mantenha ao nível atual (1%), qual será o montante total das prestações nos próximos 12 meses e nos 12 meses seguintes?

Excluindo os prémios de seguro, durante os primeiros 12 meses a Rosália vai pagar apenas juros que mensalmente ascenderão a:

$$\text{Juros} = 80\ 000 \times 3{,}00\%/12 = 200{,}0.$$

Atendendo ao facto de durante o próximo ano o montante do capital em dívida se manter constante (na medida em que nesse período haverá lugar ao pagamento de juros), a prestação mensal nos 12 meses seguintes, que reflete as novas condições do empréstimo, é dada por:

$$80\ 000 = P\frac{1-\left(1+\frac{3{,}0\%}{12}\right)^{-24\times 12}}{\frac{3{,}0\%}{12}} \Leftrightarrow P = 390{,}01$$

Donde, no pressuposto de a Euribor$_{12M}$ daqui a um ano ser igual à atual (1%), o montante total de encargos mensais será de:
- nos próximos 12 meses: 200,00 + 21 = 221,00;
- nos 12 meses seguintes: 390,01 + 21 = 411,01.

Nas novas condições do empréstimo a taxa de juro mensal equivalente à TAEG passou a ser:

$$80\,000 = 221{,}00\frac{1-(1+TAEG_M)^{-12}}{TAEG_M} + 411{,}01\frac{1-(1+TAEG_M)^{-24\times12}}{TAEG_M}(1+TAEG_M)^{-12} \Leftrightarrow TAEG_M = 0{,}290\%.$$

E, logo, a TAEG:

$$TAEG = (1 + 0{,}270\%)^{12} - 1 = 3{,}54\%.$$

e o MTIC aumentou para:

$$MTIC = 221{,}00 \times 12 + 411{,}01 \times 24 \times 12 = 121\,022{,}26.$$

Consolidação de créditos

Esta possibilidade será mais exequível se existir um crédito à habitação ou um ativo real que possa ser dado como garantia de cumprimento (por exemplo, um terreno). Nesse caso, o objetivo é agregar todos os créditos (pessoal, à habitação, cartões de crédito, etc.) num só e em relação ao qual prestar uma garantia de cumprimento. Desta forma estaremos a reduzir o valor da prestação mensal global por duas vias:

- por um lado, ao incluir as dívidas de créditos pessoais e de cartões de crédito num crédito hipotecário, estamos a reduzir o risco dessas operação para o credor e, assim, a reduzir a taxa de juro (face à TAN dos empréstimos originais);
- por outro lado, pelo alargamento do prazo dos créditos pessoais e cartões de crédito. Ter-se-á, contudo, de ter em atenção o facto de o reembolso antecipado dos empréstimos individuais dar origem a encargos adicionais associados a penalizações com a antecipação do reembolso.

Exemplo 9.3 – Consolidação de dívidas

No seguimento das negociações com o banco, a Rosália percebeu que poderia integrar o crédito pessoal que detém noutro banco e consolidar as suas dívidas. Atendendo aos projetos pessoais que se aproximam, solicitou ao seu gestor de conta condições para a integração no crédito à habitação em curso de um crédito pessoal com as seguintes caraterísticas na atualidade:
- capital em dívida: € 20 000;
- prazo: 5 anos;
- TAN: 15% (fixa);
- penalização por amortização antecipada: 0,5% do valor a amortizar;
- prestação mensal em vigor: € 424,94.

Nestas circunstâncias, e porque o montante em dívida do crédito à habitação apenas representava 60% do valor do imóvel, foi possível aumentar o capital mutuado do empréstimo, garantido pela hipoteca sobre o imóvel, em € 20 100 (capital em dívida acrescida de penalização por amortização antecipada) nas seguintes condições:
- período de carência de 12 meses com pagamento exclusivo de juros;
- prazo: 25 anos;
- *spread*: 225 bp;
- TAN: Euribor_{12M} + *spread*;
- prémios de seguro: € 22.

Admitindo que a Euribor_{12M} daqui a 1 ano se mantenha ao nível atual (1%),

a) Qual será o montante total das prestações nos próximos 12 meses e nos 12 meses seguintes do empréstimo consolidado?

b) Em quanto foi possível reduzir as prestações mensais totais em cada um dos períodos?

c) Qual a nova TAEG e MTIC do empréstimo?

Em resposta:

a) O montante do empréstimo consolidado é de € 100 100 = € 80 000 + € 20 100.

Excluindo os prémios de seguro, durante os primeiros 12 meses a Rosália vai pagar apenas juros que mensalmente ascenderão a:

$$\text{Juros} = 100\ 100 \times 3{,}25\%/12 = 271{,}10.$$

Atendendo ao facto de durante o próximo ano o montante do capital em dívida se manter constante, a prestação mensal nos 12 meses seguintes, que reflete as novas condições do empréstimo, é dada por:

$$100\,100 = P\frac{1-\left(1+\frac{3{,}25\%}{12}\right)^{-24*12}}{\frac{3{,}25\%}{12}} \Leftrightarrow P = 501{,}01$$

Donde, no pressuposto de a Euribor$_{12M}$ daqui a um ano ser igual à atual (1%), o montante total de encargos mensais será de:
- nos próximos 12 meses: 271,10 + 22 = 293,10;
- nos 12 meses seguintes: 501,01 + 22 = 523,01.

b) Antes do processo de renegociação das dívidas as prestações mensais da Rosália ascendiam a:
- empréstimo à habitação: € 478,75 (MTIC = 114 901,59);
- crédito pessoal: € 424,94 (MTIC = 25 496,45);
- total: 903,69 (MTIC = 140 398,04).

Após a renegociação dos passivos o montante total das prestações passou a:
- nos próximos 12 meses: € 293,10 (redução de € 185,65);
- nos 12 meses seguintes: € 523,01 (redução de € 380,68).

c) Nas novas condições do empréstimo a taxa de juro mensal equivalente à TAEG passou a ser:

$100\,100 = 293{,}10\frac{1-(1+TAEG_M)^{-12}}{TAEG_M} + 523{,}01\frac{1-(1+TAEG_M)^{-24*12}}{TAEG_M}(1+TAEG_M)^{-12} \Leftrightarrow TAEG_M =$ 0,304%.

E, logo, a TAEG:

$$TAEG = (1+0{,}304\%)^{12} - 1 = 3{,}71\%.$$

e o MTIC aumentou para:

$$MTIC = 293{,}10 * 12 + 523{,}01 * (24 * 12) = 154\,145{,}43,$$

representando também um agravamento face à situação inicial, anterior à restruturação das dívidas.

9.3 Elaboração de Planos de Reforma

A sustentabilidade financeira do atual sistema de segurança social e, em particular, do sistema público de pensões está ameaçada. Nos países mais desenvolvidos tem-se acentuado a tendência de envelhecimento da população: a natalidade é cada vez mais baixa e a esperança de vida cada vez maior. Nessa medida, no futuro o sistema de pensões tenderá a gerar défices financeiros e a ser objeto de sucessivas reformas, tal como já tem vindo a acontecer nas últimas décadas.

As medidas que continuarão a ser adotadas tendo em vista a sustentabilidade do sistema tenderão a acentuar o aumento da idade da reforma, a redução do valor médio das pensões a pagamento e o aumento das contribuições.

Este contexto torna urgente que as famílias constituam poupanças para a reforma como complemento à reforma pública que receberão no fim da vida ativa. Dessa forma estarão a minorar os efeitos decorrentes da inevitável diminuição de rendimentos com a entrada na reforma.

Existem diferentes soluções no mercado em que as contribuições para um plano de poupança podem ser transformadas em prestações futuras como complemento de reforma. Os Planos de Poupança-Reforma (PPR) são a proposta mais comum das instituições financeiras para os seus clientes e assumem a forma de fundo ou, mais usualmente, de seguro de capitalização.

Os **Fundos PPR** são fundos de investimento mobiliário. Estes fundos têm um regulamento de gestão que divulga as regras de funcionamento do fundo, em particular a sua política de gestão e os custos a cobrar ao participante. Os subscritores podem acompanhar a evolução do investimento realizado na aquisição de unidades de participação do fundo na medida em que o seu valor é divulgado pelo menos mensalmente, se não diariamente.

No reembolso, os subscritores recebem o resultado do investimento realizado decorrente dos rendimentos líquidos gerados pelo fundo, após a dedução dos custos suportados pelo fundo e das comissões previstas no regulamento de gestão. Nestes casos, não há garantia do capital investido na medida em que o valor final da unidade de participação dependerá dos ganhos/perdas obtidas pelo fundo.

Os **Seguros PPR** são produtos financeiros sob a forma de seguros de capitalização. Apresentam uma estratégia de investimento mais defensiva e com menor risco que os Fundos PPR e, quase sempre, garantem o capital e um rendimento mínimo. Por estas razões apresentam, em geral, retornos baixos. O fundo autónomo criado com as contribuições dos subscritores é gerido por uma seguradora. Neste caso, não é possível acompanhar a evolução do investimento realizado. Alternativamente, as seguradoras enviam ao cliente numa base anual uma espécie de extrato de conta com o saldo acumulado, o rendimento obtido pelo fundo e as comissões cobradas.

Atendendo à diversidade de soluções disponíveis no mercado é fundamental acompanhar o desempenho e as comissões cobradas pelos produtos adotados e compará-las com a das melhores alternativas disponíveis. Por vezes as diferenças são assinaláveis, justificando a transferência das poupanças para soluções com melhor desempenho líquido.

A este respeito é de salientar que nas soluções de capital garantido (Seguros PPR) é usual a cobrança de uma comissão de transferência até 0,5% dos fundos resgatados. Já nas soluções sem capital garantido (Fundos PPR) essa comissão é inexistente.

Na fase de preparação de um plano de reforma é importante ter em consideração:

- por um lado, os objetivos que se pretendem atingir com esta poupança de longo prazo. A este respeito será necessário adequar as contribuições futuras durante a vida ativa aos níveis de despesa no período de reforma que se pretendem financiar.
- por lado, a fase da vida ou a distância a que o indivíduo se encontra do período da reforma, o que poderá ditar a escolha por soluções financeiras distintas.

De facto, se o investidor se encontrar a mais de 10 anos da reforma poderá optar por Fundos de PPR que, por serem constituídos em grande medida por investimentos em ações, apresentam no longo prazo taxas de rendibilidade superiores (associadas aos maiores níveis de risco). Como não garantem capital, se forem realizadas aplicações nestes fundos por períodos curtos poderão dar origem a perdas de capital (que apenas seriam recuperadas no médio/longo prazo). Se o investidor estiver a menos de 10 anos do período de reforma será preferível optar por Seguros PPR que irão proporcionar em média menores rendibilidades por estarem maioritariamente investidos em títulos de dívida pública, mas que têm associado menor risco. Nestes casos, o capital está garantido bem como uma rendibilidade mínima tornando o investimento mais seguro por períodos de investimento mais curtos.

Exemplo 9.4 – Plano Poupança-Reforma

A fim de constituir uma poupança para a sua reforma, daqui a 25 anos, a Carminho decidiu investir de imediato € 25 000 num seguro PPR de capital garantido e com rendimento mínimo efetivo garantido de 1,7% ao ano. Pretende, ainda, fazer reforços mensais de € 200 no seu PPR durante toda a sua vida ativa.

a) Qual será o valor acumulado do investimento no momento da reforma se o Seguro PPR apenas proporcionar anualmente o rendimento mínimo garantido?

b) No final da sua vida ativa a Carminho constatou que a rendibilidade média anual efetiva do seu Seguro PPR foi de 3,5%. Quanto dispõe a Carminho no início do período de reforma?

c) Quanto é que poderá gastar anualmente durante a sua reforma se ela se prolongar por 10 anos, no pressuposto de o Seguro PPR garantir nesse período apenas o rendimento mínimo?

Em resposta:

a) A taxa mínima garantida efetiva mensal do Seguro PPR é de:
$i_{12} = (1+1{,}7\%)^{1/12} - 1 = 0{,}141\%$.

Assim sendo, o valor acumulado ao fim de 25 anos será de (Equação [3.1]):

$$C_{25} = 25\,000\,(1 + 1{,}7\%)^{25} + 200\,\frac{(1 + 0{,}141\%)^{12\times 25} - 1}{0{,}141\%} = 112\,673{,}93.$$

b) A taxa de rendibilidade efetiva mensal do Seguro PPR foi de:
$i_{12} = (1+3{,}5\%)^{1/12} - 1 = 0{,}287\%$.

Assim sendo, no início do seu período de reforma a Carminho dispõe de facto de:

$$C_{25} = 25\,000\,(1 + 3{,}5\%)^{25} + 200\,\frac{(1 + 0{,}287\%)^{12\times 25} - 1}{0{,}287\%} = 133\,073{,}32.$$

c) O montante anual que poderá ser gasto durante os 10 anos de reforma é de:

$$133\,073{,}32 = P\,\frac{1 - (1 + 1{,}7\%)^{-10}}{1{,}7\%} \Leftrightarrow P = 14\,583{,}01.$$

SUMÁRIO

- Na negociação de um crédito à habitação a instituição financeira tem de disponibilizar ao cliente bancário a Ficha de Informação Normalizada Europeia (FINE).
- A FINE incluirá a informação sobre as principais características do empréstimo, a saber, a Taxa Anual Nominal (TAN), outros encargos obrigatórios, a Taxa Anual de Encargos Efetiva Global (TAEG), o montante do empréstimo, a periodicidade do empréstimo, o montante das prestações e o Montante Total Imputável ao Consumidor (MTIC).
- O MTIC é dado pela soma de todos os pagamentos (não atualizados) a que o devedor fica obrigado durante a vida do empréstimo.
- Existem duas grandes modalidades de juros em empréstimos à habitação: empréstimos a taxa fixa e empréstimos a taxa variável. É, ainda, possível negociar modalidades mistas que combinam períodos a taxa fixa e períodos a taxa variável.
- Nos empréstimos a taxa fixa a taxa é constante durante toda a vida do empréstimo. Nos empréstimos a taxa variável as partes acordam a fórmula de cálculo da taxa de juro a vigorar, função de um indexante de mercado acrescido de um *spread*.
- O banco tem de disponibilizar o plano de amortização do empréstimo. Em empréstimos a taxa variável terá, ainda, de o fazer para dois cenários alternativos de subida das taxas de juro.
- Um indivíduo está em situação de sobre-endividamento caso os seus rendimentos mensais sejam insuficientes para fazer face às suas despesas mensais, incluindo as prestações dos créditos obtidos. Nestas situações a sua taxa de esforço é excessiva.
- A taxa de esforço é dada pelo peso das prestações mensais de crédito (crédito à habitação, crédito automóvel, crédito pessoal ou cartão de crédito) no rendimento mensal do indivíduo.
- Soluções possíveis para a restruturação de passivos incluem a reavaliação do crédito nas suas caraterísticas iniciais, a renegociação do crédito e a consolidação de créditos.
- As medidas atualmente em curso tendo em vista a sustentabilidade do sistema público de pensões de reforma tornam imperiosa a constituição de planos complementares de reforma que minorem as consequências da inevitável redução de rendimentos durante o período de reforma.
- Os Fundos PPR são fundos de investimento mobiliário, não garantem capital, têm rendibilidades médias a médio prazo mais elevadas (e maiores níveis de risco), são

mais adequados a horizontes temporais de investimento mais alargados, o seu valor unitário (unidade de participação no fundo) pode ser acompanhado diariamente e não possuem comissões de resgate antecipado.

- Os Seguros PPR são produtos financeiros sob a forma de seguros de capitalização, garantem o capital e um rendimento mínimo, têm uma estratégia de investimento mais defensiva e com menor risco, apresentam uma estratégia de investimento mais defensiva e com menor risco e apresentam, em geral, retornos mais baixos. Cobram comissões de regaste até 0,5%.
- Ao preparar um plano de reforma é importante ter em consideração os objetivos desta poupança de longo prazo e a fase da vida em que o indivíduo se encontra do período da reforma, o que poderá ditar a escolha por soluções financeiras distintas.

Problemas

1. A Alberta tem um crédito à habitação com um capital em dívida atual de € 85 725 que vencerá dentro de 20 anos. Trata-se de um empréstimo de prestações mensais constantes a taxa variável, indexado à Euribor_{12M} com um *spread* de 225pb. Hoje é o aniversário do empréstimo sendo fixada a taxa que vigorará ao longo dos próximos 12 meses. A Euribor_{12M} está a cotar a 0,45%. Qual é o montante do próximo juro?
a) € 32,15.
b) € 192,88.
c) € 385,76
d) € 2314,57.

2. A Alberta tem um crédito à habitação com um capital em dívida atual de € 85 725 que vencerá dentro de 20 anos. Trata-se de um empréstimo de prestações mensais constantes a taxa variável, indexado à Euribor_{12M} com um *spread* de 225pb. Hoje é o aniversário do empréstimo sendo fixada a taxa que vigorará ao longo dos próximos 12 meses. A Euribor_{12M} está a cotar a 0,45%. Qual é o montante de cada uma das próximas 12 prestações?
a) € 410,53.
b) € 462,66.
c) € 2318,45.
d) € 5603,44.

3. A Alberta tem um crédito à habitação com um capital em dívida atual de € 85 725 que vencerá dentro de 20 anos. Trata-se de um empréstimo de prestações mensais constantes a taxa variável, indexado à Euribor_{12M} com um *spread* de 225pb. Hoje é o aniversário do empréstimo sendo fixada a taxa que vigorará ao longo dos próximos 12 meses. A Euribor_{12M} está a cotar a 0,45%. Qual é o MTIC corrente tendo em consideração a comissão mensal de processamento da prestação de € 1,75 e um montante de prémios mensais € 200?
a) € 13 288,16.
b) € 111 457,91.
c) € 111 037,91.
d) € 159 457,91.

4. O Senhor Endividado contraiu um empréstimo de € 10 000 por três anos, acumulando juros à taxa efetiva de 5% ao ano. Como no vencimento se encontrava com dificuldades financeiras, negociou o adiamento da amortização para data mais oportuna, passando a taxa a ser de 7,5% ao ano. À medida que foi recuperando passou a liquidar o empréstimo, tendo pago € 2500 no final do primeiro ano, € 3000 no final do segundo ano e € 4000 passados dois anos e meio. Passados três anos pretende liquidar o remanescente. Qual a quantia a pagar?
a) € 500.
b) € 3316.
c) € 4120.
d) € 2076.

5. O Paulo está a iniciar o seu plano de poupança-reforma com uma aplicação inicial de € 50 000. A partir de hoje fará reforços mensais de € 300 ao longo dos remanescentes 15 anos de vida ativa. Admita que a taxa efetiva de rendimento da aplicação será de 2,5% ao ano. Calcule o valor acumulado da poupança no momento da reforma.
a) € 76 980,36
b) € 104 000,00.
c) € 137 706,24.
d) € 1 082 476,38.

6. O Paulo (exercício 5) pretende saber em quanto aumentaria o valor acumulado no momento da reforma se, adicionalmente, efetuasse reforços anuais de € 1000 no final de cada um dos 15 anos de vida ativa remanescentes. Admita que a taxa efetiva de rendimento da aplicação será de 2,5% ao ano.
a) € 12 381,38.
b) € 15 000,00.
c) € 15 218,23.
d) € 17 931,93.

7. O Paulo (exercícios 4 e 5) cumpriu os seus planos relativamente ao PPR (aplicação inicial de € 50 000, reforços mensais de € 300 e anuais de € 1000) ao longo dos seus 15 anos de vida ativa. Admita que a taxa efetiva de rendimento da aplicação se mantenha nos 2,5% ao ano e que se espera que o Paulo viva 20 anos no

período da reforma. Quanto é que o Paulo poderá gastar anualmente durante a sua reforma.

a) € 822,59.
b) € 3316,31.
c) € 7781,91.
d) € 9983,74.

8. A Carolina tem um empréstimo em curso pelo qual ainda lhe faltam pagar 36 prestações mensais constantes e iguais a € 222,42. A taxa de juro efetiva mensal do empréstimo é de 1%. Por incapacidade financeira entrou em incumprimento relativamente à prestação que vence hoje. Qual é o montante do capital em dívida atual?
   a) € 6541,64.
   b) € 6697,11.
   c) € 6764,06.
   d) € 8007,84.

9. A Carolina (exercício 8) renegociou o crédito tendo conseguido um novo prazo de 5 anos (sendo a próxima prestação devida daqui a um mês) mas foi-lhe fixada uma nova taxa efetiva mensal de 1,5%. Qual o montante da nova prestação?
   a) € 150,46.
   b) € 171,76.
   c) € 222,44.
   d) € 231,25.

10. A Senhora Dona deseja comprar uma casa nova. O valor da casa é de € 200 000 e será totalmente financiada com um empréstimo bancário à taxa de juro nominal de 5% ao ano.
    a) Se o prazo do empréstimo for 30 anos, quanto será a mensalidade?
    b) Se a mensalidade for de €1000 quantos anos demora a pagar a casa?
    c) Estamos em janeiro. Admita que a senhora prevê poder pagar € 2000 por mês, exceto em dezembro e agosto, altura em que gasta todo o seu rendimento. Qual a mensalidade e o prazo que deve acordar com o banco?

11. O António contraiu um crédito à habitação de € 110 000 nas seguintes condições:
    - taxa de juro anual nominal de 6% ao ano;

- período de carência de 1 ano durante o qual há lugar ao pagamento de juros apenas;
- sistema de pagamentos constantes com pagamentos mensais;
- prazo de 25 anos.

Determine o valor dos pagamentos mensais que o António tem de efetuar no primeiro ano e nos anos seguintes.

12. A Maria tem em curso um crédito à habitação a taxa variável (Euribor_{12M}+300bp) com prestações constantes. O montante atualmente em dívida é de €100 000 e o crédito vencerá daqui a 20 anos. Hoje é fixada a taxa de juro que vai vigorar ao longo dos próximos 12 meses, quando a Euribor_{12M} está a cotar a 0,35%. Qual é a TAN corrente do empréstimo e o montante da prestação que vai ser devida mensalmente ao longo do próximo ano?

13. O Sr. Endividado contraiu um empréstimo bancário de € 135 000 para compra de uma casa nas seguintes condições:
    - taxa de juro anual nominal de 6% ao ano;
    - início dos pagamentos passados 9 trimestres após contrair o empréstimo;
    - sistema de pagamentos constantes com pagamentos trimestrais;
    - prazo de 20 anos (ou seja, 80 pagamentos trimestrais).

    a) Determine o valor de cada um dos pagamentos trimestrais que o Sr. Endividado tem de efetuar.
    b) Qual o valor da quota de capital paga na primeira prestação?
    c) A meio do prazo de pagamento (ou seja, ao fim de 40 pagamentos) contatou o banco no sentido de alterar o sistema de amortização, passando de um sistema de pagamentos constantes para um sistema de reembolsos constantes. O banco acedeu mas procedeu a uma revisão da taxa de juro praticada. Sabendo que a primeira prestação trimestral depois desta alteração foi de € 3627,93, diga qual foi a taxa de juro trimestral efetiva praticada após a revisão.

14. O Sr. Acelera comprou há um ano um veículo motorizado com recurso a crédito bancário. O empréstimo então obtido tinha, na data de celebração do contrato, as seguintes características:
    - Montante do empréstimo: € 20 000

- Prazo do empréstimo: 3 anos
- Taxa juro anual nominal com capitalização mensal: 12%

a) Sabendo que os encargos pagos na abertura do processo ascendem a € 500, calcule a TAEG do empréstimo no caso de ser acordado um reembolso único, a pagar no final do prazo, para a sua amortização.
b) O Sr. Acelera optou, no entanto, pelo sistema de amortização com reembolsos mensais constantes. A 12ª prestação acabou de se vencer. Calcule o valor desta prestação, decompondo-o nas suas componentes de juros e de amortização de capital. Calcule, adicionalmente, o valor do capital em dívida imediatamente após o pagamento da 12ª prestação.
c) Imediatamente após o pagamento da 12ª prestação o Sr. Acelera chegou à conclusão que está com dificuldades financeiras para honrar todos os débitos que detém atualmente. Consultou o serviço de apoio a consumidores sobre-endividados da DECO, o qual conseguiu renegociar as seguintes condições para este empréstimo:
   - Alargamento do prazo do empréstimo por um ano (ie, novo vencimento do empréstimo para passados 3 anos sobre a data da renegociação);
   - Nova taxa de juro efetiva anual de 14,03%;
   - Sistema de amortização de prestações mensais constantes.

Calcule o valor da nova mensalidade.

15. A Silvina tem a decorrer os seguintes empréstimos com três bancos distintos:

	Empréstimo A	Empréstimo B	Empréstimo C
Montante em dívida	€ 6000	€ 4000	€ 3000
TAN	15%	12%	18%
Prestação	€ 290,92	€ 1109,64	€ 88,12
Periodicidade	mensal	anual	mensal
Prazo	2	5	4

A Silvina negociou a consolidação das suas dívidas com o banco com quem tem maior envolvimento que estipulou uma TAN de 18% por 10 anos com periodicidade mensal. Qual o montante da nova prestação mensal do empréstimo consolidado?

16. A Matilde contraiu um empréstimo para compra de casa a taxa variável indexado à Euribor_{12M}+250bp. A taxa de juro é revista anualmente na data de aniver-

sário do empréstimo, mantendo-se inalterada ao longo dos 12 meses seguintes. O empréstimo foi contratado no início de agosto. Estamos no início de janeiro. A $Euribor_{12M}$ registou nos no início dos últimos 12 meses as seguintes cotações:

Data	$Euribor_{12M}$	Data	$Euribor_{12M}$
Jan	– 0,112%	Jul	– 0,158%
Dez	– 0,108%	Jun	– 0,166%
Nov	– 0,110%	Mai	– 0,177%
Out	– 0,121%	Abr	– 0,181%
Set	– 0,143%	Mar	– 0,186%
Ago	– 0,148%	Fev	– 0,187%

Sabendo que o montante atual do capital em dívida é de €50 375, qual o montante de juros devidos no final de janeiro?

17. Imagine que é um consultor financeiro que foi abordado por um cliente que lhe pediu ajuda para definir a sua estratégia financeira pessoal. Ele tem poupanças no valor de € 250 000 depositadas num banco; tem 55 anos e espera trabalhar mais 10 anos, obtendo um rendimento de € 100 000 por ano. A taxa de juro anual efetiva é de 5%.
    a) O seu cliente pretende preparar-se para, durante a sua reforma, gastar € 80 000 por ano. As estimativas atuariais apontam para uma esperança de vida de 90 anos. Quanto é que ele necessita de ter no banco na data em que se reformar?
    b) Quanto é que ele necessita de poupar em cada ano nos próximos 10 anos de modo a suportar o nível de vida que pretende ter na reforma (gasto de € 80 000 por ano)?
    c) Assuma que as taxas de juro efetivas declinarão para 4% ao ano dentro de 10 anos a contar de agora. Quanto é que o seu cliente tem de reduzir nas suas despesas anuais de consumo durante o período de reforma, assumindo que ele cumprirá o plano de poupança que lhe sugeriu na alínea b)?

18. A Marisa decidiu constituir um Plano Poupança Reforma com o objetivo de complementar a pensão de reforma que lhe será atribuída pela Caixa Geral de Aposentações. Sabendo que:
    - a Marisa efetuou um depósito inicial de € 5500;
    - efetuou depósitos trimestrais e postecipados no valor de € 600, durante 5 anos;
    - a aplicação financeira é remunerada à taxa de juro anual nominal de 6%.

a) Qual o capital acumulado ao fim de 5 anos?
b) Sabendo que ao fim de 5 anos, em conjunto com o depósito trimestral:
   - a Marisa fez um reforço no valor de € 3000;
   - passou a efetuar depósitos mensais e postecipados no valor de € 750, durante 5 anos;
   - a aplicação financeira passou a ser remunerada à taxa de juro anual efetiva de 8,5%.

Calcule o capital acumulado ao fim de 10 anos.
c) Qual o montante total de juros produzidos ao longo dos primeiros 5 anos?

19. Suponha que tem 35 anos e está a começar a pensar na sua velhice. Espera reformar-se aos 65 anos e prevê vir a viver até aos 100 anos. Após a sua reforma espera mudar-se para o Algarve o que implicará um custo de deslocação e instalação de € 500 000 (a ocorrer no dia do seu 65° aniversário). Além disso, prevê que durante o período de reforma venha a gastar por ano € 30 000 (a começar no final do ano 66 e a repetir-se todos os finais de ano até fazer 100 anos).
   a) Quanto é que necessita de ter no dia em que fizer 65 anos para poder suportar os seus planos de vida (Obs: considere uma taxa de juro efetiva de 8% ao ano)?
   b) Caso tenha já acumulados € 50 000 em poupanças, admitindo que consegue fazer aplicações à taxa efetiva de 8% (após impostos), quanto é que tem de poupar cada ano durante os próximos 30 anos de modo a poder financiar os planos de reforma?
   c) Caso não tenha correntemente poupanças e preveja que não terá condições para poupar durante os próximos 5 anos, quanto terá de poupar em cada um dos anos seguintes de modo a suportar os seus os planos de reforma?

20. A fim de constituir uma poupança para a sua reforma, daqui a 25 anos, um indivíduo decidiu investir de imediato € 100 000. Assuma que a taxa efetiva de rendimento da aplicação será de 4% ao ano.
   a) Calcule o valor acumulado do investimento no momento da reforma.
   b) Quanto é que o indivíduo poderá gastar anualmente durante a sua reforma se viver durante 30 anos.

Soluções

1. A resposta certa é a alínea b. De facto,
TAN = 0,45% + 225 pb = 2,7%
Montante do próximo juro = 85 725 * 2,7%/12 = 192,88.

2. A resposta certa é a alínea b. De facto,
TAN = 0,27%
Valor de cada uma das 12 prestação seguintes:
$85\ 725{,}00 = P\,[1 - (1 + 2{,}7\%/12)^{-20\times12}] \,/\, 2{,}7\% \quad \Rightarrow \quad P = 462{,}66.$

3. A resposta certa é a alínea d. De facto,
MTIC = (462,66+1,75+200)*(12*20) = 159 457,91.

4. A resposta certa é a alínea c. De facto,
Quantia em dívida na data do adiamento = $10\ 000\,(1+5\%)^3 = 11\ 576{,}25$.
$11\ 576{,}25 = 2500\,(1+7{,}5\%)^{-1} + 3000\,(1+7{,}5\%)^{-2} + 4000\,(1+7{,}5\%)^{-2,5} + x\,(1+7{,}5\%)^{-3}.$
$x = 4120.$

5. A resposta certa é a alínea c. De facto,
Taxa de Juro efetiva mensal = $(1+2{,}5\%)^{1/12} - 1 = 0{,}206\%$
Valor acumulado no início da reforma:
$50\ 000 \times 1{,}025^{15} + 300 * [(1 + 0{,}206\%)^{-15\times12} - 1] \,/\, 0{,}206\% = 137\ 706{,}24.$

6. A resposta certa é a alínea d. De facto,
O aumento do valor acumulado no início da reforma:
$1000 * [(1 + 2{,}5\%)^{-15} - 1] \,/\, 2{,}5\% = 17\ 931{,}93.$

7. A resposta certa é a alínea d. De facto,
$137\ 706{,}24 + 17\ 931{,}93 = A[1-(1+2{,}5\%)^{-20})/2{,}5\%$. Donde, A = 9983,74.

8. A resposta certa é a alínea c. De facto,
Valor em dívida:
$222{,}44 * [(1 + 1\%)^{-35} - 1] \,/\, 1\% + 222{,}44 = 6764{,}06.$

9. A resposta certa é a alínea a. De facto,
$6764{,}06 = P[1-(1+1{,}5\%)^{-5\times12})/1{,}5\%$. Donde, $P = 171{,}76$.

10.

a) PMT(5%/12 ; 30 × 12 ; – 200 000) = 1074.

b) NPER(5%/12 ; – 1000 ; + 200 000) = 431 meses (36 anos).

c) Passo 1: Valor atual das dez mensalidades =
= PV(5%/12; 11; – 2000) – 2000 × $(1 + 5\%/12)^{-8}$ =
≈ 21 460 – 1935 ≈ 19 525.
Passo 2: Mensalidade equivalente ao valor atual do Passc 1 =
= PMT (5%/12; 12; – 19 525) ≈ 1672.
Passo 3: Prazo = NPER (5%/12; 1672; – 200 000) ≈ 166 meses (14 anos).

11.

Juros devidos todos os meses durante o primeiro ano:
110 000*0,5% = 550.
Capital em dívida no final do período de diferimento: 110 000 (igual ao inicial por terem sido pagos os juros referentes ao primeiro ano).
Valor de cada prestação nos anos após o primeiro:
$110\,000 = P\,[1 - (1 + 0{,}5\%)^{-24\times12}] / 0{,}5\% \Rightarrow P = 721{,}58$.

12.

TAN=0,5%+300pb=3,5%
Valor de cada prestação nos próximos 12 meses:
$100\,000 = P\,[1 - (1 + 3{,}35\%)^{-20\times12}] / 3{,}35\% \Rightarrow P = 572{,}28$.

13.

a) Valor do empréstimo passados 2 anos:
$135\,000\,(1 + 1{,}5\%)^{8} = 152\,076{,}50$.
Valor de cada prestação:
$152\,076{,}50 = P\,[1 - (1 + 1{,}5\%)^{-80}] / 1{,}5\% \Rightarrow P = 3276{,}99$.

b) Juros da primeira prestação:
152 076,50 × 1,5% = 2281,15.
Quota de capital paga na primeira prestação:
3 276,99 – 2 281,15 = 995,84.

c) Montante em dívida aquando da alteração:

$3276{,}99 \times [1 - (1 + 1{,}5\%)^{-40}] / 1{,}5\% = 98\ 034{,}03$.

Valor de cada reembolso constante de capital:

$98\ 034{,}03 / 40 = 2450{,}85$.

Juros da primeira prestação:

$3627{,}93 - 2450{,}85 = 1177{,}08$.

Taxa de juro trimestral efetiva:

$1177{,}08 / 98\ 034{,}03 = 1{,}2\%$.

14.

a) Taxa de juro mensal efetiva=12%/12=1%

Reembolso único = $20\ 000(1+1\%)^{3\times12} = 28\ 615{,}38$

$20\ 000=500+28\ 615{,}38/(1+TAEG)^3 \Leftrightarrow TAEG = 13{,}64\%$.

b) Amortização mensal (constante) = 20 000/36 = 555,56

Capital em dívida no início do 12º mês = $20\ 000-11\times555{,}56 = 13\ 888{,}84$

Juros relativos ao 12º mês = $13\ 888{,}84\times1\%=138{,}89$

Valor da 12ª prestação = 138,89+555,56=694,45

Capital em dívida no início do 13º mês =13 888,84-555,56 = 13 333,33

ou

Capital em dívida no início do 13º mês =$20\ 000-12\times555{,}56 = 13\ 333{,}33$.

c) Capital em dívida no início do 13º mês =13 333,33

Taxa de Juro efetiva mensal = $(1+14{,}03\%)^{1/12} -1 =1{,}1\%$

Nova prestação (P): $13\ 333{,}33 = P\ [1-(1+1{,}1\%)^{-3x12}]/1{,}1\% \Leftrightarrow P = 450{,}54$.

15.

Nova prestação (P): $6000 + 4000 + 3000 = P\ [1-(1+18\%/12)^{-10x12}]/18\% \Leftrightarrow P=234{,}24$.

16.

TAN fixada no aniversário do empréstimo (agosto) para as 12 prestações seguintes:

TAN=-0,148%+250bp=2,352%.

Juro incluído na prestação devida no final de janeiro (função do capital em dívida no início de janeiro):

Juro = 50 375 x 2,352%/12 = 98,735.

17.

a) 80 000 $(1 - (1 + 5\%)^{-25}) / 5\%$ = 1 127 516.

b) Valor futuro das poupanças = 250 000 $(1 + 5\%)^{10}$ = 407 224.
Quanto precisa de acumular até à reforma = 1 127 516 – 407 224 = 720 292.
Poupança anual = 57 267: P $((1 + 5\%)^{10} - 1) / 5\%$ = 720 292, P = 57 267.

c) Anuidade que consegue obter = 72 174: P $(1 - (1 + 4\%)^{-25}) / 4\%$ = 1 127 516, P = 72 174. O seu consumo terá de baixar 7 826 = 80 000 – 72 174.

18.

a) $i_{ef.trimestral} = 6\%/4 = 1,5\%$

Capital acumulado ao fim de 5 anos =

$$5500 * (1 + 1,5\%)^{5*4} + 600 \frac{(1 + 1,5\%)^{5*4} - 1}{1,5\%} = 21281,9$$

b) $i_{ef.mensal} = (1+8,5\%)^{1/12} - 1 = 0,682\%$

Capital acumulado ao fim de 5 anos =

$$(21281,9 + 3.000) * (1 + 0,682\%)^{5*12} + 750 \frac{(1 + 0,682\%)^{5*12} - 1}{0,682\%} = 91886,98$$

c) Juros Totais ao fim de 5 anos =

$$21281,9 - 5500 - 600 \frac{1 - (1 + 1,5\%)^{-5*4}}{1,5\%} = 5480,7.$$

19.

a) PV dos *Outflows* após os 65 anos = 500 000 + PV de EUR 30 000 cada ano durante 35 anos = EUR 849 637.
[Obs.: O final do ano 66 coincide com o dia do 66º aniversário. Donde, trata-se de uma renda imediata posticipada.]

b)
FV da Poupança Corrente (50 000) = 503 132,84
Valor em falta de aqui a 30 anos = 849 637 – 503 132,84 = 346 504
Anuidade necessária para ter os 346 504 de aqui a 30 anos = 3058,74.

c) Não poupando nos próximos 5 anos vai precisar de poupar nos restantes 25 de modo a ter 849 637 quando se reformar. Ou seja, terá de poupar por ano 11 622.

20.

a) 100 000 x $1,04^{25}$ = 266 583,6.

b) 266 583,6 = A[1-$(1+4\%)^{-30}$)/4%. Donde, A = 15 416,6.

REFERÊNCIAS BIBLIOGRÁFICAS

CADILHE, M. (1994). *Matemática Financeira Aplicada* (4ª Edição). Porto: Asa.

ALVES, C. (1998). *Taxas de Juro: Estrutura de Prazos e Modelos Dinâmicos* (2ª Edição). Porto: Instituto Mercado de Capitais da Bolsa de Derivados do Porto.

MISHKIN, F. & EAKINS, S. (2016). *Financial Markets and Institutions* (8ª Edição). Nova Iorque: Pearson.

FERNANDES, A., MOTA, P., ALVES, C., & ROCHA, M. (2018). *Mercados, Produtos e Valorimetria de Activos Financeiros* (3ª Edição). Coimbra: Livraria Almedina.

HILLIER, D., ROSS, S., WESTERFIELD, R., & JAFFE, J. (2013). *Corporate Finance* (2ª Edição): McGraw Hill.